中国职业技术教育学会
智慧文旅职业教育专业委员会推荐用书

专家指导委员会主任／韩玉灵
总主编／闫向军　魏　凯
顾问／朱承强

酒店管理与数字化运营系列教材

KEFANG FUWU YU SHUZIHUA YUNYING

客房服务与数字化运营

主　编　陈增红　闫雪梅　王玉娟
副主编　刘　萍　李文英　张敏敏　姜录录

北京·旅游教育出版社

立体化教学资源

图书在版编目（CIP）数据

客房服务与数字化运营 / 陈增红，闫雪梅，王玉娟主编. -- 北京：旅游教育出版社，2022.8（2025.8重印）
酒店管理与数字化运营系列教材
ISBN 978-7-5637-4447-3

Ⅰ．①客… Ⅱ．①陈… ②闫… ③王… Ⅲ．①客房－商业服务－教材②客房－运营管理－教材 Ⅳ．①F719.2

中国版本图书馆CIP数据核字(2022)第126401号

酒店管理与数字化运营系列教材

客房服务与数字化运营

主编 陈增红 闫雪梅 王玉娟
副主编 刘 萍 李文英 张敏敏 姜录录

总 策 划	丁海秀
执行策划	黄明秋
责任编辑	施云峰
出版单位	旅游教育出版社
地　　址	北京市朝阳区定福庄南里1号
邮　　编	100024
发行电话	（010）65778403　65728372　65767462（传真）
本社网址	www.tepcb.com
E - mail	tepfx@163.com
排版单位	北京旅教文化传播有限公司
印刷单位	唐山玺诚印务有限公司
经销单位	新华书店
开　　本	710毫米×1000毫米　1/16
印　　张	15.75
字　　数	240 千字
版　　次	2022 年 8 月第 1 版
印　　次	2025 年 8 月第 5 次印刷
定　　价	59.80 元

（图书如有装订差错请与发行部联系）

酒店管理与数字化运营系列教材
专家指导委员会、顾问、编委会

专家指导委员会

主　任：韩玉灵

委　员：杜兰晓　康　年　卓德保　丁海秀

顾　问

顾　问：朱承强

编委会

总主编：闫向军　魏　凯

委　员（按姓氏笔画顺序排列）：

于小桐	于相龙	马婷婷	王　方	王　琪	王　静	王玉娟	王海燕
王瀚君	尹　萍	孔亚楠	左　蕾	石　磊	叶耀玲	田万顷	冯召伟
冯英梅	邢琦娜	朱培锋	刘　伟	刘　岳	刘　峰	刘　萍	刘　鎏
刘兵燕	刘居超	刘晓杰	闫雪梅	孙　健	孙　鹏	孙　赫	孙立新
牟　青	纪　亮	杜奇明	李　伟	李　真	李文英	李岑虎	李雨琪
李佳龙	李素馨	李爱军	李海英	李姬贤	杨杏园	吴晓睿	邱　天
何梦华	辛　冰	汪　婷	汪惠萍	沙绍举	宋晓燕	张　文	张　琳
张　越	张　晶	张　强	张　媛	张立俭	张伟玉	张敏敏	张斐斐
张皓闵	张婷婷	张懿卓	陈　颖	陈永燕	陈增红	邵　雯	武真奕
尚晓攀	金　玉	周　彦	周高华	郑月月	柳花鹏	侯兴起	姜录录
秦　娜	袁　博	柴　佳	倪欣欣	徐　倩	栾鹤龙	高　宁	唐志国
鹿　敏	章勇刚	蒋术良	韩　静	韩爱霞	路　飞	路　伟	鲍　喆
解姣姣	綦恩周	蔡丽伟	潘晓黎				

《客房服务与数字化运营》编委会

主　编：陈增红　闫雪梅　王玉娟

副主编：刘　萍　李文英　张敏敏　姜录录

总序 PREFACE

2021年3月，教育部印发了《职业教育专业目录（2021年）》，将高职"酒店管理专业"更名为"酒店管理与数字化运营专业"，这是旅游职业教育呼应旅游业特别是酒店业数字化时代的标志。酒店业与信息化、数字化、智能化融合已是大势所趋，网络预订、短视频营销、直播带货、网络点评、会员系统、云PMS、移动支付、人脸识别、餐饮POS收银、网络团购、成本控制、在线点单等基本普及，信息技术和信息系统成为酒店企业日常经营的基础工具与竞争利器。中国酒店业已经从以产品和服务为中心进入了以客户为中心的时代，数字化成为酒店业发展的命脉所在，同样成为酒店管理与数字化运营专业的必修内容。

在这样的形势下，原有的高职酒店管理专业课程和教学内容留什么、改什么，数字化运营是什么、做什么，酒店管理与数字化运营专业如何建设、如何发展、如何培养人才，成为高度聚焦、深度研究的课题。在专业建设的众多课题中，我们以教材建设作为适应专业变革的突破口，有组织、有计划地进行"酒店管理与数字化运营专业"的教材建设。根据前期积累的教育教学与专业建设经验，在旅游教育出版社的大力支持下，我们组织专家团队开展"酒店管理与数字化运营系列教材"的编写与出版工作。

2020年初，也是在"酒店管理专业"正式更名之前，作为有着30多年酒店管理专业办学经验的老牌旅游院校，山东旅游职业学院已深切感到酒店管理专业应该加强形势研判、抓住机遇、赢得主动,从与专业建设密切相关的教材和课程建设入手,积极开展相关工作。学院组织包括星级酒店、连锁酒店、连锁餐饮公司、物业公司在内的22位企业总监级别以上的管理人员、酒店管理专业教学专家与学院酒店管理专业的教师共同召开专业建设研讨会,形成了全国首套酒店管理与数字化运营专业的人才培养方案、课程建设方案、教材建设方案。这套方案的课程设置与当前教育部主导的高等职业学校酒店管理与数字化运营专业教学标准的课程设置是高度吻合的,为我们牵头组织"酒店管理与数字化运营系列教材"的编写奠定了良好的基础。

2021年7月,山东旅游职业学院与旅游教育出版社共同邀请覆盖全国院校和酒店行业企业的专家团队召开研讨会,启动教材编写工作。编写专家团队分别来自济南大学、山东青年政治学院、浙江旅游职业学院、青岛酒店管理职业技术学院、郑州旅游职业学院、黑龙江旅游职业技术学院、广州番禺职业技术学院、济南职业学院、青岛职业技术学院、北京财贸职业学院、黑龙江工程学院、平顶山职业技术学院、安徽职业技术学院、烟台工贸学校、顺德职业技术学院、洛阳科技职业学院、湖南商务职业技术学院、安徽广播影视职业技术学院、贵州职业技术学院等20多所院校。全套教材的编写注重校企合作与数字化升级。我们还邀请北京歌华开元大酒店、山东舜和酒店集团、山东南郊集团、山东大厦、济南鲁能贵和洲际酒店、青岛香格里拉、广州香格里拉、杭州柏悦酒店、杭州绿云软件股份有限公司、北京云迹科技股份有限公司、广州蓝豆软件科技有限公司10余家行业企业的专家参与此项工作。在多方共同努力下,首批8种教材已于2022年面市,同系列更多新品种陆续出版,部分品种的改版修订工作也在进行中,敬请期待。

本套教材既可作为中高职旅游类专业教学用书,也可作为职业本科旅游类专业教学参考用书,同时可作为工具书供从事旅游服务与管理的企事业单位专业人员借鉴与参考。

由于本教材是酒店管理与数字化运营专业更名后的新教材,加之酒店行业数字化转型日新月异,教材编写中难免还存在缺陷与不足,恳请读者指正,我们将在再版过程中予以完善与修正。

总主编:周向军

2025年2月

前言 FOREWORD

近年来，随着人工智能、大数据、信息技术的快速发展和广泛应用，酒店行业的服务与运营发生了巨大变化。2021年，"酒店管理"专业也正式更名为"酒店管理与数字化运营"专业。为了适应行业和专业的新变化、新要求，我们将教材名称确定为"客房服务与数字化运营"，在保留传统教材内容的基础上增加了"客房数字化运营"项目，让学生在掌握客房清洁、服务、管理的基本流程和方法的同时，掌握客房信息系统和运营系统的操作，目的是将本教材打造为高职酒店管理与数字化运营专业学生、酒店客房服务工作者学习的一本优秀教材。

为了编写本教材，贯彻"校企双元"培养理念，我们特邀请山东舜和酒店集团、杭州绿云软件股份有限公司、广州蓝豆软件科技有限公司等酒店企业、酒店数字化技术服务商加入。在客房清洁、服务和管理方面，我们引用了山东舜和酒店集团实际运作中使用的流程、标准、报表等资源；在客房数字化运营方面，我们参考了绿云、蓝豆云的操作手册、视频等资源。因篇幅、形式所限，许多教学资源如拓展阅读、操作视频、微课等，我们都通过二维码的形式进行呈现，方便读者更加全面、直观地学习相关内容。

本教材共有七个项目，分别是：客房认知、客房清洁、客房服务管理、洗衣房运行与管理、客房安全管理、客房成本控制及预算管理、客房数字化运营。教材以"项目→任务"的体例进行编写，体现了高职院校"项目导向、任务驱动"的教学模式。每个项目均设置了思政园地，以发挥教材的育人作用，助力课程思政的实施和教学质量的提升。在项目的思考与练习环节，既有关于专业知识的考核，也有相应的实训项目，为教师合理组织、实施教学提供了借鉴参考。

本教材由陈增红、闫雪梅、王玉娟担任主编，山东旅游职业学院陈增红、闫雪梅负责教材的整体设计和统稿，山东舜和酒店集团王玉娟作为企业高层管理人员从企业运营和管理的角度对教材内容进行审定。项目一、项目六由山东旅游职业学院刘萍编写，项目二由山东旅游职业学院张敏敏编写，项目三由日照职业技术学院姜录录编写，项目四、项目五由山东旅游职业学院李文英编写，项目七由闫雪梅编写。

由于编者的水平和时间有限，教材编写也会存在一些疏漏或不足，敬请业内专家和广大教师、学习者批评指正！

编　者

2022 年 7 月

目录 CONTENTS

项目一　客房认知 ·· 1
- 任务一　客房产品认知 ·· 3
- 任务二　客房部认知 ·· 23
- 任务三　客房部员工认知 ·· 32

项目二　客房清洁 ·· 41
- 任务一　客房清洁保养 ··· 43
- 任务二　公共区域清洁保养 ··· 74

项目三　客房服务管理 ·· 81
- 任务一　对客服务内容和流程 ······································ 83
- 任务二　客房服务质量管理 ·· 110

项目四　洗衣房运行与管理 ··· 129
- 任务一　洗衣房的运行与管理 ···································· 131
- 任务二　布草房的运行与管理 ···································· 151

项目五　客房安全管理 ... 161
任务一　客房日常安全管理 ... 163
任务二　客房主要安全隐患与事故处理 ... 173

项目六　客房成本控制及预算管理 ... 189
任务一　客房人力资源成本控制 ... 191
任务二　客房设施设备及用品成本控制 ... 195
任务三　客房预算管理 ... 211

项目七　客房数字化运营 ... 217
任务一　认识数字化运营 ... 219
任务二　客房 PMS 系统操作 ... 222
任务三　客房 OMS 系统操作 ... 225

参考文献 ... 238

项目一
客房认知

 **项目导读**

　　酒店客房是人们外出旅行的投宿之所，是酒店的重要组成部分（基本设施）。客房部作为一个独立的经营实体，在酒店服务质量和营业收入中占有举足轻重的地位。"任务一 客房产品认知"通过对客房概念、客房类型、客房内部空间布局及用品配置等相关知识的介绍，展现了酒店客房的基本形态。同时介绍了多种特殊的客房类型，展现酒店客房类型的多样性。此外，从酒店客房装饰设计的角度，引导读者从客户体验的视角审视客房的装修特点。"任务二 客房部认知"介绍了客房部的组织结构。"任务三 客房部员工认知"介绍了客房部员工的岗位职责和素质要求。

学习目标

了解客房部在现代酒店中的地位、作用；熟悉客房设计基本原则，客房部机构设置，客房部员工素质要求；掌握客房、客房部的概念，酒店客房的各类房型及其特点，客房内部功能分区及其物品配置要求，客房部各岗位主要工作职责。对客房服务和管理有基本的认知。

思维导图

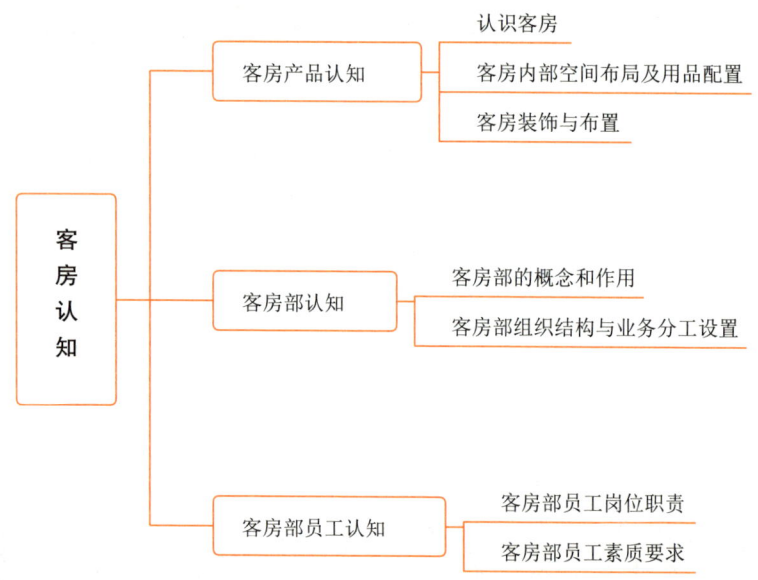

任务一　客房产品认知

一、认识客房

（一）客房的概念

客房是酒店通过出售和出租的方式向客人提供的主要满足客人休息、睡眠需求的产品。客房产品包括有形商品，如客房建筑、客房设备和用品等；无形产品，如客房服务、卫生、环境、特色等。尽管酒店服务设施会根据其规模、星级、客源市场变化等因素有所增减，但是客房始终是不可缺少的基础设施，是酒店最基本、最核心的产品，是酒店重要的经济来源。

客房是客人的"家外之家"，是酒店的核心产品，是酒店经济利润的主要来源。客房的面积大小、装饰装修及环境氛围、客房设备用品配备、卫生消毒洁净程度、服务项目设置及提供，人身和财产安全等都是客人衡量酒店服务和管理的重要因素，直接影响客人的满意度和酒店的经营效益。

微课 1-1

（二）客房类型

受客人身份、消费需求、同行人员数量、旅居原因不同等因素影响，客人对酒店客房类型与面积大小有不同的需求，因此，酒店应合理地配置不同类型的客房，以满足不同客人的需要。

1. 按房间构成及床位划分

（1）单人间（Single Room）。房内设一张单人床，所有客用品也按照一个人的需求配置，可以安排一位客人入住。

（2）标准间（Standard Room）。房内设两张一样大小的单人床，可住两位客人。可用来安排会议或旅游团队客人。

（3）大床房（Double Room）。配一张双人床，主要适合夫妇旅行者居住，也适合单身旅行者。

（4）家庭房（Family Room）。配一张双人大床和一张单人小床，适合家庭旅行者使用，在度假型酒店常见。

图 1-1　单人间

图 1-2　标准间

图 1-3　大床房

（5）连通房（Connecting Suite）。用一道门连接两个独立的单间，既可以作为单间直接出租，又可以打开连接门，作为一间套房出租。连通房中间的连接门需要具备良好的隔音功能。作为单间出租时，两个独立的房间不能互相影响。连通房作为套房出租时，比较适合跟老人一起出行的家庭或者有残障人士的家庭，便于相互照顾。

（6）套房（Suite）。一般包括客厅、餐厅、卧室、书房等两个及以上功能的房间。按照房间的分割和组合方式不同，套房可分为三开间套房、四开间套房、五开间套房。按照豪华程度，套房又可分为普通套房、豪华套房、总统套房等。总统套房是酒店内最高档的客房，其设计更关注私密性、舒适性和文化性，一般由7~8个房间组成。拥有总统卧室、总统夫人卧室、客厅、书房、娱乐室、会议室、随员室、警卫室、餐室或酒吧间、厨房、卫生间等。房间装饰讲究，设备豪华，常有名贵字画、古董、摆设等艺术品装点其间。

2. 按客房在酒店中所处位置划分

（1）外景房（Outside Room）。房间的窗户朝向外部景观，如大海、湖泊、公园、景区景点、街道等。视野开阔，景色迷人。

（2）内景房（Inside Room）。客房的窗户朝向内部庭院。

（3）角房（Corner Room）。位于走廊、过道尽头或拐角处的客房。角房因形状比较特殊，装饰无法循规蹈矩，大部分客人可能难以接受。但因其打破了常规客房的呆板，反而受到某些客人的喜欢。

3. 特殊客房

（1）绿色客房（Green Guest Room）

按照《绿色旅游饭店》标准（LB/T 007—2015）中的定义，绿色客房指室内环境满足人体健康要求，设施品质高，智能化程度高，能源、资源利用高的客房。可见，绿色客房是为创造有利于人体健康的环境而建造，在客房服务设计及

拓展阅读1-1

提供方面倡导绿色消费，是新时代背景下人们对酒店产品的要求。例如，北京、上海等城市的酒店已经执行了"取消六小件"的政策。拖鞋由于"不方便携带"不纳入"取消"目录，但是酒店共享环保拖鞋的出现，大大减轻了一次性拖鞋带来的环境污染和垃圾处理压力。此类拖鞋整体采用环保材料制成，可以重复使用，酒店以拖鞋租赁形式为客人提供该项服务，不会造成环境压力。

（2）无烟客房（Non-smoking Room）

随着健康养生理念深入人心，越来越多的酒店为满足客人需求开辟了专门

的无烟客房或无烟楼层。无烟客房是专供非吸烟客人入住，并为客人提供严格的无烟环境的客房。无烟楼层被许多酒店定义为"洁净空气区"，在明显位置张贴标识，提醒客人及来访者不要吸烟，工作人员也严格禁烟。房间撤出烟灰缸，取而代之的是一盘糖果。房间增加绿色植物，以便净化空气。无烟客房良好的空气环境受到越来越多的客人喜欢。事实证明，抽烟或者吸二手烟都会对人体造成严重伤害。为此，很多高星级酒店都明确了酒店所有客房都是无烟客房。这对引导人们健康生活起到了积极的促进作用。

（3）无障碍客房（Accessible/Handicapped Room）

无障碍客房是专为残障人士提供的客房，一切设施设备都以方便客人出入、休息和使用为目的而设置，是酒店人文精神的体现。五星级酒店必须配备无障碍客房。

①客房位置：无障碍客房一般设计在便于轮椅进出，距离电梯或主交通线路最近的地方，比如设置在客房楼层的最底层。

②客房房门：出入无障碍，门宽不小于0.9米，门上配有不同高度的窥视镜。

③客房内部：客房内通道有足够宽度供轮椅进出；床面高度为0.45米，两侧应该有扶手，但不宜过长；窗帘安有电动或遥控装置；客房配有警报系统；电器按钮及插座位置不得高于1.2米，以便客人在轮椅上使用；有条件的酒店还可以在地毯上设置专供失明者辨别的凹凸标志。

④卫生间：卫生间入口处宽敞，可供轮椅转弯；门宽不小于0.9米；卫生间内空地面积足够大，方便轮椅回旋，设置安全洗浴坐凳；在墙壁、浴缸、洗脸盆、马桶边增设牢固扶手，扶手分设水平段与垂直段，且扶手能承受980N以上的拉力，以便残疾人扶靠。

（4）主题客房（Theme Guest Room）

主题客房是以某种素材为主题，从硬件到软件都围绕主题展开，以特定的装饰艺术及文化氛围，让客人获得富有个性的艺术享受和愉悦的消费体验。同时，主题客房将服务项目融入主题，以个性化服务取代一般化服务，让客人获得欢乐、知识。历史、文化、音乐、科技、城市、自然、名人等都可以成为客房主题的来源。其突出特点就是独特性、针对性和浓郁的文化氛围。

主题客房的风格类型及设计要点：

①以客人年龄、性别为主题设计的客房，如老年人客房、女宾客房、儿童（家庭）客房等。

拓展阅读1-2

②以各类民族地域文化风格为主题设计的客房，如中式

客房、欧式客房、和式客房等。

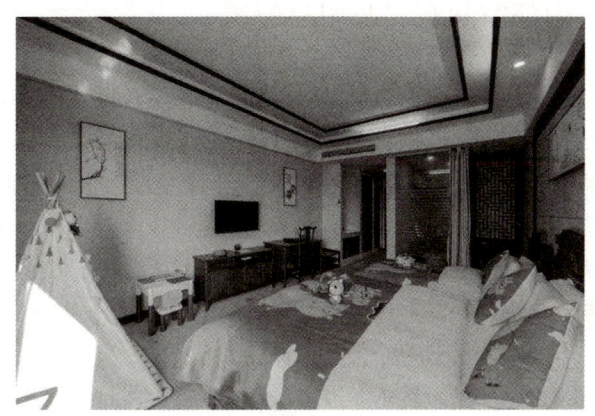

图 1-4 儿童主题客房

③以某种时尚、兴趣爱好为主题设计的客房，如汽车客房、减压客房、音乐客房、电竞客房等。

思政园地

铸魂、赋能、吸睛，文化让酒店焕发更多生机与活力

在"以文塑旅，以旅彰文"、文旅融合的大背景下，文化主题酒店成为众多酒店中抢眼的黑马，获得了大众的青睐。

国潮袭来，民族文化、汉文化、地域文化成为时尚IP，为酒店增加了内涵，为宾客创造了更多美好体验。近几年，成都的西藏饭店以其鲜明的藏文化特色形成连锁经营品牌，从酒店建筑装饰到餐饮、客房及与宾客的互动服务，都让宾客领略到独特的藏族风情。此外，每家酒店都设有藏文化非遗陈列馆，开发相应的文创产品，其文创产品销售占酒店总收入的近30%……位于"东方圣地"济宁的东方儒家花园酒店以"礼乐射御书数，体验孔府门第生活"文化体验活动为亮点，在网上获得了极高评分。宾客入住之初便可体验到古代"六艺"、着汉服敬先师、拓片、读经、驾马车周游等一系列亲子活动，度假与研学相得益彰。

以文化为核心，以酒店为载体，"文化+酒店"的融合为酒店经营开创了更多的空间和资源，也为酒店高质量发展提供了新动能。

（资料来源：文化主题酒店要"有感有魂".中国旅游报）

二、客房内部空间布局及用品配置

客房是客人入住酒店后独自拥有的一处安静的私密空间，应该让客人感受到放松和舒适。客房除提供休息的空间外，还应该满足客人私人办公、娱乐、商务会谈等诸多需求。这些需求被满足的程度直接影响客人的入住体验。从满足客人住宿需求的角度，客房空间一般被划分为贮藏区、盥洗区、睡眠区、办公区、起居及休闲区五个部分。

（一）客房内部空间布局

1. 贮藏区

贮藏区主要存储酒店为客人提供的客房用品，并且满足客人收纳、存储个人物品的需求。客房入口处的门廊区是客房内重要的储存空间。在客房的设计中，房间入口门廊处的净宽至少有1.2~1.4米，天花板最低净高2.4米，过廊顶灯设置为感应式照明灯。门廊区地面一般采用石材材质，方便卫生维护。门廊墙面距地30厘米处设置夜灯。贮藏区的主要家具与电器配置如下：

（1）衣柜

衣柜大多设在客房入口处的过道旁，也有的设在客房内其他位置。衣柜进深不少于55厘米，宽度不少于120厘米，衣柜内净高度不低于180厘米，挂衣杆离地面高度不小于170厘米，内部保证至少100厘米的吊挂空间。衣柜门最好采用实心平开门，尽量不用推拉门。衣柜内有照明灯，照明灯应能随衣柜门的开关而亮灭，既方便客人存取物品，又保证安全。衣柜内必须配置挂衣杆、活动衣架、开放层板和客房保险箱。衣柜内最好有格架，用于存放客房的备用品，如毛毯、枕头等。

（2）保险箱

高档酒店（如四星级以上酒店）客房内一般配有小型保险箱，供客人存放贵重物品。客房保险箱的大小以能容纳一台15~17英寸的笔记本电脑为宜，有密码装置，固定安装。保险箱及其电源插座一般在衣柜内距地面130厘米处，以方便客人使用。

（3）行李架或行李柜

酒店客房都配有行李架或行李柜，通常设在衣柜旁边。固定式行李架必须由耐久材料制成，以便于维护。行李柜应配有照明灯。大房间的行李架或行李柜尺寸可稍大些，以方便客人摆放箱包和从箱包中拿取物品。

（4）酒柜

酒柜专用于摆放客房迷你吧提供的酒水，是客房水吧区的重要家具。该区域应安装迷你吧照明灯。

（5）迷你冰箱

迷你冰箱用于存放酒水、饮料和食品，同时为客人提供冰块和冷饮的存放空间。通常迷你冰箱提供的酒水、饮料和食品是客房内的收费项目，一般会配置账单或者由客人通过酒店App线上下单购买。但是为了提升客人的住店体验，很多酒店迷你冰箱内的物品也免费为客人提供。

图1-5 客房内的酒柜 摄影：编者　　图1-6 迷你冰箱及配备的酒水、饮料
　　　　　　　　　　　　　　　　　　　　　　　摄影：编者

（6）全身衣镜

室内门廊区是客人进出客房的必经之地，一般放置全身衣镜，方便客人整理妆容和服饰。但是全身衣镜不能安装在与睡眠区相对的一侧，以免造成睡眠区走光。也不要安装在衣橱门上，因为镜子会增加门的重量，导致开门不够轻便。时间长了，也会使门变形。穿衣镜最好安装在卫生间门边的墙上。

2. 盥洗区

盥洗空间包括面盆区、坐便区、洗浴区。盥洗区相对独立，水、电、风等系统交错复杂。设备多而且面积小，因而应处处遵循人体工程学原理，做到人性化设计。

面盆区：该区域的主要设施是台面、面盆和化妆镜。根据酒店档次的不同，台面的材质和大小各有不同。有的酒店在标准间和大床房内都会设置两个面盆，方便客人使用。化妆镜要有防雾功能，并且镜面要大。因为卫生间一般空间较小，借用镜面反射，能使空间显得宽敞。同时镜面两侧应安装亮度较大的照明灯，提高镜面亮度。

坐便区：坐便区一般独立设置，与面盆区和洗浴区分开。屋顶要设置排风扇，利于坐便区通风。为了提高坐便区的使用体验，有的酒店会安装智能马桶，自动控制马桶的抬盖、冲水、加热等服务功能。同时在马桶一侧设置手机置物架，方便客人使用。从安全角度考虑，还应在马桶一侧放置电话和SOS一键求救按钮。

洗浴区：洗浴区一般设置淋浴房。淋浴房独立设置，一般需与面盆区、坐便区干湿分离。玻璃门应安装防水胶条，防止水渗出，而且能使玻璃门开启时更轻柔舒适。另外，淋浴房的地面要做防滑处理。高档酒店会安装浴缸，为客人提供更舒适的洗浴体验。只是浴缸占用面积大、投入大，会延长客房清洁时间，客人的利用率较低，所以是否安装浴缸要根据酒店的实际需要确定。

图1-7　豪华酒店盥洗区（北京歌华开元大酒店提供）

3. 睡眠区

客房中面积最大、最主要的功能区域就是睡眠区。床与床头柜自然成为睡眠区设计的核心部分。

（1）床

床是客人睡眠的主要家具，主要有床体和床垫两部分。首先，床体的大小规格要合适，与房间类型配套，与房间面积协调。其次，床垫的舒适度要高，这是直接影响客人睡眠体验的重要部分。最后，床垫和床体的总体高度，既要保证客人使用得舒适方便，又要能够降低服务员整理床铺时的劳动强度。

表1-1 酒店客房常用床的规格

类型	英文名称	长度（米）	宽度（米）	床体+床垫的高度（米）
单人床	Single Bed	2	1~1.35	0.4~0.6
双人床	Double Bed	2	1.5~1.8	0.4~0.6
大号双人床	Queen-size Bed	2	1.8	0.4~0.6
特大号双人床	King-size Bed	2	2	0.4~0.6

以上是酒店配备的基本床型。在特色客房或特色酒店还会配备一些特色床，如沙发床（Sofa Bed）、折叠床（Murphy Bed）、水床（Water Bed）、天梦之床（Heavenly Bed）、零压床、榻榻米（Tatami）等。

（2）床头柜

标准间的床头柜一般分别放在两床的外侧。如果是大床房，大床两侧分别配床头柜。床头柜除放置酒店配置的物品外，主要是方便客人放置一些随身物品，如手机、钥匙、充电器等，也可放置瓶装水和零食，让客人享受床边的快乐。

（3）床头灯

床头照明灯是睡眠区域必不可少的。一般安装在床头柜上方的墙上、床头柜上方或床正上方的天花板上。床头照明灯的亮度一般可调节，便于客人根据需要选择不同的亮度。

4. 办公区

客房的办公区一般设置在床的一侧，靠近窗户的位置，因为这里具有良好的采光条件。一般会摆放一张多功能长条写字桌，配置一把舒适的办公椅。写字桌上一般放置可调光的阅读台灯，并且合理安置如宽带、USB充电口、电源插座、电话传真等各种插口，以方便客人进行商务活动。

5. 起居及休闲区

酒店类型和等级不同，其起居及休闲区的设计也不同。客房的起居休闲区通常设置在窗前，放置沙发椅、茶几，供客人休息、会客、看电视等。有的酒店此处空间较大，可以打造具有个性化特点的休闲空间，如放置健身器材、养生器具等，形成客房的个性化特色。

（二）客房内的用品配置

客房内各功能区域布局合理，基础设施家具配置得当，为发挥客房功能提供了基础条件。在此基础上，配置舒适足量的客用品，可以营造一种满足客人观感、触感体验的客房内部环境。

将各类客用品按照客人生活需要配置在客人方便使用的地方，既能增加房间布置的美感，也能更好地为客人创造舒适、方便的生活环境，同时提升客房的规格，让客人产生"物有所值"的感受。下面以某酒店标准间为例，介绍客房内配置的供应品，见表1-2。

表1-2 客房用品配置

摆放位置	物品名称	数量	摆放要求	备注
门把手后	"请勿打扰"牌	1张	挂在门把手上	
	"请即打扫"牌	1张		
	早餐牌	1张		
衣橱	防毒面具	2个	各种用品摆放须整齐有序，方便客人取用	
	衣架	8~12个		
	浴袍	2件		
	鞋篮	1个		
	拖鞋	2双		
	擦鞋布	2块		
	鞋拔	1个		
	衣刷	1把		
	洗衣袋	2个		
	洗衣单	2份		
	熨衣板	1件		
	熨斗	1件		
吧台或酒柜	酒杯	若干	柜面整洁	可根据酒店的规格和档次，增加吧台或酒柜的物品。如增加咖啡冲饮机器，放置红酒、香槟等
	茶杯	2个		
	茶叶盅	1个		
	杯垫	每杯1张		
	冰桶	1个		

续表

摆放位置	物品名称	数量	摆放要求	备注
吧台或酒柜	冰桶夹	1把		
	电热水壶	1个		
	账单	2份		
	茶叶	红、绿茶叶各2包		
	咖啡	独立包装的品牌咖啡		
	茶盘	1个		
	调酒棒	2根		
	餐巾纸	若干张		
	食品	若干种		
迷你冰箱	软饮料	若干种		
	食品	若干种		
书桌	酒店服务指南	1本	各种用品需分类摆放，整齐有序，方便客人使用	酒店服务指南可放在文具夹内或抽屉内；商务房配有文具盒；无烟客房不放烟灰缸
	烟灰缸	1个		
	文具盒（配有橡皮擦、回形针等文具用品）	1个		
	文具夹	1个		
	酒店介绍	1本		
	安全须知	1本		
	信封	4个		
	信纸	5张		为摆放整齐，大部分纸制品放在文具夹内
	明信片	2~5张		
	行李箱标贴	2张		
	宾客意见书	2份		
	针线包	1个		
	圆珠笔	1支		
	礼品袋	2个		

续表

摆放位置	物品名称	数量	摆放要求	备注
书桌旁	垃圾桶	1个		
电视机柜	电视节目单	1份	放置在电视机柜上	开夜床时将遥控器放在床头柜上
	遥控器	1个		
茶几	烟灰缸	1个	茶具可放在茶几上	无烟客房不放烟灰缸
	花瓶	1个		
床上	羽绒被	1条	床上用品须按床铺整理要求和规格布置	一些酒店床上配有靠背垫及床饰巾
	被套	1条		
	枕芯	1对		
	枕套	1对		
	床单	1条		
	褥垫	1条		
	床裙	1件		
床头柜	便笺夹	1个		非无烟客房的床头柜上可放置烟灰缸
	便笺纸	5张		
	笔（多为铅笔）	1支		
	电话机	1部		
	天猫精灵等智能设备	1部		
洗脸台上	漱口杯	2个	按房间最多入住人数配置牙刷、牙膏、浴帽、梳子；如不提供免费易耗品，需提前与客人沟通确认	
	小香皂	2块		
	肥皂碟	2个		
	小方巾	2条		
	面巾纸	1盒		
	润肤露	2瓶		

续表

摆放位置	物品名称	数量	摆放要求	备注
洗脸台上	梳子	2把		非必须
	浴帽	2个		非必须
	棉签	2盒		非必须
	剃须刀	2把		非必须
	牙膏、牙刷	2套		非必须
洗脸台下	垃圾桶	1个		
	体重秤	1个		非必须
淋浴房或浴缸边	面巾	2条		
	浴巾	2条		
	沐浴液	2瓶		非必须
	护发素	2瓶		非必须
	洗发液	2瓶		非必须
	地巾	1条		
	防滑垫	1条		
坐便器旁	卫生卷纸	2卷		
	卫生卷纸架	2个		

（三）客房内部空间布局设计的注意事项

酒店客房内部空间布局设计是在建筑结构已经确定的条件下，通过适当地选择与摆放家具，以及采用不同的艺术处理手法，使客人享有舒适、安全、美观的环境。客房内部空间布局设计不仅能够体现酒店的档次和规格，还能使客人有宾至如归的感觉。客房内部空间布局需要注意三个要点。

1. 通风透气

保持客房内空气清新自然，是客房内卫生标准的一个方面。同时，通风透气和清新的空气更利于身体健康。

2. 过渡空间不能太多

为了满足客人需求，酒店客房需提供的功能较多，为此，如走廊、玄关这样的过渡空间就不宜过大，以免造成空间浪费，导致其他功能体现不足。

3. 注重客人的入住体验

迎合客人的体验需求是在体验经济时代下酒店设计的新思路。客房设计如能令客人印象深刻，则有助于酒店在市场竞争中取胜。

另外，在客房布局设计时，可以运用各种不同的艺术处理手法，以丰富空间形象，比如围隔、渗透、抑扬和延伸等。

三、客房装饰与布置

酒店客房设计是指在特定空间内对房间进行优化布局，合理分配空间，对客房环境进行总体性的设计和完善。客房设计是能体现酒店档次的地方，而设计形成的环境，又会为客人选择酒店提供重要依据。

（一）客房设计理念

1. 客房设计应体现人性化设计理念

人性化设计是科学和艺术、技术与人性的结合，而酒店客房的人性化设计，是针对不同类型客人的使用需求，充分体现人文关怀而进行的细致周到的设计。"客人至上，以人为本"不是一句简单的口号，而是不断地研究客人需求，紧紧把握客人需求的脉搏，通过客房设计来最大限度地满足客人的需求。

2. 客房设计应体现地域文化理念

不同地区的人们创造了不同特色的文化。将这些文化载体和与人密切相关的室内设计结合起来，能够创造出富有地域文化特色的客房空间。酒店的大部分客人来自外地，在情感上需要体验酒店所在地的文化风俗，以便能深入地了解当地的文化与生活。因此，客房设计应体现出地域文化特色。尊重传统文化会使客房空间具有地域风情。

3. 客房设计应体现智能化设计理念

酒店客房的智能化设计是指将智能技术、互联网技术及思维融入酒店客房设计理念和实践中，以实现酒店客房服务的智能化、自动化，从而提高酒店客房设计的空间感和智能感。智能化设计理念能够更好地满足现代顾客的需求，提高资源及能源利用效率，具有一定的先进性。酒店客房设计智能化可以满足顾客在使用感受、使用安全性、个性化偏好等方面的多样化需求，从而提高顾客黏性，提高酒店入住率。在酒店客房设计中融入智能化、自动化技术，能使酒店完成集约化转型，完成智能化服务方面的彻底变革，保持竞争力。在能源效率方面，酒店客房智能化设计可以有效地节约能源，如使用智能声控灯光、智能影音设备等，可以进行个性化的即时服务，从而大大减少能源消耗和浪费。此外，智能化设备的广泛使用还降低了人力成本，有利于酒店资源和能源利用效率的提高。

4. 客房设计应首先满足使用功能

客房设计是以创造良好的客房空间环境为宗旨，把满足客人在客房内工作、休息的要求置于首位，所以在客房设计时要充分考虑客人对客房使用功能的要求，使客房环境合理化、舒适化、科学化。要以客人的活动规律为基础，处理好客房空间关系、空间尺寸、空间比例，合理配置家具，妥善解决室内通风、采光与照明等问题，注意室内色调搭配的总体效果。

客房的功能设计涉及很多方面，如人体工程学、材料学等学科。人体工程学对客房设计的影响包括客房空间的处理，装饰品的选择及应用，照明灯具的选择与安装，家具的摆放及各类电器开关的位置设计等。材料学对客房设计的影响则主要体现在客房的装饰布置方面。例如地面材料的选择，地毯有吸音及防滑功能，可以营造舒适优雅的环境；地板有防潮地板、抗菌地板、静音地板、地热采暖地板及运动地板等。至于如何选择，则要视具体要求和条件。装饰材料可就地取材，体现当地的文化特色，与周边的旅游环境相协调，令客人入住时能领略到本地的人文气息。

5. 客房设计应体现可持续发展的理念

"人类只有一个地球"，随着生态观念越来越深入人心，生态价值观也越来越规范着人们的社会行为，在酒店设计中要积极提倡人为环境与自然环境的融合与共生，而绿色酒店就是对这种生态价值观的充分体现。绿色酒店指以可持续发展为理念，坚持清洁生产、维护饭店品质、倡导绿色消费、合理使用资源、保护生态环境、承担社区与环境责任的酒店。其核心是为客人提供舒适、安全、有利于身体健康要求的绿色客房和绿色餐饮，并且在生产经营过程中加强对环境的保护和对资源的合理利用。绿色酒店的创建、实施与保持是一个持续的发展过程。随着环境保护技术的发展，人们对环保认识的不断加深和酒店综合管理水平的提高，客房设计应当与时俱进，体现可持续发展的理念。

（二）客房内部装饰布置

客房的空间设计与装饰布置的作用相辅相成。以合适的空间设计为基础，在装饰布置上尽量做到功能与美感并存，这样会使劳顿一天的客人身心放松，精神愉悦。

1. 色彩搭配在客房内的应用

客房的视觉效果对客人来说非常重要，是其入住客房的第一印象，故客房色彩设计要达到协调统一或浪漫的效果。要想实现这样的效果，就需要认真分析色彩属性，并且在客房设计中能够正确运用。

色彩有色相、明度和纯度三种属性，这三种属性在任何一个物体上都可以同时显示出来，所以也可被称为色彩的三大要素。色相指色彩呈现的相貌及不同色彩的面目。如彩虹中的红、橙、黄、绿、青、蓝、紫就是七种色相，它反映了不同色彩具有的品格。明度指色彩的明亮程度。白色、黑色及黑白之间不同程度的灰，都具有明暗强度的表现。在彩色系列中，黄色明度最强，紫色明度最低，由黄色向两端发展，明度逐渐减弱。为保证较好的视觉效果，在客房内部配色中，一般天花板明度要最高，墙面次之，地面明度应最低。纯度就是色彩的饱和度，即纯净程度，也称彩度。纯度常用高低来描述，纯度越高，色越纯、越艳；纯度越低，色越涩、越浊。

不同色相、明度和纯度色彩的搭配，会给人不同的心理感觉。比如红、黄、橙等色彩给人的视觉刺激强，使人联想到暖烘烘的太阳、火光，感到温暖，所以被称为暖色。青色、蓝色使人联想到天空、河流、阴天，感到寒冷，所以被称为冷色。冷暖两种色系不可以交织使用，否则会使人产生错综复杂、眼花缭乱的视觉误区。在客房装饰布置时，经常是暖色系的壁纸和窗帘要配上暖色系的家具、沙发及床铺，同样，冷色系的装饰布置也应做到协调一致。

明度高、纯度高的色调又属偏红、橙的暖色系，会让人产生兴奋感，且同一面积下，更具膨胀感。明度低、纯度低，又属偏蓝、青的冷色系，具有沉静感，且同一面积下，具有收缩感。可见，不同色彩组合会产生不同的视觉效果。在客房内部装饰布置的色彩搭配上，一般以"大调和、小对比"为原则。"大"即客房的墙面和天花板，"大调和"就是整个室内大面积用色的文静、低彩度，是整体色彩的调和。"小"即点缀物（如挂饰、靠垫等），"小对比"是指小面积用色的大胆、高彩度，这会起到画龙点睛的作用。

此外，客房在设计颜色的时候要根据主题来确定风格。因为大部分客人都是晚上休息，白天可能会出去，所以在色彩搭配上要考虑早晚对人视觉的影响。同时要注意地域及风俗习惯的差异，对某些颜色的喜好和忌讳，比如江南地区喜欢清淡的色调，而北方则喜欢浓烈的色调。这些在客房色彩搭配中一定要注意，要学会在统一中寻求色彩的变化，变化中又失不协调，打造一种舒适的色彩视觉效果。

2. 照明搭配在客房内的应用

客房的装饰布置应充分利用自然采光与室内照明，其中室内照明是客房装饰布置的重要内容。

（1）客房室内照明的主要作用

①提供光照，渲染气氛。提供光照是照明最重要的功能，光的色彩和亮度是决定室内气氛的主要因素。光的刺激能影响人的情绪。一般来说，亮的房间比暗的房间更为刺激，但是这种刺激必须和空间所应具有的气氛相适应。过度的光和噪声一样，都是对环境的一种破坏。由于色彩随着光源的变化而不同，许多色调在白天阳光的照耀下显得光彩夺目，但日暮以后，如果没有适当的照明，就可能变得暗淡无光。因此，与其利用色彩来创造气氛，不如利用不同程度的照明，效果会更理想。

②改善空间感与立体感。室内空间的开敞性与灯光的亮度成正比，亮的客房感觉要大一点儿，暗的则感觉要小一点儿。充满客房的漫射光使空间有延伸的感觉，而直接光能加强客房内物体的阴影，光影相对比，从而能加强客房空间的立体感。

（2）客房室内照明设计要考虑的因素

客房装饰照明是一项综合的专业技术，在设计中需要充分考虑四点因素。

①节能性。自然采光和顶侧采光应合理搭配，选择节能效果较好的灯具和材料，以达到较好的设计效果。

②协调性。按使用功能设计不同的亮度，使照明设计与装饰设计效果相协调，更符合酒店的需要。

③目的性。按照装饰设计对室内特殊装饰如壁画、艺术品和绿色植物、水景等进行重点照明。

④技术性。在客房装饰照明设计中，采用新的照明技术，按照国家有关技术标准和规范，以满足酒店各项服务功能的要求。客房照明设计应充分调动光的一切特性，结合客房各项功能和设计理念，创造一个理想的光的世界、一个艺术的世界，以达到舒适性、艺术性、安全性相统一的设计效果。

（3）客房室内照明设计的要求

酒店客房应该像家一样，宁静、舒适和亲切是其典型基调。

①照明度要求。一般客房室内照明度为50~100勒克斯，以体现安静、柔和、舒适的特点；但局部照明，比如梳妆镜前的照明、床头阅读照明等应该提供足够的照明度，这些区域的照明度应为300勒克斯。

②色温要求。在卧室用3500开尔文以下的光源，在洗手间用3500开尔文以上的光源。在洗手间需要高色温，以显清洁和爽净。

③显色性要求。较好的显色性能使客人增加自信，感觉舒适良好。

（4）客房常用灯具

①吊灯。一般为悬挂在天花板上的灯具，是最常采用的照明灯具，有直

接、间接、下向投射及散光等多种灯型。吊灯的大小、灯头数量均与房间大小有关。吊灯一般离天花板 500~1000 毫米，光源中心距离天花板以 750 毫米为宜。也可以根据具体需要进行调整。

②吸顶灯。直接安装在天花板面上的灯型。包括下向投射灯、散光及全面照明等几种灯型，光源有白炽吸顶灯和荧光吸顶灯。特点是可使顶棚较亮，构成全房间的明亮感，缺点是易产生眩光。吸顶灯的造型、布局组合方式、结构形式和使用材料等，要根据使用要求和审美要求来考虑。灯具的尺寸大小要与室内空间相适应，结构上要安全可靠。

③嵌顶灯。泛指嵌装在天花板内部的隐式灯具，灯口与天花板衔接，通常属于向下投射的直接光灯型。由于有阴暗感，因此嵌顶灯常和其他灯具配合使用。

④壁灯。壁灯是安装在墙壁上的灯具，通常用于加强室内装饰性及补充照明。由于距地面不高，一般都用低瓦数灯泡。灯具的高度依据灯的形状确定，大型的为 450~800 毫米，小型的为 275~450 毫米。通常大型壁灯使用 100 瓦、150 瓦白炽灯泡，小型壁灯使用 40 瓦、60 瓦白炽灯泡。

⑤活动灯具。可以根据需要自由放置的灯具。一般桌面上的台灯、地板上的落地灯都属于这种灯具。台灯又叫桌灯，由于它移动灵活方便，又被称为照明中的"轻骑兵"。台灯通常用金属、陶瓷、塑料等材料做灯座，用绢、纱、纸、玻璃等制作灯罩，可使用荧光灯或白炽灯。它具有小巧玲珑、开关方便、移动自由、调光随意、造型美观的特点。落地灯一般都有一个可自由调节高度的收缩杆，其他构件与台灯相似。它具有投光角度灵活、不产生眩光、造型美观大方的特点。

3. 智能化设备在客房内的应用

酒店可以运用物联网技术建立智能客房管理系统，实时查看客房状态，满足客人的多样化服务需求，加强酒店与客人的互动联系与有效沟通。酒店客房智能化设备主要分为以下几个方面。

（1）布局完善的智能灯光控制系统

灯光控制系统是酒店客房进行智能化设计时重要的集成组合系统。酒店的客房设计中可以广泛地应用智能化开关、智能化转子、智能化节子等对客房灯光进行随时声控、光控和自动行为控制等各种方面的智能化设计。还可以通过遥控模式，来对客房内不同区域、不同房间内的灯光进行定时开关和亮度的自动调节。此外，还可以进行场景设计、主题灯光设计和远程自动灯光控制，形成一套系统优化、智能循环和电子集成控制的智能灯光控制系统。

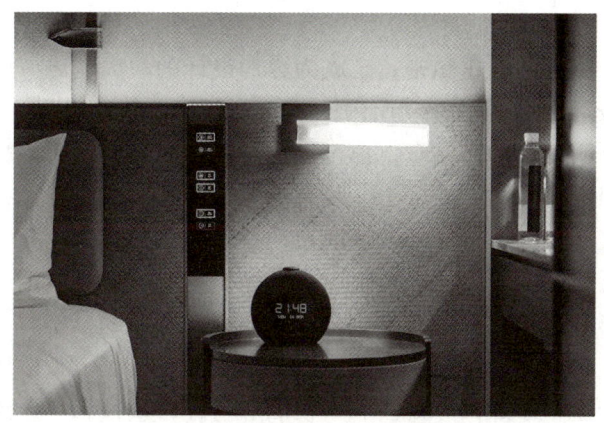

图 1-8 客房智能控制系统

（2）布局完善的智能电气控制系统

电气控制系统是一个比较庞杂，同时能体现酒店客房智能化状态的模块。比如，在该模块中，客房内部的饮水机控制、自动窗帘控制、自动空调控制等，都需要进行集合式、自动化和感应式控制。在设计过程中，应该综合考虑这些电器与客人居住和离开时的状态，并进行一体化串联。例如在窗帘自动开关方面，应该建立客人入门、出门感应系统，能够及时地感应客人出入门的状态，从而控制窗帘自动打开或者关闭。总之，要制定"机随人走而关，机随人来而开"的基本智能化控制系统和循环控制系统。

（3）布局完善的安全监测预警系统

酒店客房智能化设计必须兼顾客人的安全体验。目前，客房智能化设计应该引入自动跟踪、实时分析判别客人身份的安全监测系统。可以通过人脸识别、身体监测、自动报警和一键报警等系统构筑一个强大的安全防护网络。

（4）建立智能视听控制系统

在客房智能化音乐、灯光、环境设计方面，构建按照时间节点、客人心理状态等供客人随机选择的不同模式的智能化背景视听系统。例如，客人依据自身心情可以切换不同风格的背景音乐。在可视对讲系统中构建大型互联网对讲系统，实现零距离呼叫、对讲对视等。

（三）客房装饰设计发展趋势

随着客人要求的日益提高以及对房间设计认识的深入，促使酒店客房在装饰设计上出现了一些新的变化。这些变化趋势主要体现在多样化、人本化、智能化和安全性四个方面。

1. 多样化趋势

新颖独特及更加舒适私密，已成为客房设计的一大趋势。例如香港君悦酒店，客房设计十分独特，利用内凹式角形门厅，开辟出了一处缓冲地带。无论访客还是服务员的清洁车，都可以在这里暂时逗留，而不影响走道的畅通。在客房门走道外的天花板上，装有一个智能人体探测器。在光线较暗的夜晚，客人打开房门时，探测器便能自动打开客房灯光。在宽敞的角形壁橱上部安有保险箱。空调的回风口也设在壁橱里，空气透过壁橱的百叶门进行回流。香港半岛酒店的客房里有一个与外面走廊相通的鞋柜。客人只要将鞋子放在里面，服务员就可以通过走道一侧的小门将鞋子拿去擦干净，而后不动声色地将干净鞋子放回原处。和君悦酒店一样，设计者十分重视保护客人隐私。在每间客房设置了两道门，均安装了闭门器。第一道门主要起安全作用，第二道门主要是遮蔽卧室视线，同时具有增强卧室与走道之间隔音效果的作用。

2. 人本化趋势

随着科学技术的进一步发展，许多新技术在客房中得到应用，使客人的生活起居更加方便、舒适，充分体现了"科技以人为本"的先进理念。

"人本化"设计就是在客房的空间设计、装饰装修、设备配置及物品摆设等方面，都从客人的实际需求出发。比如，原来房间的书桌前面多放有梳妆凳，不但往外拖拉不方便，而且后面没有靠背，坐上去很不舒服。现在梳妆凳被软包椅子代替，既美观又舒适。又如，客房中原先使用西式铺床，多备有毛毯，不仅不松软，而且容易吸灰、吸潮、泛霉味。在这种情况下，不要说带给客人舒适体验，连最基本的健康可能也要受到影响。现在改为中式铺床，多备有棉被。不但上述问题迎刃而解，而且简化了服务员的操作。

3. 智能化趋势

客房智能化控制将人本理念体现得淋漓尽致。目前，客房的智能控制基本涵盖了空调、灯光、服务、管理四项。客人可以通过身份识别器、红外感应探头等智能设备系统快速办理入住和退房。客人入住酒店后，可以通过客房智能系统实现数据共享，无论是否到房，智能空调都能自动提前控制客房进风量，并提前调试好室内温度，营造一个舒适、温度恒定的客房环境。如室外温度高达30℃时，客房智能系统将提前把室内温度控制在26℃。廊道灯、主卧灯、阅读灯可根据红外感应自动亮起或熄灭。感应门锁可以进行身份识别、自动记录开启的时间、次数，并且依据客人到房情况自动开启或关闭电器。客人通过移动设备或者AI机器人不出客房就可以实现预约寄取快递、购买商品、点餐、了解酒店设施服务及交通环境等。

目前，在中国为数不多的酒店智能客房设计中，大多数客房设计都借助交互式移动面板发送操控指令，用户使用手机 App 或者机器人助手发送指令，享受个性化服务。酒店客房智能化设计能够为客人提供全方位一体式"懒人"入住体验。随着物联网时代传感技术的飞速发展，未来在酒店客房智能化设计中仍然以人性化设计为核心，无须借助任何终端设备，实现智能设备与人脑的直接"对话"。例如，客人感觉客房温度较低，空调会自动进行温度调节。客人不小心打翻了牛奶，扫地机器人会自动进行清理。客房智能化设计是未来酒店发展的主流。

4. 安全性日益提高

安全的重要性对客人来说不言而喻。酒店要满足客人这种最基本的需求。安全也是影响酒店经营、发展的重要因素。

火灾是对客人安全产生影响的最主要因素。酒店专门配备相关的火灾报警设备，以保障客人安全。比如，酒店安装烟感器和自动喷淋设备来预防火灾。许多酒店也采用 VESDA 系统预防火灾。该系统可以吸取室内空气送入分析器进行分析，一般可以提前 5 分钟发出警报，这一系统还可以根据不同场合、不同环境的特殊性预先设定空气成分指标，从而尽量减少报警失误的可能性。

房门是保证客人安全的重要"关口"。现在许多客房门都安装了无钥匙门锁系统，以客人指纹或视网膜鉴定客人的身份后开启房门。

另外，在床头柜和卫生间中安装了紧急呼叫按钮。一旦遇到紧急情况，酒店服务人员与保安人员能及时了解情况，并展开救援。这些设施大大增强了客房的安全性，同时，又不会过多地打扰客人，使客人拥有更多的自由空间，而又不必担心安全问题。

任务二　客房部认知

一、客房部的概念和作用

（一）客房部的概念

客房部（Housekeeping Department），又称管家部或房务部，是酒店的重要部门，在酒店经营管理中起着举足轻重的作用。一方面，出租客房是酒店获得收入的重要手段，而客房由客房部直接负责管理；另一方面，服务是酒店的核心产品，而客房服务又是整个酒店服务的重要组成部分。因而，客房的管理水平会对整个酒店的经营产生重要影响。

1. 客房部是重要的生产部门

客房实际上是一种产品形态，其生产过程由客房部负责。没有客房部对客房进行装饰布置及清洁、整理等一系列生产加工活动，酒店就没有可以出租的客房。对于已经出租的客房，如果没有客房部为客人提供清洁、整理等服务，客房的价值就不完整。因此，客房部是一个生产部门，其产品就是客房及相关服务。

2. 客房部是重要的服务部门

客房是客人投宿的主要场所，是提供客房产品的部门，也就是提供客房服务的部门。另外，客房部只是酒店的一部分，其机构设置和设施设备的配置具有为酒店内其他部门提供服务的责任和能力，如清洁保养、布件洗烫等。因此，客房部是一个服务部门。

3. 客房部是重要的消耗部门

客房部主要负责客房产品的设计、客房服务的提供，并不直接对客人销售客房。因此，客房部只生产客房产品，并且产生"原料"的消耗，而没有销售客房产品，并获得收入。客房部在运行和管理的过程中，时刻都在消耗人力、物力、财力及能源等，所以说，客房部是酒店的一个消耗部门。

了解这些，对于我们了解客房部任务，规划客房部目标，制订客房部经营管理的方针政策、指导思想和具体措施等都有十分重要的意义。

（二）客房部在酒店经营中的作用

1. 客房收入是酒店经济收入的重要来源

客房是酒店的重要产品形式，客房的营业收入是酒店收入的主要来源，而且客房收入较其他部门收入稳定。客房收入一般占酒店总收入的50%左右。

另外，客房具有一次投资、重复使用的特点。在客房的日常经营过程中，其成本除人力、能源外，仅包含日常消耗品。从利润角度分析，客房经营成本比餐饮部、商场部等都小，所以其利润是酒店利润的主要来源。

2. 客房服务质量是体现酒店形象的重要途径

酒店是客人在外工作学习或是旅游休闲的居住场所，也是客人"家外之家"的主要物质承担者。一般来讲，客房是客人在酒店中停留时间最长的地方，也是客人对酒店服务体会最深的地方。因此，客房服务质量的优劣会影响客人对酒店整体服务质量的评价。

客房卫生是否清洁，环境布置是否恰当，设备设施与物品是否齐全，服务人员的服务态度是否热情、周到，服务项目是否丰富等，是构成客房服务质量的重要因素，会对客人的满意度产生直接影响，是客人衡量"价"与"值"是否相符的主要依据。

另外，在大多数酒店中，公共区域（PA）一般归客房部管理。公共区域不仅服务到酒店消费的客人，而且服务诸如供货商等进入酒店的所有人员。公共区域的众多工作项目中，包含了对酒店地毯、地板的维护及保养。这为酒店其他部门的正常运行提供了良好的环境和物质支持。所以，客房服务质量是衡量酒店服务质量，维护酒店声誉的重要标志。

3. 客房部管理是酒店运营和管理的重要环节

客房是带动酒店经济活动的枢纽。酒店作为一个现代化服务场所，只有在客房入住率高的情况下，各类设施才能发挥作用，组织机构才能正常运转，各项功能才能充分应用，为酒店带来良好的经济效益。

另外，在酒店建筑总面积和固定资产中，客房部占绝大多数。客房部的管理和服务人员在酒店总人数中也占有很大比例。因此，客房部管理水平与酒店全局直接相关，是影响整个酒店管理的关键部门之一。

二、客房部组织结构与业务分工设置

客房部组织结构是指为了实现客房部经营目标，在组织理论指导下，设计形成的客房部内部各个岗位、各个层次之间固定的排列方式，即客房部内部的构成方式。客房部组织结构图是客房部架构的直观反映，是最常见的表现员工、职级和群体关系的一种图表，它形象地反映了客房部内部各岗位上下左右及相互之间的关系。

微课 1-2

（一）客房部纵向管理层级设置

组织结构的一个维度是纵向管理层级，也就是用来表示客房部员工上下层级的隶属关系。一般来说，大、中型酒店管理层级较多，可以设置经理、主管、领班、服务员四个层级。小型酒店管理层级较少，可以设置经理、主管或领班、服务员三个层级，或者只有经理和服务员两个层级。管理层级设置多少，主要跟酒店规模、档次、商业模式、企业文化等因素有关，但是基本上都要遵循提高沟通和管理效率，降低管理费用的原则来设置管理层级。

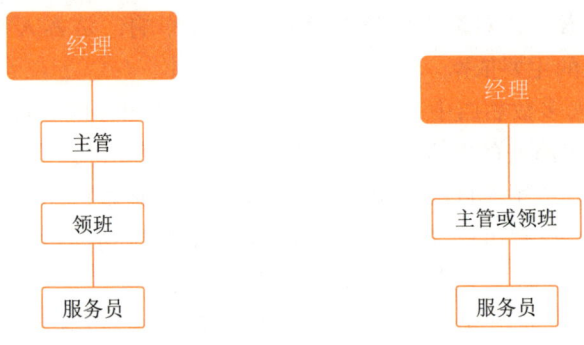

图 1-9　大、中型酒店客房部纵向管理层级　　图 1-10　小型酒店客房部纵向管理层级

（二）客房部横向组织结构设置

组织结构的另一个维度是横向业务分工，也就是用来表示客房部所承担的主要业务内容。根据客房部业务内容的性质、工作完成方式或工作区域的不同等，来对总体业务进行分工，形成不同的工作岗位。这些工作岗位可以是平行关系，也可以是隶属关系。这跟酒店客房部的规模、类型、业务量的多少等因素相关，但岗位设置原则和目标是相同的。

例如，在大、中型酒店客房部一般设置客房服务中心、客房楼层、公共区域、洗衣房、布草房等，客房部的一些管理工作主要在客房经理办公室完成。小型酒店一般不设置洗衣房，而是跟专业洗衣店合作，采用布草外洗的方式。还有的小型酒店不设置客房服务中心，业务联系工作由客房部经理办公室来负责。

客房部组织结构一般会将纵向管理层级和横向组织结构表示在一张图表里。这样能够清晰地勾画出部门中垂直领导关系、内部信息流通渠道及岗位分工情况。每个员工从组织结构图中，可以清楚地知道自己在部门中所处的横向位置及直属领导的位置。

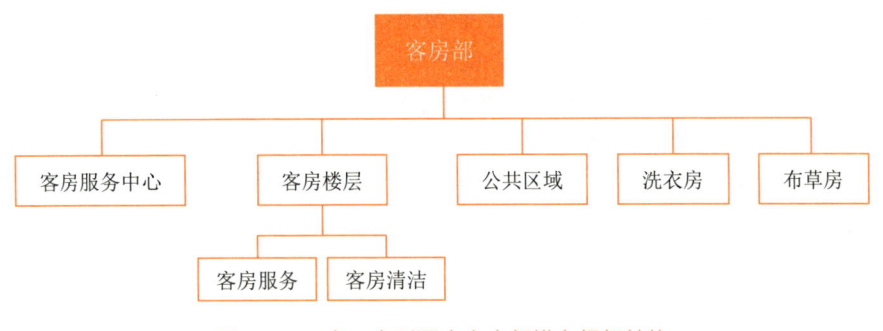

图 1-11　大、中型酒店客房部横向组织结构

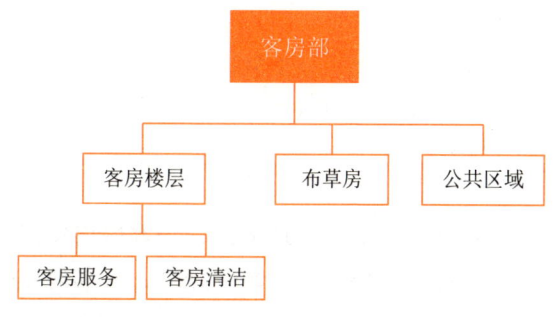

图 1-12 小型酒店客房部横向组织结构

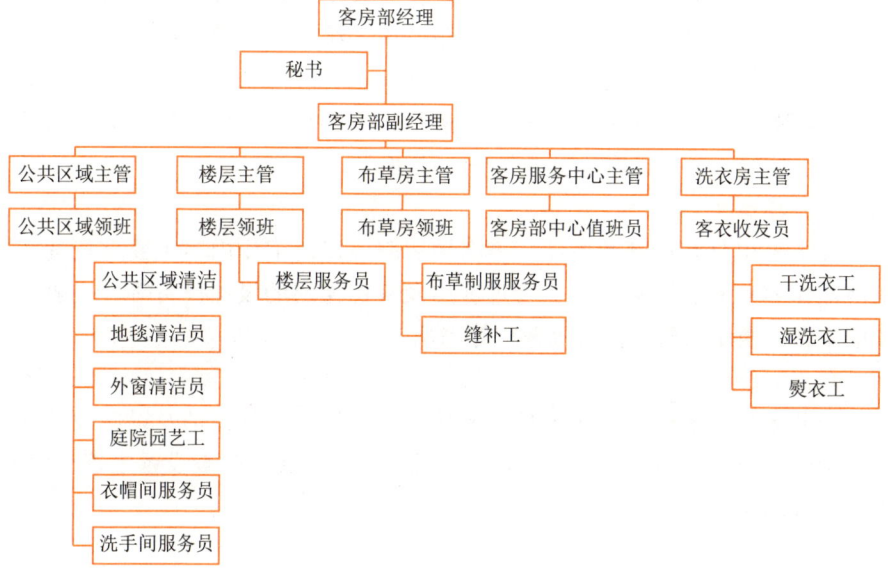

图 1-13 大、中型酒店客房部组织结构

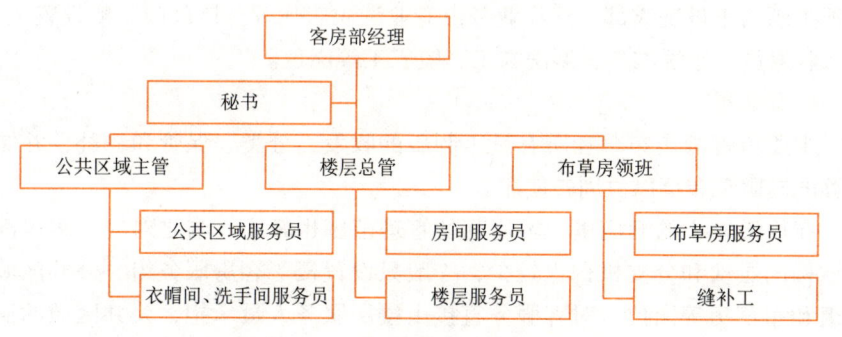

图 1-14 小型酒店客房部组织结构

（三）客房部业务分工

酒店客房部的业务范围较大，分工复杂，员工众多，合理的业务分工是客房部有效运营的基础条件。下面以大、中型酒店客房部组织结构设置来说明客房部的业务分工情况。

1. 经理办公室

客房部经理办公室是客房部的管理部门，为客房部经理、副经理和秘书提供办公场所，主要负责客房部的日常事务处理、与其他部门的业务沟通和协调等事宜。

2. 客房服务中心

客房服务中心是客房部的信息中心。为方便管理，大多数酒店的客房服务中心与客房部办公室在一起。客房服务中心统一调控对客服务工作；收集和处理客情信息；正确显示客房状况；保管和处理客人遗留物品；领取、分发客房所需物资；协助有关管理人员进行人力和物资调配；与相关部门进行联络和协调等。通常设有主管或领班及值班人员若干名。

3. 客房楼层

客房楼层是客房部的主体。客房楼层服务组的工作内容主要有负责客房的清洁保养和对客服务工作，管理客房及客房楼层的设施设备等。一般设置楼层主管、楼层领班、楼层服务员等岗位。

4. 公共区域

公共区域管理服务组主要负责酒店公共区域环境的清洁及设施设备的保养，同时担负地毯清洁、园艺绿化、外墙清洗等任务。一般设置主管、领班、服务员等岗位。

5. 洗衣房

洗衣房主要负责酒店布草和员工制服的洗涤工作，同时为住店客人提供衣物洗熨服务。有些酒店的洗衣房因其规模大而成为独立经营的洗涤部。也有不少酒店不设洗衣部，洗涤业务由专业洗衣店代理。该部门一般设置主管、客衣收发员、干洗衣工、湿洗衣工、熨衣工等岗位。

6. 布草房

主要负责酒店布草和所有员工制服的收发、分类、保管和缝补，并储备足够的制服和布草以供周转使用。

在规模较小的酒店里，客房部的管理范围也较小。与之对应，客房部组织结构的层次和分支机构也较少，一般只设置楼层客房服务组、公共区域服务组和布草房等岗位。对客服务直接由楼层服务人员承担，公共区域的清洁以及布草洗涤等工作则由专业清洁公司代理。

（四）客房部与其他部门的协作

酒店因业务不同会划分许多部门。要使酒店运转正常高效，必须使各部门目标统一，通力协作，形成有机整体。客房部要与其他部门建立和保持良好的协作关系，首先必须了解与各部门间的业务联系。

1. 客房部与前厅部的业务关系

客房部与前厅部的联系最为密切和频繁。客房部为前厅销售提供高质量的产品，前厅部则将客房产品以合理的价格销售出去。两个部门之间能否密切配合，直接影响客房产品的产量及销售收入。为了能使两个部门的配合更加到位，很多酒店将这两个部门组成房务部统一进行管理。客房部与前厅部之间的业务联系是多方面的，主要包括：

（1）客房部为前厅部保质保量地提供客房产品

客房部应围绕前厅部的客房销售和满足入住客人的入住需要来展开工作，合理安排客房清洁。比如，开房率较高时，要优先清洁走客房，加速客房周转，避免让准备入住的客人等候太久。当开房率较低时，应优先安排住客房，使住店客人能得到及时的服务。这样既能提高客房出租率，又能提高客人的满意度。

（2）及时互通相关信息，保证客房服务的准确性

前厅部要销售客房，因此必须准确了解每间客房的实际状况。只有这样才能快速、合理地为客人安排客房。在这一过程中，前厅部应及时、全面地了解和掌握有关客房及客人信息，如当日客房出租率，次日及未来几日的客房预订情况，客人的进店、离店情况，客人的个人资料及对客房服务的特殊要求等，以便协助客房部为客人提供有针对性的服务。

（3）两个部门协同处理客房的特殊情况

在实际经营过程中，因定期安排清洁保养或是遇到房间故障等特殊情况时，会导致客房不能正常出租，这将会影响客房销售和客房安排。此时，这类工作应由客房部与前厅部协调，统筹安排。

（4）两个部门人员的交叉培训

前厅部与客房部进行人员交叉培训，可以促进员工相互了解和熟悉对方的业务，全面提高员工的业务素质，达到加强沟通、增进理解、便于合作的目的。

2. 客房部与公关营销部的业务关系

（1）客房部应积极参与公关营销部组织的市场调研，并依据制订的营销方案进行广告宣传及店内外促销活动。

（2）客房部应及时向公关营销部了解有关信息，以提高客房产品和客房

服务质量。

（3）公关营销部应定期对客房部员工进行酒店营销技能培训。客房部则应对公关营销部人员进行客房产品相关知识的培训，使其对客房设施、设备及客房服务有比较全面的了解，以提高其销售工作的准确性与针对性。

3. 客房部与餐饮部的业务关系

客房部与餐饮部是酒店收入的两个主要来源。虽然两个部门在核算上各自独立，但在实际经营过程中有很多业务联系，主要表现在以下几点：

（1）多数酒店的餐饮营业场所公共部分的清洁保养工作由公共区域清洁组负责，而公共区域清洁组属于客房部。在这一环节两者有着较紧密的关系。

（2）客房部负责餐饮部所有布草及员工制服的洗烫、修补工作，负责餐饮部经营场所的定期清洁保养工作。此外，两个部门也会彼此配合做好服务工作，如多功能厅的大型活动服务接待、贵宾房布置、客房送餐等服务工作。

（3）在具体的接待过程中，客房所需水果和点心通常由餐饮部负责提供。有的酒店由餐饮部直接配入房间。

（4）两个部门进行交叉培训。在部门业务量增加时，尤其是在超出部门接待能力的时候，两个部门要进行人员的临时调整，以更好地完成服务任务。因此，人员的交叉培训十分重要。

（5）在物料成本控制方面，客房部应根据每月棉织品盘点情况与餐饮部召开协调会，指出棉织品使用中存在的问题，尽量减少浪费，节约开支。餐饮部也应根据运营情况对各餐厅的清洁卫生和棉织品发放中出现的问题、员工工服问题等，与客房部协调，使问题尽快得到解决。只有两个部门通力合作才能使各项活动进行得井井有条，也才能使客人、员工及两个部门都达到满意的效果。

4. 客房部与采购部的业务关系

客房部依据经营需要，对所需设备和用品提出采购计划，编写申购报告，明确采购设备和用品规格、数量、质量要求、到货时间等，交由采购部。由采购部根据经审批的物资申购报告，落实采购。货物到店后，由客房部和采购部共同对采购物资进行质量把关。两个部门应经常相互通报市场及产品信息。

5. 客房部与财务部的业务关系

客房部定期或随机地协同财务部，进行物资盘点等相关工作。财务部应监督客房部做好物资管理工作，并监控客房部预算的执行情况。客房部应协同财务部做出部门预算，协助财务部进行客房有关账单的核对、员工薪酬支付等工作。

6. 客房部与保安部的业务关系

安全是酒店经营工作的生命线。没有安全就没有酒店业。它直接影响客人的生命财产安全和酒店的财产安全,所以客房部的安全工作极其重要。

(1)保安部应根据专业要求及客房实际情况,指导和帮助客房部制订安全工作制度。

(2)保安部应通过理论讲解或是实际演练等形式,定期对客房部员工进行安全知识培训,增强员工的安全意识,提高员工做好安全保卫工作的能力。

(3)一旦发生安全事故,客房部和保安部要相互配合,依据相关标准进行处理。

7. 客房部与工程部的业务关系

客房部与工程部的目标是相同的,两者必须保持良好的工作关系,才能取得最佳效果。

(1)客房部在客房设施设备的日常使用中发现设施设备存在问题,应及时告知工程部,由工程部负责维修检修等。

(2)工程部应对客房部员工进行维修保养方面的知识培训,使他们能正确使用有关设施设备,并能对设施设备进行检查和简单的保养与维修。另外,客房部也要对工程部员工进行客房部运行与管理业务培训,使他们对客房部的运行规律和基本业务有所了解,从而提高协作配合的自觉性和责任感。

只有客房部和工程部建立良好的协作关系,互相配合,才能保障酒店的设施设备处于完好状态,才能为客人提供优质服务,减少客人投诉。

8. 客房部与人力资源部的业务关系

(1)人力资源部与客房部协同确定部门的人员编制,并做好客房部的员工招聘工作。

(2)人力资源部指导、帮助、监督客房部做好员工培训工作。

(3)人力资源部负责审核客房部的薪金方案并监督发放过程。

(4)人力资源部协助客房部进行临时性的人员调配。

任务三　客房部员工认知

一、客房部员工岗位职责

客房部的每位员工根据承担的工作任务不同而被分配到不同的工作岗位，履行自己岗位应该承担的工作职责。只有各个岗位上的员工各司其职，认真履责，才能保证客房部工作的整体推进，实现既定的工作目标。酒店客房部规模、管理模式不同，其岗位设置也不完全相同。下面介绍酒店客房部常见的主要岗位及岗位职责。

（一）客房部经理岗位职责

（1）主持客房部日常工作，保证部门各项工作的正常开展。

（2）负责掌握和指挥客房部的运行，保证对客服务水平。

（3）制订各项工作计划（如员工培训计划）。

（4）每日抽查各类房间，保证卫生质量及设备正常运行。

（5）负责安排客房贵宾接待事宜，保证各项服务及时到位。

（6）确保各项安全措施落实到位。

（7）负责做好客房区域内的虫害控制。

（8）负责处理部门范围内的客人投诉、突发事件。

（9）看望病客，定期拜访长住客、常客，听取客人意见，并提出改进措施。

（10）负责部门内部的人事变动，定期对各级员工进行工作评估。

（11）定期与员工座谈，听取员工建议，并尽早给予回复。

（12）负责制订部门的年度收入计划及经费预算。

（13）贯彻节约意识，合理控制各项部门费用。

（14）定期对基层管理人员进行业务培训。

（二）楼层主管岗位职责

（1）接受客房部经理或副经理的领导，主持、督导楼层领班和楼层服务员的工作。

（2）巡视客房楼层，抽查客房卫生，检查贵宾房。

（3）为制定所辖区域的年度财务预算提供物品消耗数据。

（4）协助部门经理处理客人投诉和员工管理。

（5）检查所辖区域员工的工作质量和工作纪律。

（6）参与查房，反馈查房中存在的问题，确保所辖区域的客房正常运转。

（7）定期盘点所辖区域内的设备物品及其使用和消耗情况，控制成本。

（8）负责对领班及楼层服务员的日常培训。

（9）注意安排贵宾房的跟踪服务。

（10）警惕火灾隐患，预防安全事故的发生。

（三）楼层领班岗位职责

（1）楼层领班必须接受楼层主管的领导，并经常向楼层主管报告本班组工作情况。

（2）负责所辖员工的每日工作安排与调配，督导下属员工的工作，对其工作提出具体意见。领导本班组员工积极工作，不断攻关，提高工作效率和服务水平。

（3）定期盘点所管理楼层设备和用品的消耗情况，并向主管汇报。

（4）查房并填写查房报告，反馈查房中存在的问题，督导员工保证客房清洁质量。

（5）填写领班工作日志。

（6）负责班组的考勤管理，掌握当天的出勤情况，安排好班次，并做好每月员工的奖罚评定。

（7）负责员工的业务培训，组织业务学习，不断提高服务工作质量。

（8）培训员工掌握客房卫生清洁和对客服务技能。

（9）制订客房卫生计划。

（10）负责编制月度工作小结、工作计划、物料申领计划，并上报部门。

（11）掌握所辖楼层的客情，如团体批量、人数、抵离时间、标准等，特别是重点客人、长住客人等信息需及时报服务中心备案。

（12）督促检查班组安全工作的落实情况，做好安全保卫工作。

（四）楼层服务员岗位职责

（1）清洁整理客房。

（2）清洁楼层公共区域。

（3）提供住店客人的一般服务，如擦鞋服务。

（4）密切关注住店客人可能发生的突发情况，并报告领班。比如，住客醉酒、患病、赌博等。

（5）负责检查所负责区域内设备设施的运行状态。

（6）报告有关客人的遗留物品情况。

（7）负责楼层安全。

（8）负责处理客人的个性化需求，并做好记录。

（9）中班楼层服务员负责提供开夜床服务。

（10）夜班楼层服务员负责为次日早班准备有关房间资料及报表。

图1-15　楼层服务员整理客房

（五）客房服务中心值班员岗位职责

（1）负责客房服务中心办公室的日常事宜。

（2）礼貌、迅速地接听电话，准确地提供服务。

（3）将上级的有关指示及客人需求等信息准确记录下来，并及时传达。

（4）负责记录员工的出勤情况。

（5）负责管理客房部办公室的有关设备（如电话、电脑等）。

（6）负责收集和发放客房部的各种运作表格。

（7）负责管理客人借用品，并定期盘点、保养。

（8）收集、记录和处理客人遗留物品。

（六）公共区域主管岗位职责

（1）主持部门全面工作，严格执行酒店上级领导的指示精神。

（2）负责控制部门内人力、物力调配。

（3）分析员工思想情况及工作中出现的问题，制订部门培训计划。

（4）建立健全各项规章制度，检查、督导员工操作的规范化程度及工作流程的执行情况。

（5）加强与其他部门的沟通，协调好与相关部门的关系。

（6）负责各项费用预算，控制好成本费用。

（7）负责制订落实责任范围内的各项清洁保养计划。

（8）做好员工考勤、评估等工作。

（七）公共区域服务员岗位职责

（1）负责区域内的卫生清理工作。

（2）负责检查责任区域内设施设备的运行。

（3）掌握一定的清洁技能及专业知识，保证工作质量。

（4）提供礼貌、规范的服务。

（八）公共区域保养员岗位职责

（1）负责全酒店范围内地毯、座椅及沙发的检查、清洁及保养。

（2）根据上级制订的地毯清洁保养计划，进行地毯清洗。

（3）严格按照设备的操作规范开展工作，确保其处于良好的运转状态。

（4）熟悉各清洁设备一般故障，掌握问题的排除技术。

（5）根据洗涤物品的污染程度酌量使用清洁剂，在保证良好洗涤效果的基础上力求节约。

（6）协助主管总结相关保养技术经验，共同提高清洁保养质量。

（九）洗衣房主管岗位职责

（1）全面负责洗熨工作，确保洗熨质量。

（2）了解各部门布草供求状况，保证供应。

（3）与工程部合作，加强机器的保养及维修，以保证正常运行。

（4）负责策划、分派每日洗衣部工作，充分供应酒店布草及制服。

（5）负责制订本部门预算、计划。

（6）负责布草、制服等物资的控制。

（7）负责洗衣部卫生及安全制度的落实。

（十）布草房服务员岗位职责

（1）保证所属区域环境整洁。

（2）按标准收发及存放布草。

（3）负责检查布草的洗熨质量。

（4）对布草收发中的异常情况做好记录，并汇报。

（5）定期核查布草数量，防止出现意外流失。

二、客房部员工素质要求

（一）职业素养要求

1. 有良好的思想品质和职业道德

客房部员工要为客人提供干净整洁的客房卫生环境和热情周到的优质服务，需要具备良好的职业道德，养成良好的职业行为和习惯行为，真正把客人当作亲人和朋友，敬业爱岗，忠于职守，树立平凡职业的荣誉感，把为客人创造幸福当作自己的天职。客房部员工要具备高尚的思想品质，正确认识和处理个人与酒店、个人与客人、酒店与客人之间的利益关系，诚实守信，塑造美好的职业形象。

2. 有吃苦耐劳、踏实沉稳的工作作风

酒店工作是平凡和琐碎的，尤其是客房工作，卫生环节多，客人的需要也各有不同。客房部员工要细致认真，吃苦耐劳，掌握基本的设施设备维修保养知识，为客人构筑一个舒适、安全的住宿环境。

3. 有强烈的卫生和安全意识

客房部员工自身的卫生习惯是做好客房部清洁保养工作的前提条件。一个人只有对自己有高标准的卫生要求，才可能对其从事的工作有高标准的卫生要求。客房部员工应注重个人精神卫生和身体卫生，树立全心全意为人民服务的意识，正确看待服务工作，生活规律，勤洗澡、理发、换装等都是个人良好卫生习惯的内在要求。高度的安全意识也是客房部员工需要具备的基本素质。客房部员工应注意消除火灾隐患，具有防盗意识，做好客房安全保障工作。

4. 有乐观积极的态度和服务热情

在工作中，管理人员要以包容的心态对待下属，少抱怨，多鼓励，少指责，多帮助。部门之间沟通要有耐心，从正面思考问题出现的原因，少追究责任，多研究解决问题的方法。与客人沟通，应表现出足够的服务热情，想客人所想，解决客人未开口的困难，更高效地做好对客服务工作。

（二）职业能力要求

1. 熟知酒店服务和客房服务的相关知识

为了增加服务的熟练程度，减少服务差错，提高服务效率，客房部员工首先应对本店基本情况有详细的了解，如酒店所处地理位置、交通情况、周边配套设施，酒店规模、类型、经营宗旨、企业文化，酒店设立的服务项目及各项目的服务规程、质量标准，酒店相应的服务设施、操作要求、服务规范等。其次，对客房部的设施设备日常保养、维修保护等也应熟练掌握。同时，应掌握一些心理学知识、卫生防疫知识、急救常识、安全防范知识，不断了解当地的历史文化、风俗习惯及酒店特色，掌握客房日常外语会话和沟通技巧等。这样能在对客服务中和客人进行有效沟通，为有效开展多元、个性化的客房服务带来极大的便利和好处。

2. 良好的语言表达和交际能力

语言是客房部员工和客人之间进行信息沟通，建立良好的关系，提供客房服务的重要工具。

客房部员工应在服务工作中做到准确、有效、规范、得体地使用各种服务用语，比如注意厘清语言的逻辑关系，恰当地选择语气、语调、语速，根据服务对象的实际情况采用适当的语言、沟通方式，充分关注对方的表情、肢体语言等，并在沟通过程中给予适当的回应。客房部员工应努力与客人建立良好的关系，为做好客房服务奠定基础，促进服务工作的顺利完成，提高客人的满意度。

3. 灵活处理问题的能力

由于客房服务岗位的特殊性，客房部员工经常需要独立应对和处理一些突发事件。因此，在服务工作中，应变能力就显得尤为重要。比如，当事件发生时，客房部员工应迅速了解问题产生的原因及客人的动机，用克制和礼貌的态度应对客人，并善意地加以疏导，同时尽快采取措施，解决矛盾和问题，尽量使客人满意。

4. 敏锐的观察能力

观察力的实质在于善于换位思考，即客房部员工在工作中能想客人所想，急客人所急，甚至能想客人所未想，急客人所未急。在客人开口之前为其及时、准确地提供所需服务。比如在工作中能根据客人的年龄、身份、职业、表情、眼神、语言等来判断客人的服务需求。也可以从中捕捉不同职业客人的心理状态和满意程度，便于后续服务的跟进与提升。

案例 1-1

良好的服务意识难能可贵

住在酒店一个月之久的来自南方的崔教授今天要启程回家了，回家前他特地来到客房部与客房服务员小闵道别，并写了长长的感谢信表达他的谢意。信中，老教授记述了他住店期间的很多难忘的瞬间。

小闵是崔教授房间所在楼层的服务员，由于崔教授住店期间需要指导和带领博士研究生开展调研工作，房间里放满了各种参考书和资料，这些资料只能放在客房的空地上，随着资料越来越多，就越堆越高，变得难以查找。崔教授住的客房是一间普通大床房，并没有书架之类的家具，小闵每天看到这些资料，想着崔教授查找资料的困难，她就把客房楼层闲置的一个书架搬到了客房里，这下，崔教授的房间不再拥挤。客房里有了空地，就可以放置按摩椅。崔教授经常伏案工作，颈椎不适已经是老毛病了，有了按摩椅，颈椎就能得到放松。崔教授是南方人，经常早上起来就干咳，房间里还有润喉药片，小闵看到后，就想到放一台空气加湿器。果然，空气加湿器对崔教授适应北方的干燥环境起了大作用。

除了这些之外，小闵还帮崔教授安排了晾晒衣服的秘密基地，掌握了崔教授在饮食上的一些习惯，并跟餐饮部及时沟通，隔三差五会提供一些他的家乡菜。时间久了，崔教授的房间越来越像他在家乡的书房和卧室。

所以，临行前，崔教授特意感谢小闵对他的精心服务，希望小闵以后一定要到他的家乡去，让他尽地主之谊。

点评： 客房部的员工对于客人来讲，更像是客人"家外之家"的打造者，小闵有着极高的工作热情，并善于观察客人的潜在需求，具有敏锐的观察力和灵活处理问题的能力，愿意为客人创造更好的住房体验，通过服务中的一件件小事，展现了客房部员工极高的素质。

（三）职业礼仪要求

客房部员工要掌握礼仪规范，成为真正的绅士淑女。客房部员工要注重自己的仪容仪表，表情亲切友好，服装整洁挺括，仪态举止优雅大方。

1. 仪容

"仪容"，指人的容貌面容的总称。对于在酒店业工作的人员来说，仪容修饰尤其重要，甚为讲究。酒店员工美丽、自然、亲切能使客人从内心产生愉悦，得到美的享受。对于酒店客房部员工而言，仪容的具体要求为：

（1）保持面容整洁，头发整齐干净，发型自然。

（2）常修剪指甲，常洗澡、洗手和更衣。

（3）男性员工不留小胡子、大鬓角，发不过耳。

（4）女性员工不留披肩发，前不过眼，后不过肩，不抹有色指甲油，化淡妆。

（5）保持口腔清洁，不吃大蒜、葱等辛辣异味食品。

（6）面带微笑，亲切和蔼，端庄稳重，不卑不亢。

2. 仪表

"仪表"，指人的外表，包括人的面容、风度、姿态和服饰。员工仪表的好坏可以从一个侧面反映酒店的档次，也可以反映员工个人的社会生活、文化水平及其他方面的修养。所以，不管从酒店还是从个人角度，员工都应该注意个人仪表。对于酒店客房部员工而言，工作期间的主要服饰是酒店工装，着装要求主要有：

（1）保持工装干净、整洁、挺拔，扣好上衣及裤子的纽扣。

（2）工作服衣兜禁止装杂物，以免变形。

（3）上班时一律穿黑色皮鞋或黑色布鞋。皮鞋要保持光亮，布鞋要干净。不准赤脚穿鞋。

（4）上班期间不准佩戴各种饰物，如项链、手链、耳环、戒指等。

（5）工作服有破损，应及时修好。如影响美观，则应及时更换。

3. 仪态

"仪态"指人在交往活动中的举止所表现出来的姿态和风度。客房部员工在工作中应该表现得端庄稳重，落落大方，表情自然诚恳，和蔼可亲，充分体现自己的气质、风度和教养，体现出个人的礼貌修养。端庄的坐姿，优雅的站姿，稳健的行走姿态，优美的下蹲姿势，都是客房部员工在仪态方面应该注重并做到的。

思考与练习

一、单项选择题

1. 客房中面积最大、最主要的功能区域是（　　）。
   A. 贮藏区　　B. 盥洗区　　C. 睡眠区　　D. 办公区
2. 一般客房室内照明度为（　　）勒克斯，以体现安静、柔和、舒适的特点。
   A. 20~50　　B. 50~100　　C. 100~200　　D. 200~300

二、多项选择题

1. 按客房在酒店中所处的位置划分，可将客房分为（　　）。
   A. 外景房　　B. 内景房　　C. 连通房　　D. 无障碍客房
2. 客房服务中心值班员的岗位职责包括（　　）。
   A. 礼貌、迅速地接听电话，准确地提供服务
   B. 查房并填写查房报告
   C. 收集、记录和处理客人遗留物品
   D. 安排贵宾房的跟踪服务

三、简答题

1. 常见的主题客房风格类型有哪些？
2. 客房设计的理念有哪些？

四、实践训练

【实训项目】

酒店标准间的客用品配置

实训目的	掌握酒店标准间的客用品配置
学习环境	实训酒店客房
实训准备	标准间6间、房务工作车6辆，工作车上2套客用品配置齐全
模拟训练要求	学生5~6人为一组，完成所有实训工作
	在规定时间内，学生完成一间标准间的客用品配置
	物品配置要求应符合实训酒店的客房管理要求，同时应充分考虑客人的体验性
	各小组完成客房物品配置的项目路演，现场解说客房物品配置、摆放的要求、原因

2 项目二
客房清洁

 项目导读

客房卫生是客人选择入住酒店时考虑的重要因素,是构成客房产品质量的重要组成部分。清洁卫生工作也是酒店进行市场竞争的重要因素。因此,清洁卫生工作对酒店的经营具有极其重要的意义。本项目主要包括如何正确认识和使用清洁用具与清洁剂,客房及公共区域卫生清洁的方法和标准,清洁卫生质量的控制等内容。

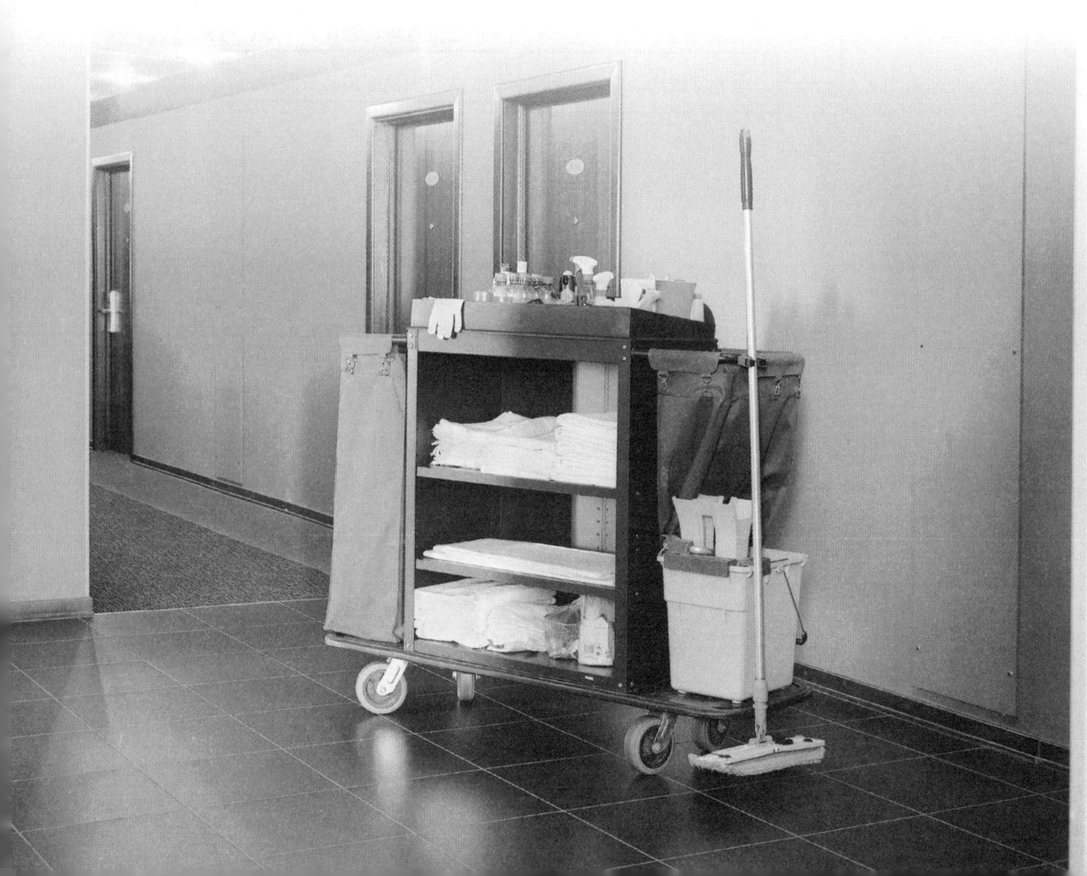

学习目标

能够正确认识和使用清洁用具与清洁剂；了解客房计划卫生的内容与安排，地毯、硬质地面、金属、家具的清洁保养方法；掌握客房的日常清洁程序、方法及查房规范，客房和公共区域清洁保养的质量控制，客房杀菌消毒的内容与要求。

思维导图

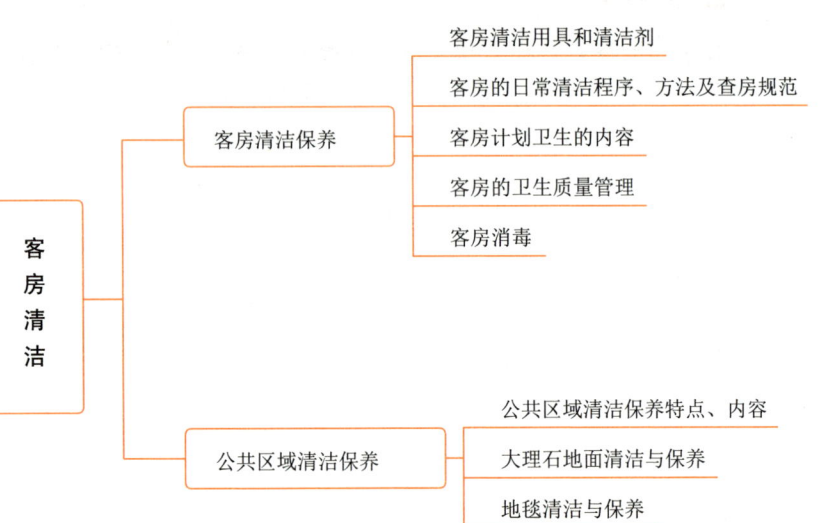

任务一 客房清洁保养

一、客房清洁用具和清洁剂

（一）客房清洁用具

1. 清洁用具的分类

客房部使用的清洁用具很多，主要包含普通清洁器具和机械清洁设备两大类。

（1）普通清洁器具

普通清洁器具是指在客房日常清洁过程中用手工操作的器具。

①抹布。主要用于客房内家具表面、卫生间洁具及公共区域清洁工作。

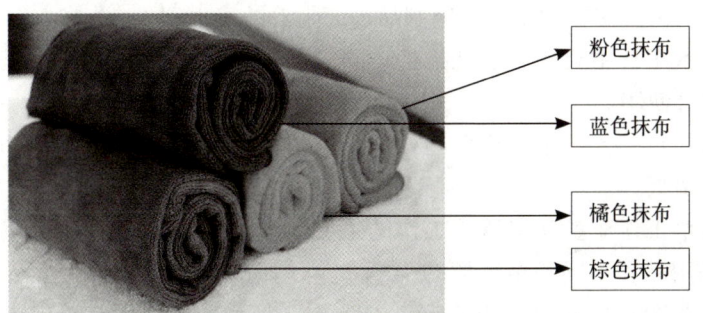

图2-1 客房清洁专用分色抹布

选择、使用抹布注意事项：

A. 根据清洁用途不同，应选择不同尺寸、质地和颜色的布料。客房内抹尘的抹布应与清洁卫生间的抹布分开。卫生间内清洁不同洁具的抹布也应严格区分开，如清洁面盆的抹布与清洁马桶的抹布应分开。另外，清洁玻璃、镜子表面的抹布应使用平纹抹布，电视机屏幕除尘抹布以质地柔软的绒布为宜。

B. 所有清洁抹布使用完毕后应进行严格清洗消毒，以保证抹布卫生。

C. 由于客房部抹布使用量较大，因此应备足不同规格的抹布，方便员工清洁使用。

②拖把。主要用于客房和公共区域内地板清洁。建议选用可以拆卸更换拖把头的拖把，方便员工清洗。

③尘推。主要用于客房走廊及公共区域的大厅、过道、公共洗手间地面

的清洁保养工作。

图 2-2　拖把

图 2-3　尘推

④玻璃滚刷。主要用于擦拭玻璃表面，清除玻璃表面水垢和一般污迹。

⑤玻璃刮。主要用于将玻璃制品表面附着的清水刮干净。

⑥轧水车。主要用于清洗拖把，同时把拖把上面的水分挤干。经常与拖把一起配合使用。

⑦万向扒。主要用于客房高处部位的清洁，经常与抹布一起使用，清洁客房内的墙纸。

⑧布草工作车。客房清洁工作的主要工具，主要盛放客房清洁工具、一次性消耗用品和不同规格种类的干净布草，如被套、床单、枕套及各种巾类等，车子两旁还分别配有垃圾袋和布草袋。为了便于员工使用，车子两端的轮子至少一端应配备万向轮。

图 2-4　布草工作车

⑨其他工作车。为了方便运送物品、家具及其他物品，客房部还会根据酒店实际情况配备小推车和平台车。

（2）机械清洁设备

机械清洁设备是指以电力驱动的清洁用具，如吸尘器、抛光机等。

①吸尘器。客房内必备的机械清洁设备，主要用于客房和公共区域除尘清洁工作。根据清洁区域不同也会选用不同样式和规格的吸尘器。例如，桶式吸尘器、直立式吸尘器、背式吸尘器等。

图 2-5　吸尘器

②地毯抽洗机。主要功能就是利用真空抽吸将水分吸干，这样清洗地毯后会干得很快。地毯抽洗机由刷洗设备、吸水设备和软管共同组成，可对各种地毯进行彻底清洁，工作效率高。

③抛光机。主要用于硬质地面的擦洗、打蜡和喷磨工作。

④单擦机。又称洗地机，主要用于酒店大堂、过道等较大区域的清洁工作。

⑤高压清洗机。该设备是通过动力装置产生高压水来冲洗物体表面，适合用于酒店停车场、泳池、垃圾房等区域的清洁。

2. 机械清洁设备的日常管理

（1）建立设备档案卡

客房部在管理机械清洁设备时，首先要进行登记，建档立卡。这是一项很重要的基础性工作。

一般来讲，档案主要包括设备信息和运行档案两部分。设备信息主要是指设备名称、各项性能指标及使用说明等，让使用者认识设备，并掌握如何使用。在设备管理方面,最重要的是运行档案的记录,要求在实际使用过程中准确地记录机器的运行时间,为机器各层次的保养检修提供准确依据。

表 2-1　清洁设备档案卡

设备名称		
购买日期		
供应商	单位名称	
	联系地址	
	联系方式	
设备外部特征描述		
运行信息	型号	
	编号	
	工作电压	
	工作电流	
安全运行要求		

表 2-2　设备运行时间记录表

日期	开始时间	结束时间	小计	累计

（2）明确、落实责任

建立设备档案后，客房部应按"谁使用，谁负责"的原则，将管理机械清洁设备的责任层层落实。许多酒店结合先进的管理方法，设计表格进行管理控制。

表2-3　客房清洁用具检查表

OK 好　　OB 已做，但一般　　NC 没有做　　　　　　　　　　　　　　　　____月份

日期	扫帚	簸箕	拖把	尘推	工作车	吸尘器	抽洗机	吸水机	洗地机	喷水机	抛光机	检查人
1												
2												
3												
4												
5												
6												
7												
8												
9												
10												
…												

（3）制定操作和维修保养规程

在使用机械清洁设备前应根据设备性能指标，对设备使用者进行全方位的培训，使其不但了解如何正确操作使用，而且掌握设备正确运行的要求，保证设备不会因人为原因产生损坏。

另外，使用者还应掌握简单的设备保养知识和发生故障后的及时处理方法，并依据设备运行的时间因素确定不同的保养形式。比如：每次使用完或是使用一段时间后，由该设备使用者对其进行简单的维护保养。使用较长的一段时间后则由生产商进行全面专业的维护保养。通过以上形式来保障设备处于良好的运行状态。要对设备使用情况，尤其是运行时间进行详细记录。

3. 机械清洁设备的选择

机械清洁设备的选择是客房管理工作的重要组成部分,将直接影响客房部的清洁卫生质量,进而影响酒店的经济效益。

一般机械清洁设备的投资比较大,其选择是否得当,对于客房部的清洁保养能力会产生重要影响。所以机械清洁设备的选择,应受到酒店的高度重视。

（1）符合酒店实际需求

机械清洁设备属于酒店生产性设备,要符合酒店生产实际的需要。在选择机械清洁设备时,要充分考虑清洁材料类型、酒店建筑特点、客源层次和结构等因素,来共同确定机械清洁设备的类型、规格等要求,以保证酒店的卫生质量。

（2）要注重功能的选择

有些酒店在选择机械清洁设备时,在功能方面一味地求全,这一要求在实际应用过程中是不合理的。功能单一的设备具有使用简单、耐用和返修率低等特点,但会增加存放空间和资金占用。而功能复合的设备可以有效地减少机器件数,但会由于使用率高而产生返修率高的难题。

（3）方便操作,方便维护保养

机械清洁设备在酒店的经营过程中有非常广泛的应用,因而要注意方便员工的操作。机械清洁设备操作方法要简单明了,易于掌握。

另外,机械清洁设备应便于清洁、维修和保养,这样会有效地延长其使用寿命。

拓展阅读 2-1

（4）充分考虑动力源与噪声控制

客房部在清洁酒店公共区域时,要考虑部分公共区域的用电是否方便,并由此确定是否选用带电池或电源引线的机械清洁设备。同时,由于清洁设备内部结构和设计存在差异,其噪声也会有所不同。针对客房区域的环境要求,应尽可能选用噪声小的清洁设备。

（5）注重安全性能

机械清洁设备的安全性能是设备操作的基础。购买和选择它们应首先考虑是否配有安全装置。例如,是否有相应级数的过滤装置,旋转设备的偏转力矩有多大,有无缓冲防震装置,有无漏电保护等。

（6）注重性价比与售后服务

在选择机器时,要看价格和性能的配比程度,以及售后服务质量等。高质量的产品往往来自一流的商家和供应商,在购买前应对它们的信誉做充分的了解。

（二）清洁剂

清洁剂能够让污迹更容易被清除，保证被清洁物品更干净，延长其使用寿命，进而提升清洁卫生质量。由于清洁剂具有较复杂的化学成分和性能，因此应正确使用，以免损伤被清洁物品。

1. 清洁剂的种类与用途

（1）碱性清洁剂（pH>7）

起蜡水（pH=10~14）。具有强碱性，可将陈蜡及脏垢浮起，用于打蜡前清理大理石表面。由于碱性强，起蜡后一定要反复清洗地面后才能再次上蜡。

家具蜡（pH=8~9）。形态有乳液状、喷雾状、膏状等。在日常的客房清洁过程中，家具表面如存在油迹污垢，只用湿润抹布擦拭，不仅清除不掉污垢，还会使家具表面失去光泽而皲裂。而家具蜡内的化学成分就可以有效去除动物性和植物性的油污，同时可以在家具表面形成透明的保护膜，防止家具发霉，还具有防静电的功能。另外，其具有使用简单的特点。先倒一些家具蜡在干布上，然后将蜡均匀涂抹在家具表面，再用干抹布反复擦拭即可。

（2）中性清洁剂（pH=7）

中性清洁剂，又被称为多功能清洁剂。主要含表面活性剂，可去除油垢，对物品损伤小，可有效防止家具发霉，在酒店中清洁用途较广，为酒店用量最大的一种清洁剂，宜用于日常卫生。

地毯水。主要用于清洗地毯的中性清洁剂。分为高泡剂和低泡剂两种。低泡剂一般用于湿洗地毯，高泡剂则用于干洗。

（3）酸性清洁剂（pH<7）

硫酸（pH=5）。可与尿碱中和，主要用于卫生间马桶的除垢。由于其具有较强的腐蚀性，因此使用量要少，且不能常用。

盐酸（pH=1）。主要用于酒店装修后留下的水泥或石灰斑垢的清除。

草酸（pH=2）。主要用途与硫酸、盐酸相同，且效果更强于硫酸钠。

（4）其他清洁剂

静电除尘剂。主要用于公共区域大理石或木板地面的日常清洁和维护。

酒精。主要用于房间门把手、开关、电话等物品的消毒，尤其对新冠病毒具有很强的杀伤力，是客房防疫必备品。

擦铜水。为糊状，主要用于清洁纯铜制品，如指示牌、门牌号、烟灰缸等。

杀虫剂。主要用来杀死客房内的蚊蝇、蟑螂等害虫。使用时应避免喷洒在房间棉织品上，注意使用安全。

空气清新剂。主要用于杀菌，具有去除房间异味、芳香空气的作用。

2. 严格控制清洁剂用量

清洁剂的使用既要符合客房清洁工作要求，又要做好用量控制，减少浪费。清洁剂的使用分配应由客房楼层主管或领班专门负责，除正常用量的补充外，还要定期做好盘点统计。清洁剂的用量应与客房出租率的高低成正比，特殊情况的额外补充应做好详细记录。

3. 注意清洁剂的安全使用

清洁剂除具有酸、碱性外，还具有挥发性，因而有一定的危险性。所以，在管理和使用中应注意以下几点：

（1）客房服务员应掌握清洁剂的使用和放置方法，日常应按操作规程进行正确操作。

（2）必须使用强酸和强碱清洁剂时，先做稀释处理，装在喷壶内，再发给服务员。

（3）使用清洁剂时，应做好相关防护，如佩戴橡胶手套等。

总之，购买货真价实的清洁剂，减少浪费，保证按照规范操作，是清洁剂安全管理的有力保障。

二、客房的日常清洁程序、方法及查房规范

案例2-1

某日中午，酒店大堂迎来一位商务客人。这位客人身着西装，手提一个名牌公文包。当他办理完入住手续后随即来到房间。3分钟后，只见一位客房服务员匆忙赶到该客人房间，客人一脸不悦地说："我今天坐了一天的飞机，很是疲劳。就在刚才，我掀起床被，刚要躺下休息的时候，发现枕套上竟然有一根头发。这也太离谱了吧？你们竟然连枕套都没更换。"

服务员说："先生，这不可能。这间房是我打扫的，枕套肯定是换了。"

客人一脸怒气地说："你看枕头上有头发，换了怎么会有？"

服务员接着说："先生，这不会是你的吧？"

客人说："这不可能，我头发可没这么长。"

服务员又说："对不起，可能是我早上打扫房间铺床时掉下的。我帮你拿掉。"

服务员伸手把头发拿了。

"这不行，必须换掉。"

服务员拿了两只枕套进来，把枕套换了。

客人压制着一肚子怒火。

"必须把床单也一起换掉。"

"只有枕套上有头发，枕套换了。床单明天一定再换。"服务员边说边向客房外走。

客人怒不可遏，提着公文包摔门而去。

点评：客房是客人在酒店待的时间最长的地方。大部分客人都把客房卫生服务质量放在第一位。客人进入客房后，首先关注的是客房是否干净卫生，如床上棉织品是否干净，杯具是否光亮如新，洁具是否已清洁消毒等。一根头发从某种意义上说关乎客房卫生的形象，客人对客房卫生的投诉很可能就是从它开始的。客房部员工必须重视卫生质量。如果服务人员对客人态度随意，没有礼貌，会导致客人投诉。酒店应强化员工职业意识和服务态度的培训，防止因类似投诉影响酒店声誉，乃至造成经济损失。

（一）客房日常清洁程序

客房的清洁保养，俗称做房。它主要包括清理房间及卫生间卫生，整理并补充物品，检查设备设施及了解房间整体情况等工作内容。清洁客房前应严格检查，做好充分准备。

（1）按照规范着工装，并整理仪容仪表，保持较好的精神状态。

（2）到客房服务中心签到，领取工作钥匙。

（3）领取工作报表，了解房态。

房态是客房服务员日常清洁工作中必须掌握的基本内容，主要包括以下几种：

住客房（Occupied，OCC），即客人正在住用的房间。

走客房（Check Out，C/O），即客人已结账，并已离开房间。

空房（Vacant，V），即前一天客人没有租用房间。

未清洁房（Vacant Dirty，VD），即没有经过清洁打扫的空房。

已清洁房（Vacant Clean，VC），即该房间已清洁完毕，可以重新出租，亦称OK房。

维修房或称待修房（Out of Order，OOO），即该房间因设施设备发生故障，暂不能正常出租。

"请即打扫"房（Make up Room，MUR），即该房间住客口头提出或挂"请即打扫"牌，需要服务员立即打扫。

"请勿打扰"房（Do Not Disturb，DND），即该房间的住客因睡眠或其他原因而不想有人打扰的房间。

贵宾房（Very Important Person，VIP），即该房间的住客是酒店的重要客人。

长住房（Long Staying Guest，LSG），即长期有客人包租的房间，又称长包房。

外宿房（Sleep Out，S/O），即该房间客人已入住，但是前晚未归。为防止发生逃账等意外情况，此类房应引起酒店的关注。

预退房（Expected Departure，E/D），即该房间将于当天退房，但现在还未结账。

酒店自用房（House Use Room，HU），即该酒店内部管理人员占用的客房。

加床（Extra Bed，ED），即该房间内有加床。

（4）依据房态，确定房间的清洁顺序。

服务员要想保质保量地完成清洁工作，必须确定合理的清洁顺序。在此过程中应考虑以下因素：首先，应考虑满足客人的需求；其次，应有利于提高客房出租率；再次，应提高工作效率，方便工作；最后，应有利于客房内设施设备用品的维护和保养。

在清理过程中，一般清洁顺序为：挂"请即打扫"牌房间→总台或领班指示打扫的房间→贵宾房→住客房→走客房→空房。

但在出租率较高的情况下，清洁顺序为：走客房→挂"请即打扫"牌房间→贵宾房→住客房→空房。

（5）参加班前会，阅读交班日志，了解本日工作的特殊要求及注意事项（如：重要客人等）。

（6）进入工作岗位，检查工作用具，如工作车、吸尘器等。主要了解各种工作用具是否齐全，能否正常运行。

（二）客房清洁的基本方法

客房服务员的目标是将客房清洁干净整洁。正确的清洁方法是实现这一目标的保证，同时正确合理的清洁方法也能够有效地提高客房清洁的效率。

1. 从上到下

这种方法主要在擦洗卫生间和用抹布擦拭物品的灰尘时使用，防止在擦拭上面的物品时会将下面的物品弄脏。

2. 从里到外

在清洁过程中普遍使用这种方法，是指在具体的清洁工作中，从里面开始，逐渐向外推进的方法。如在清洁地毯时，如果不采用这种方法，会在清洁工作完成后出来时将外面已经清洁的地毯弄脏。

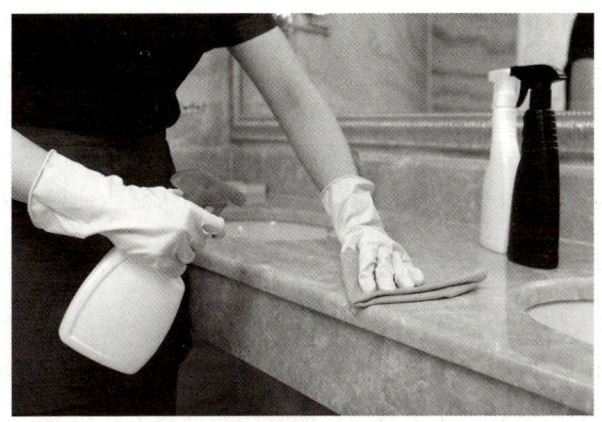

图 2-6　客房服务员清洁客房

3. 环形清理

客房服务员在清洁客房时，应根据房内设计按照顺时针或逆时针方向进行打扫，避免因遗漏而忽略某些部位的清洁。这种做法不仅能够节省体力，同时还能提高工作效率，提升客房卫生服务质量。

4. 干湿分开

在抹尘过程中，应将干抹布、湿抹布严格区分使用。例如在抹电器、灯具开关及墙纸时要使用干抹布，以免发生触电危险或污染墙纸。

（三）走客房、住客房清洁程序及标准要求

走客房及住客房的清洁从程序和质量要求上讲是一致的，但各个酒店有不同的要求。有一种"八字程序"在酒店中普遍使用。

首先，客房服务员将准备好的工作车和一台吸尘器推至要清理的房间门口，并将工作车挡住要清理房间的房门。

1. 进

客房服务员按照"客房部敲门、开门操作流程与规范"敲门并打开房门，在工作报表上填写进房时间后进入房间。然后巡视房间，检查设施设备，发现问题并及时报修。

敲门操作流程规范：

（1）服务员站立于房门正前 30 厘米，目视房门窥镜，面带微笑，按下门铃。

（2）门铃响起，服务员报称："Housekeeping。您好，服务员。"用右手中指第二关节轻敲门窥镜下 15 厘米处两次，语调上扬。间隔 2 秒钟，每次轻敲 3 下。

（3）门铃未响起，服务员右手中指第二关节轻敲门窥镜下 15 厘米处 3 次，间隔 2 秒钟，每次轻敲 3 下。第一次报称："Housekeeping。您好，服务员。"第二次、第三次报称"服务员"，语调上扬。

（4）身体后退一步，站在门外等候，同时留意观察房内动静；如客人来开门，应先向客人问好，然后简洁、清楚地说明来意，征得客人同意后才可进入房间。

2. 撤

（1）撤客人用过的杯具，放于楼层洗涤消毒间备洗；将房间内垃圾放进房间的卫生桶内，同时撤出房间内客人使用过的布草，将房间垃圾和布草分别放进工作车的垃圾袋和布草袋内；最后戴上橡胶手套收集卫生间内垃圾和客人用过的巾类，放入工作车垃圾袋和布草袋中。

住客房撤杯具时应注意：如客人杯内的茶水非酒店茶叶，不要随便给客人倒掉（可给客人留言说明情况，并给客人添加一个新杯子）；注意不要将客人的隐形眼镜液、假牙药水等倒掉。

（2）卫生间消毒。使用喷壶向马桶、浴缸、面盆喷洒 84 消毒液稀释剂。

3. 铺

拓展视频 2-1

铺床前先检查床垫保护垫有无毛发、污渍等，一经发现立即更换。

按照《客房部中式铺床操作流程》，站在床尾操作。

（1）开单抛单。站在床尾处，身体微前倾，左手抓住床单一头；右手提起床单另一头，用力抖开，将其抛向床头边缘，然后打开床单。

（2）打单。双手攥住床单两侧中线位置；手背向上；抓住单尾，提起约 70 厘米高；身体前倾，用力抖铺下去；床单在床四周均匀垂下；床单应正面朝上；中线居中。

（3）包角。包床头时，先将床头下垂的床单部分塞入床垫下；然后提起下垂床单折角，将部分床单折成直角后，垂直拉紧，塞入床垫下面，包成直角；将床垫推回原位后，再以同样的方法完成床尾包角。

（4）套被套。被套展开一次到位；被芯与被套的长宽方向一致，被芯在被套里面平展开；被子四角到位饱满。

（5）铺被子。被子与床头平齐；被子床头部分反折 45 厘米；被头反折整齐美观；床两侧被子下垂自然，尺度一致；被面平整无皱褶。

（6）套枕头。一手抓住两角，将枕芯压入枕套内。套好的枕套必须四角饱满，表面平整，枕芯不外露。

（7）放枕头。将两个枕头放置于床头居中位置；枕套开口反向床头柜。

最后检查三线是否居中对齐，确保床铺整体平整、美观、无褶皱。

4. 抹

（1）抹尘分别使用干、湿两块小抹布。

（2）从房门处开始按环形次序、自上而下依次抹尘。抹尘的同时检查开关、灯具、遥控器等是否能够正常使用，并将物品按照房间摆放标准摆放整齐。

5. 洗

（1）清洗面盆。向面盆刷喷洒多功能清洁剂稀释剂，用面盆刷刷洗面盆内、外壁、水龙头，清洗镜面。

（2）清洗浴缸。检查花洒出水水流，发现堵塞立即处理。用浴缸刷刷洗浴缸内壁、花洒及浴缸台面。

（3）清洗马桶。向马桶喷洒多功能清洁剂稀释剂，用马桶刷刷洗马桶内壁，用海绵刷逐一刷洗马桶外壁、坐板、马桶盖、水箱。

（4）用分色抹布抹卫生间。用橘色抹布抹面盆、云石台等；用镜面布抹卫生间镜面；用蓝色大抹布抹浴缸及水龙头开关；用粉色抹布抹马桶；用棕色抹布清洁卫生间地板。

6. 补

按照《客房物品配备摆放标准》，补充卫生间内客房物品。

知识链接 2-1

客房物品配备摆放标准

一、客房物品摆放原则

（1）客房物品配备摆放原则：安全、卫生、实用、美观。

（2）印有酒店标志的物品，标志图案要面向客人。

（3）安全第一，所有物品以边距为参考，易碎物品距离边距要有一定安全距离。

（4）观赏面朝向客人，物品如有接缝，所有接缝要面向墙壁，即在客人不容易看到的地方。

二、客房物品配备摆放标准

（1）消防疏散图在门窥镜正上方粘贴，下边缘距离窥镜3厘米。

（2）衣橱内两床备用被平整摆放，两个备用枕头放置于两床备用被中上方，备用被外罩字体向外，颜色统一。

（3）衣架整齐摆放，倾斜45度。从右至左依次为：2个浴衣架（金、银）、2支大头黑衣架、2支小头黑衣架、2支丝绸衣架、2支裤夹。

（4）从衣橱内侧向外依次悬挂雨伞（把手朝里）、鞋把、衣刷，鞋把和衣刷悬挂于挂钩上。

（5）保险柜居中摆放，鞋柜距衣橱左边、后边10厘米（鞋柜与衣橱门关闭后齐平）。

（6）衣橱底部鞋筐、擦鞋布与鞋柜前边缘齐平，拖鞋左边白色右边蓝色，鞋筐与保险柜间距1厘米，鞋布在两拖鞋中间重叠摆放。

（7）两个自救呼吸器平行摆放于衣橱底部的右后方，与衣橱边缘齐平，商标向外。

（8）洗衣袋在左，洗衣单在右，折叠后依次平放在鞋柜第一个抽屉内，洗衣袋店标朝向外侧。

（9）夜床托盘放置于左行李柜抽屉内（酒柜内左侧），夜床托盘内自左至右依次摆放折叠好的洗衣袋和洗衣单各一份。

（10）绿植在置物架上层居中摆放。

（11）茶水托盘放置于吧柜右侧（酒柜左侧），右（左）边缘距吧（酒）柜边缘2厘米，下边缘距吧（酒）柜边缘4厘米；茶水托盘内从上至下、从左至右依次为免费矿泉水、电壶、茶包盒、冰桶、咖啡勺、2个马克杯；茶包盒内自上至下依次摆放2包咖啡、绿茶、红茶。电壶、马克杯的把手应倾斜45度，下方杯垫商标朝上，咖啡勺放置在摆好的餐巾纸内，餐巾纸商标朝外，茶包盒正前方放置电壶卡，中文面朝外；收费大瓶水2瓶，放在茶水托盘的左侧，上边缘与茶水托盘边缘齐平，距离茶水托盘1厘米，免费矿泉水和收费大瓶水各放置饮用标签。

（12）冰箱内：下层从左至右依次为可乐、雪碧、青啤，商标向外。

（13）写字台：文具盒内物品上层左边为剪刀和直尺，剪刀刀尖冲左，右边为订书机；下层左边为大头笔、圆珠笔、老花镜，右边为燕尾夹4个、小胶带1个、曲别针6个，依次整齐摆放。

（14）写字台上方摆的物品自左至右依次为文具盒、电话、酒水牌及足疗牌，2个宣传牌下方整齐摆放2张足疗优惠券。

（15）写字台抽屉内从右向左依次为计算器、转笔刀、印泥、针线包、文件夹，文件夹内左侧自上至下依次摆放酒店服务指南、房间物品破损赔偿价目表、当地地图、2个信封；右侧为安全须知、4张大信纸；中间放置便利笔。

（16）垃圾桶摆放于写字台右下方，与家具间距3厘米，边缘与写字台边缘平齐。

（17）电脑椅放置于写字台正前方，距离写字台10厘米，朝向床的方向倾斜45度。

（18）窗帘、遮光帘往两侧拉开，自然下垂，遮光帘不得外漏，窗纱两扇自然并合，多余部分应被拉至窗帘后方。

（19）沙发、茶几、圈椅三物中心线对齐成一条线，烟缸居中放于茶几处，杯垫标志向外，烟缸上方放置长抽纸盒，距离烟缸10厘米。

（20）左床头柜左侧：电话、放大镜、便笺夹底边平行一线居中摆放，底边距离床头柜边缘4厘米，"请勿吸烟"牌摆放于便笺夹正上方1厘米处，便笺夹摆放4张小便笺纸、一张环保卡，环保卡中文面朝上，铅笔对角倾斜放置于便笺夹上，笔头远离床面的方向，书籍放于柜下方，靠左侧对齐摆放，下边缘距床头柜边缘1厘米。

（21）右床头柜上方依次靠右摆放浴帘遥控器、电视遥控器夹，下边缘与床头柜齐平；下方靠右摆放应急手电，下边缘与床头柜齐平。

（22）床铺：床铺干净平整，符合中式铺床标准。

（23）卫生间：电话悬挂于固定位置，电话线自然下垂，SOS为正常状态，卷纸露出卷纸架1/3，下方折叠成三角形。

（24）卫生袋于水箱按钮右侧位置居中摆放，马桶盖处于关闭状态，垃圾桶放于卷纸架下方居中位置，接缝向里。

（25）浴帘折叠整齐，自然下垂于浴缸内。

（26）晾衣绳处于收起状态。

（27）洗发水、沐浴露商标和出液口朝外，平行放置在三角台上，洗发水在上、沐浴露在下；大花洒平行向下，手持花洒出水口朝向墙面。

（28）浴缸内：浴缸塞塞好；防滑垫置于浴缸下水塞前方1厘米处，居中摆放；地巾正面朝上平铺于浴缸外侧，在浴缸把手与尾部中心位置。

（29）台面：左侧墙体化妆镜贴墙面摆放，平镜面向外；台面上方从左向右依次为牙具盒、皂碟及香皂、抽纸盒，牙具盒上方物品自上至下为2个漱口杯、2块方巾；漱口杯扣放在2个杯垫上面，杯垫商标朝上；方巾折叠成方块形状，开口相对摆放；牙具盒抽屉内的物品自左至右依次为透明牙具、白牙具、浴帽2个、护理套1个、梳子2把，润肤露放置在右下角，所有低值易耗品商标朝向客人；抽纸的数量不得少于抽纸盒容量的1/3。

（30）台面自左至右依次靠边摆放浴巾面巾各两条、吹风机一个，浴巾面巾折叠整齐，上下两个重叠摆放，下边缘与巾架边缘齐平，商标不外漏；吹风机线缠绕整齐，出风口朝向左侧。

（31）推拉门处于开启状态，门锁锁舌不外露。

（32）房间整体效果：床面平整美观，物品摆放标准，地毯干净无污渍，窗帘自然下垂。

（资料来源：山东舜和酒店集团）

7. 吸

（1）房间吸尘。使用吸尘器，按照由内至外、由边角至中央的次序，依次对房间地面进行吸尘；使用专用耙头，对房间内沙发、圈椅的表面及缝隙进行吸尘。

（2）卫生间吸尘。打开吸尘器耙头的毛刷，按照从内至外、由边角至中央的次序，依次对卫生间地面进行吸尘。

8. 检

（1）服务员对房间及卫生间卫生质量、客用品配备及设施设备进行自检，发现问题立即整改，同时用酒精消毒布进行擦拭消毒。

（2）出房。退出房间，关闭房门，在"客房服务员清洁报表"上填写出房时间。

图 2-7　客房服务员在房间吸尘

表 2-4 客房服务员清洁报表

FLOOR 楼层：_____ GSA 服务员：_____ DATE 日期：_____

RM NO. 房间号	STATUS 房态	MAKE UP TIME 打扫时间	BED SHEET 床单	DUVET COVER 被套	PILLOW CASE 枕套	BATH TOWEL 浴巾	FACE TOWEL 面巾	HAND TOWEL 方巾	BATH-MAT 地巾	BATH ROBE 浴袍	MINE-RAL WATER 矿泉水	REMA-RKS 备注
01												
02												
03												
04												
05												
06												
07												
08												
……												

Room List（房间报表）
Only for Manager 此处仅经理填写：

续表

DND 请勿打扰	−Rooms still to be cleaned from previous day 减——当日已清洁房中已于前一天清洁的房间号：
Refuse Clean 拒扫	+Rooms still to be cleaned from current day 加——当日未清洁的房间号：
Day Use 钟点房号	DND from current day 加——客人拒绝打扫的房间号：
Lost & Found 当日遗留房号及物品	+ Sleep out 加——因客人外宿而未清洁的房间号：
Laundry 洗衣	−Rooms out of order to be cleaned 减——当日已清洁房中的工程维修房间号：
No Supplement Minibar 未补酒水	−Double cleaned rooms requested by guests 减——当日重复打扫的房间号：
Total Clean Room 总清洁房量	−Need to cleaned Change Room of the day 减——当日需打扫的换房：
Others 其他	Day Use 钟点房号：
Duty Floor Supervisor 当班主管签字：_____	Check in room cleaned requested by guests 当天入住要求打扫的房间号：

思政园地

客房服务员的"工匠精神"

对住店客人而言，酒店客房的卫生状况是他们选择酒店的重要因素，而负责客房卫生的恰恰是我们的客房服务员，他们每天是如何工作的呢？

在酒店客房部的每个楼层，随处都可以看到一群身着客房工装的人，他们就是客房服务员。他们拉着吸尘器、推着布草工作车来到客房门口，用中指轻叩门板并报"您好！客房服务员"，确定房间里面没人后，轻轻打开房门。进入房间后戴手套撤垃圾，用他们那熟练规范的动作为客人铺床，清洗和消毒卫生间，经过一番利落的操作，整个房间焕然一新，所有的物品整齐归位，客人的衣服物品也被整齐摆放。房间内的一切都是那么整洁干净，这就是我们的客房服务员。

他们朴实无华、默默无闻地付出，他们用自己的双手为客人们创造出整洁干净的休息环境。他们中有一些人还参加了省、市甚至国家级的行业技能大赛，由于表现突出，还获得了"五一劳动奖章""三八红旗手"等荣誉称号，他们凭借的就是酒店客房清洁的"工匠精神"。

（四）客房夜床整理程序及标准要求

夜床整理，即"夜床服务"或"做夜床"，是四、五星级酒店必须提供的一项服务，体现了酒店对客人热情、周到和无微不至的关怀。夜床服务除对房间和卫生间进行清理外，主要是按照一定标准对床铺进行整理。

1. 夜床服务的意义

（1）方便客人晚间在房间内的起居生活。

（2）整理环境，使客人感到舒适、温馨。

（3）表示对客人的欢迎和礼遇规格。

2. 夜床服务准备工作

开夜床服务时间通常在17时至21时进行。

（1）客房服务中心值班员提前根据房态填写"夜床工作报表"，并由晚班主管核对。

（2）准备水果。将水果分类放在消毒池内，用果蔬清洁剂按1∶500比例浸泡15分钟，然后清洗干净。冲洗干净后放在果筐内滤水，滤水后放入水果周转箱并放入工作车内备用。

（3）根据当日入住情况，准备小礼品、酸奶、饼干及其他物品。

（4）客房中班服务员领取当天的"夜床工作报表"放到工作车上，以备开夜床记录用。

表2-5　夜床工作报表

房号	房态	进房时间	出房时间	送水果	送报纸	送礼物	送牛奶	送餐券	备注

服务员签字：　　　　　　　　　　　　　　　　　　　主管签字：

3. 开夜床操作程序

客房中班服务员按照《客房部敲门、开门操作流程与规范》进入房间。

（1）客人不在房内的开夜床操作程序。

①打开房内所有的灯，发现灯光较暗或有损坏的灯及时报修。

②检查房内的空调、电器等设施设备是否正常。

③将客人的床面整理平整，将被头一角折成45度，并摆放晚安卡，摆好拖鞋。

④将电视遥控器取出放至床头柜。

⑤将准备好的夜床果盘和夜床托盘放置在相应位置。

⑥打开阅读灯，拉好窗帘。

⑦将房间卫生按照清洁住客房标准进行小整理，将物品补充齐全。

⑧将防滑垫铺在浴缸内，将地巾铺于浴缸外侧地面或淋浴间门外地面。

⑨根据开夜床过程中观察到的客人喜好，为客人提供针对性的个性化服务。

⑩用书信形式将可以为客人提供的个性化服务告知客人，并将书信放至

房间。

⑪在"夜床工作报表"上填写出房时间。

图 2-8　酒店为客人开夜灯

（2）客人在房间内的开夜床操作程序。

首先，应礼貌征询客人意见，是否方便将水果、礼品送入房间。同时询问客人是否需要开夜床服务，并根据客人的要求意见做相应处理。如客人不需要开夜床服务，则礼貌地退出房间，并做好记录。在"夜床工作报表"上填写出房时间。

（3）预抵房间开夜床操作程序。

①将准备好的夜床托盘放在 A 床（靠卫生间）的左下角位置。

②打开阅读灯，拉好窗帘。

③收起饰单，将被头一角折成 45 度，摆放晚安卡于被头处（标准间开两张床，单间开靠电话的一侧）。

④拆除拖鞋包装，摆于床侧距床头柜 1/3 位置。

⑤将电视遥控器取出放至床头柜上。

⑥将防滑垫铺在浴缸内，将地巾铺于浴缸外侧地面或淋浴间门外地面。

⑦退出房间，并在"夜床工作报表"上做好记录。

（五）客房小整理的清洁程序及标准要求

小整理服务主要是对客人午睡后的房间进行整理，并补充茶叶、热水等客房消耗品，使房间恢复原状。

小整理服务作为一种象征服务档次的服务产品，在许多酒店中主要是向 VIP 客人提供。如今，其已不再限于只是在客人午休后提供服务，而是在客

人每次离开房间时提供，以保证房间随时处于干净整洁的状态。

（六）空房的整理程序及标准要求

空房是指酒店前一天未出租的房间。空房的清洁整理较为简单，但每天都会进行，以保持房间良好的状况。具体操作程序如下：

（1）客房服务员按照《客房部敲门、开门操作流程与规范》敲门并打开房门。

（2）准备两块抹尘抹布（一干一湿），按抹尘标准，对空房进行抹尘。

（3）完成空房当日的计划卫生项目。

（4）马桶冲水。

（5）对于连续3日未入住的空房，须对面盆、浴缸、手持花洒进行放水。

（6）对于连续1周未入住的空房，须清洁马桶，同时更换卫生间巾类物品。房间铺设地毯的需要对地毯进行吸尘。

（七）"请勿打扰"房的整理程序及标准要求

（1）楼层服务员在所属楼层发现房间亮起"请勿打扰"灯时，须立即报至客房服务中心服务员记录，并留意观察"请勿打扰"房间动态。

（2）客房服务中心服务员在14∶30左右，统一通过内线电话排查"请勿打扰"房间，话术为："××先生/女士您好，我是服务员，您的房间一直处于'请勿打扰'状态，请问什么时间方便给您打扫房间？"

（3）如房间内无人接听电话，客房服务中心服务员须通知楼层服务员和领班一同进房查看有无异常。楼层服务员应密切关注"请勿打扰"房间客人的出入情况。

（4）如客人回房，须立即致电客人，向客人讲明未打扫房间的理由，确认需要清洁房间的时间。

（5）如客人外出取消"请勿打扰"，楼层服务员应立即为客人清洁房间。

（6）若下班时间房间仍为"请勿打扰"状态，应报告领班，与下班次做好交接记录。

（八）退房检查流程与规范

（1）客房服务员接到客人退房通知后，第一时间赶至退房房间门口，按照《客房部敲门、开门操作流程与规范》进房间检查房间。

（2）检查客人是否有遗留物品，发现遗留物品第一时间上报客房服务中心，联系客人。

（3）检查客人在房间内是否有酒水、小食等消费。如有消费，立即上报客房服务中心，收取费用。

（4）检查房间内设施设备是否齐全，如发现设施设备损坏，应上报客房服务中心，联系前台，请工程部界定后收取客人的赔偿费用。

（5）检查房间是否有安全隐患，发现安全隐患，第一时间消除。

（6）检查房间内的布草、巾类是否齐全，是否被污染。如遇污染应第一时间清洗，清洗不掉后上报，请客人支付污染费用。

（7）检查客人租借的物品是否在房间，发现客借物品被客人带走，及时上报客房服务中心。

（8）客房服务员检查退客房工作须在 1 分钟之内完成。

（9）检查完毕，向客房服务中心值班员报告查房结果，请客房服务中心做好记录，退出房间，关闭房门。

（10）若两间或两间以上房客同时退房，应检查一间，上报一间，以免客人在前台长时间等候。

拓展阅读 2-2

三、客房计划卫生的内容

日常的客房清洁工作很难面面俱到，有些客房在实际工作中也不需要每天进行整理。但为保证客房总体的卫生质量合格，需要对客房进行定期清洁。这便是客房计划卫生。

计划卫生是在做好日常清洁工作的基础上，拟订一个周期性清洁计划，采取周而复始的循环方式进行，定期对房间内的卫生死角、容易被忽视的部位及家具设备进行彻底的清洁整理和保养。这对保证客房的清洁卫生质量，维持客房设施设备的良好状态具有极其重要的意义。

（一）计划卫生的分类

1. 日常计划清洁

日常计划清洁是指除日常清洁工作外，对日常清洁不到或不需要每天清洁的部位排定日程，每天清洁一部分，从而保证房间卫生质量。

2. 季节性大扫除或年度性大扫除

这种大扫除是一种时间间隔比较长的卫生清洁形式，主要包括家具背面、设备设施内部、房间地毯和窗帘、床裙等棉织品等。

（二）客房计划卫生的内容

对于计划卫生的内容，各酒店要根据实际情况来确定，在时间跨度上也应进行合理安排。

1. 以周为单位进行的计划清洁内容

消毒电话；清洁橱柜后侧踢脚线；冰箱除霜；清洁电视；清洁排风扇、地漏；清洁空调口；公共区域内大理石刮洗、上蜡；彻底清洁楼层消防栓；

彻底清洁消毒柜、开水器等。

2. 以月为单位进行的计划清洁内容

床垫翻转；马桶水箱清洁；床底、柜底吸尘等。

3. 以季度为单位进行的计划清洁内容

（1）依据实际合理选定项目，科学设定周期

设定客房需要周期性清洁的项目，依据实际情况核定每项需要间隔的天数，将其进行合理安排，并形成"客房计划卫生项目及时间安排表"，以保证每个工作日的任务大体相同。

拓展阅读 2-3

表 2-6 客房计划卫生项目及时间安排表

时间	内容	备注
每天	1. 清洁地毯及墙纸污迹 2. 清洁空房	
每三天	1. 地漏喷药 2. 清洁房间玻璃、镜子	
每周	1. 清洁卫生间抽风机罩 2. 清洁吸尘器	
每两周	1. 清洁马桶水箱 2. 清洁热水器、洗杯机 3. 冰箱除霜 4. 清洁空调出风口	
每月	1. 清洁空调过滤网 2. 清洁制冰机 3. 翻床垫 4. 清洁床裙	
每季度	干洗地毯、沙发，窗帘换洗等	

（2）落实责任，严格执行

服务员依据"客房计划卫生项目及时间安排表"执行计划卫生清洁任务。每完成一个项目或房间后，应在"客房计划卫生执行表"上填写完成日期并签名。

（3）灵活安排，加强监督

将"客房计划卫生执行表"贴在楼层工作间的告示栏内。楼层领班还可在服务员做房报告表上每天写上计划卫生的项目，以便督促服务员完成当天

的计划卫生任务。

表2-7 客房计划卫生执行表

日期	房号	计划卫生项目	执行人	检查人	备注

（三）计划卫生的管理

客房部的计划卫生是一项重要的卫生清洁工作。其既能保证房间清洁卫生，又方便员工操作，因此必须对其加强管理。

四、客房的卫生质量管理

（一）清洁保养的要求与质量标准

清洁保养包括清洁和保养两个方面。清洁，即清除各处的尘土、污渍等各种脏迹。保养，则是通过对各种设施及物品的养护，使其处于良好的运转状态。

客房部使用着大量的设备设施，管理大量的物品，客房部员工应成为清洁保养方面的专家。在进行各种清洁工作时要切实地将清洁和保养有机地结合起来。

微课 2-1

1. 客房清洁保养标准的内容

客房清洁保养工作要有一个明确的规范，这个规范是开展相关工作的依据。

（1）结果标准化

实行结果标准化，就是为客房的清洁保养工作制定明确的目标和标准，并在实际服务过程中贯彻此标准。这样便使客房服务员在明确目标的指导下进行工作，从而生产出高质量的客房产品。结果标准化主要包括两个方面：用量标准化和摆放标准化。标准用量是对每种实物或用品数量做出的要求，如规定壁柜中的衣架数量，规定清洁浴缸时清洁剂的用量等。摆放标准化是

明确规定各种物品摆放的尺寸、位置、朝向、数量等细节，如文件夹距书桌下边缘的距离，卫生间内各种低值易耗品的数量以及开夜床时棉被的夹角度数等环节。

（2）方法规范化

如果把服务结果当成一个面的话，它是由许多小的服务环节来组成的。即要取得最终理想的结果，就必须保证过程中的每一个环节都具有较高的质量。为此客房部制定出了规范的清洁保养方法。

方法规范化是指客房服务员按照酒店规章制度进行规范的服务工作。例如，客房清洁整理所规定的从上到下、从里到外的清洁规范。实际上规范化的方法不但可以提高最终的服务质量，而且可以避免差错和不必要的体力消耗。

（3）过程程序化

为达到服务最终的质量标准，不但要在每个环节上使用规范的工作方法，还要有一套严格、科学的程序将它们联系起来。例如，客房服务员不但要将客房的每个位置清洁干净，还要将清洁方法连贯起来，达到省时、省力并保证质量的目标。过程的程序化是指大家按照规定的合理次序进行服务的过程。

2. 制定标准的原则

（1）与酒店档次相配比原则

酒店的档次，在硬件方面主要体现在建筑、装潢、设施设备的豪华程度上，在软件方面则体现在服务项目的多少和服务水平上。在酒店经营过程中，客人对酒店的评价一方面来源于硬件水平，更多的则来源于对服务水平的认识。对于硬件几乎相同的酒店来说，服务项目全、质量高的会更加被客人认可。

（2）与目标市场的特点相一致原则

每类酒店在实际经营中都对应着各自的消费者群，这便形成了不同的目标市场。如商务散客、旅游团队、参会人员等。若要酒店服务满足目标市场的需求，并得到认可，就必须认真分析其特点，准确把握目标人群的消费动机及愿望，从而指导服务标准的制定。

（3）尽量少打扰客人原则

客房是为客人提供休息和睡眠的区域，是酒店各区域中独立性最强的空间。在客人对客房提出整洁、安全要求的同时，私密性便成了客人对客房的另一个最基本要求。因此，客房服务中心在制定有关客房制度和程序时，应将尽量少打扰客人作为一条重要的原则。

（4）"三方便"原则

所谓"三方便"原则，是指在制定操作标准和程序时，必须以方便客人、方便操作和方便管理为准则。

一是方便客人。客房管理过程中各项标准的制定，目的在于使客人获得满意的服务，使客人在客房的起居生活能像在家里一样方便，且感受到家庭的气氛。因此，客房的清洁质量标准包括设施设备的摆放位置，客用品的配备及各项服务标准都必须以此为出发点。客房服务对象是形形色色的人，在制定客房清洁保养标准时，既要达到统一、规范化的要求，以保证服务质量，又要注意根据客人的不同特点和要求，灵活机动地为客人提供有针对性的个性化服务。

二是方便操作。客房产品的生产在很大程度上依赖于员工的手工操作。因而，在清洁保养标准的制定过程中，要充分考虑如何方便员工操作。这样不但能减少不必要的体力消耗，而且能节省时间，提高工作效率。因此，客房清洁保养标准应该简明、实用。

三是方便管理。实行标准化管理，是将日常重复性工作形成稳定的标准确定下来，使客房服务工作有统一的质量标准。其目的在于减轻管理者负担，保持服务质量的稳定。

客房清洁保养标准在各个酒店都有，但内容各不相同。虽然不少酒店都有自己成功的经验，但这些标准对自己是否合适，是否都有利于提高工作效率，就不一定了。客房部管理者必须根据自己的实际情况，包括客房设施设备条件，清洁用具配备种类、规格和数量及员工综合素质水平，甚至自己的管理风格等，制定和实施符合自己实际情况的标准，而不应生搬硬套。

3. 客房清洁卫生质量标准

一只光亮的杯子是否就是清洁卫生的呢？答案当然是否定的。客房清洁卫生质量标准要符合两方面的内容，即感官标准和生化标准。

（1）感官标准，即客人和员工凭视觉、嗅觉等感觉器官感受到的标准，概括起来要做到"十无六净"。

"十无"：四壁无灰尘、蜘蛛网；地面无杂物、纸屑、果皮；床单、被套、枕套表面无污渍和破损；卫生间清洁，无异味、毛发、水迹和皂迹；金属把手无污锈；家具无污渍；灯具无灰尘、破损；茶具、冷水具无污痕；楼面整洁，无"六害"（老鼠、蚊子、苍蝇、蟑螂、臭虫、蚂蚁）；房间卫生无死角。

"六净"：四壁净，地面净，家具净，床上净，洁具净，物品净。

（2）生化标准，即防止生物、化学及放射性物质污染的标准——一般由专业卫生防疫人员来做定期或临时抽样测试与检验。

①茶水具、卫生间洗涤消毒标准。茶水具每平方厘米的细菌总数不得超过 5 个；脸盆、浴缸、拖鞋等每平方厘米的细菌总数不得超过 500 个；卫生间不得查出大肠杆菌群。

②空气卫生质量标准。一氧化碳含量每立方米不得超过 5.5 毫克；二氧化碳含量每立方米不得超过 0.07%；细菌总数每立方米不得超过 2000 个；可吸入性粉尘每立方米不得超过 0.15 毫克；氧气含量应不低于 21%。新风量不低于 18 立方米/（人·小时），空气清新，无异味。

③微小气候质量标准。夏天室内适宜温度为 22℃~24℃，相对湿度为 50%，适宜风速为 0.1~0.15 米/秒；冬天室内适宜温度为 20℃~22℃，相对湿度为 40%，适宜风速不得大于 0.25 米/秒；其他季节室内适宜温度为 23℃~25℃，相对湿度为 45%，适宜风速为 0.15~0.2 米/秒；一般来说，室内外温差保持在 10℃以内为宜。

④采光照明质量标准。客房室内照明度为 50~100 勒克斯；楼梯、楼道照明度不得低于 25 勒克斯。

⑤饮用水。客房饮用水要求水质透明、无色、无异味，不含病原微生物和寄生虫卵。每毫升水中细菌总数不超过 110 个，大肠菌群不超过 5 个。经加氯消毒完全接触 30 分钟后，游离余氯每升不超过 0.2 毫克。

⑥环境噪声允许值。客房内噪声允许不超过 40 分贝，走廊噪声不超过 45 分贝，客房附近基本无噪声源。

采用中央空调系统的酒店对客房内湿度、温度、噪声、新风量、气流速度等均有较严格的规定，能较全面地满足人体对客房舒适度和卫生质量的要求。有的酒店还为空调器配有杀菌灯、空气净化器和空气负离子发生器，使客房的清洁卫生质量更加符合生化标准。

（二）客房清洁卫生质量的控制

客房清洁保养的质量是客人选择酒店首先考虑的因素，也是酒店服务质量控制的基本内容。客房部管理人员，尤其是基层管理人员都要明确客房清洁保养的内容、标准，从而进行有效控制，确保清洁保养工作始终处于较高的水平。

客房清洁保养标准的制定，使客房清洁工作有了明确的规范，也为质量管理提供了依据。但这些标准和规范是否科学，在工作过程中能否得到有效执行，则会受到很多因素的影响。因而酒店各级管理人员的督促检查成了客房卫生质量控制的关键。

检查客房又称查房，理想的客房卫生质量主要是通过服务员自查和上级检查共同实现。上级检查主要分为领班查房和部门经理查房。

1. 服务员自查

服务员每整理完一间客房，就应对卫生质量、用品补充和设备设施运行状态等环节进行检查。服务员自查是客房卫生质量控制的第一个环节，也是实现客房卫生高质量的重要环节。

开展员工自查，除了能够有效保证客房卫生质量之外，还能够极大地增强员工责任心，对员工的自身行为起到很好的激励作用。

2. 领班查房

领班查房是在服务员自查后的第一道控制关。许多酒店规定，领班查房后即可更改房态。在这种情况下，领班查房往往成为客房卫生质量控制的最后一道关卡。此外，领班还要对所属区域内住客房、空房等房间进行检查，并保证质量合格。与此同时，领班也要检查贵宾房，监督日常计划卫生工作的开展等；确保客房部经理管理方案的落实；并且为客房部内部管理和对客服务收集信息。因此，领班的工作量非常大，并且要具备很强的责任感。

表2-8　客房领班每日检查报告表

SUPERVISOR 领班：_____　　　　　　　　DATE 日期：_____

ROOM 房间	STATUS 房态	TIME 查房时间	REMARKS 备注
1			
2			
3			
4			
5			
6			
7			
8			
9			
10			

SERVICE AREA：公共区域（走廊、烟灰桶、电梯、服务间、吸尘器）：_____

3. 部门经理查房

部门经理查房又称"白手套查房"。部门经理查房一来可以了解客房运行状况，掌握基层工作中存在的问题；二来可以督促楼层领班各项工作的开展，考察干部；三则通过查房可以加强与基层员工的联系，增进沟通；同时也可以了解客人意见，及时对管理和服务工作进行调整。

五、客房消毒

为了保证客人的健康，确保客房符合卫生防疫标准，为客人提供安全、健康的居住环境，在客房日常消毒工作中，每个服务人员都必须增强责任心，明确消毒目的，了解消毒的基本原理，熟悉常用的消毒方法。

（一）客房常用消毒方法

1. 通风、日照

细菌在特定环境下，在适宜的湿度和温度中，会以较快的速度滋生。解决这一问题的有效方法就是要通风、日照。

2. 物理消毒

（1）高温消毒

高温消毒可分为煮沸消毒与蒸汽消毒两种。煮沸消毒是将洗刷干净的茶具等物品置于100℃的沸水中煮15~30分钟。此法适用于瓷器，但不适用于玻璃器皿。蒸汽消毒则是将洗刷干净的茶水具和酒具等放到蒸汽箱中蒸15分钟。此法适用于各种茶具及餐具的消毒。

（2）干热消毒

干热消毒包括干烤和紫外线消毒两种。干烤是采用红外线照射灭菌的一种方法，目前客房楼层常用的消毒柜多属于此类。操作程序是将洗刷干净的杯具放入消毒柜中，然后将温度调至120℃，干烤30分钟即可。而紫外线消毒则多用于卫生间的空气消毒。一般安装30瓦灯管一支，距地面2.5米左右，每次照射2小时，可使空气中微生物减少50%~75%，甚至90%以上。

3. 化学消毒

化学消毒是指用化学消毒药物作用于微生物和病原体，能使微生物菌体内的蛋白质变性，干扰微生物的新陈代谢，抑制其快速繁殖，进而将其消灭。

（1）浸泡消毒法

浸泡消毒一般适合于杯具的消毒。使用浸泡消毒法，必须先把化学消毒剂溶解，同时将其严格按比例调制好，才能发挥效用。如果浓度过低，达不到消毒目的；浓度过高则易留下余毒，伤害人体健康。浸泡消毒的操作方法是：将洗刷干净的杯具分批放入消毒溶液中浸泡5分钟，然后用清水冲净，并擦干即可。

（2）擦拭消毒法

即用药物水溶液擦拭客房设备、家具，以达到消毒目的。服务员打扫完客房卫生后即可用化学消毒溶液进行擦拭消毒。例如，用稀释的石炭酸水溶液擦拭家具设备。用2%~3%的来苏水溶液或84消毒液擦拭卫生间洁具。消毒工作结束后，需要紧闭门窗约120分钟，然后进行房间通风。

化学消毒溶液有一定的腐蚀作用。因此，服务员在进行消毒时，应注意采取防护措施。如有接触，用清水冲洗即可。

（二）客房日常消毒工作

1. 电器消毒

（1）客房内遥控器、电话机、各处灯具开关取电盒每周一消毒。

（2）使用专业抹布蘸75%医用酒精擦拭电器表面。

（3）完成消毒后，检查电器电线接口是否插牢，各处开关安装是否牢固。如有问题，及时报修。

2. 卫生间消毒

（1）客房（住客房、走客房）卫生间每日一消毒。

（2）使用84消毒液，按体积为1∶200的比例配制，喷洒于卫生间马桶、浴缸及台面、面盆及台面处。消毒20分钟后用清水冲净，用专用抹布擦干。配制84消毒液稀释剂要使用量杯，配制浓度必须准确无误。

（3）客房（住客房、走客房）防滑垫每日用1∶200的84消毒液喷洒消毒。每月使用1∶200的84消毒液浸泡消毒。

3. 紫外线灯消毒

（1）每月一次使用紫外线灯对客房进行杀菌消毒。

（2）每次紫外线灯消毒时长为30分钟。

（3）紫外线灯消毒过程中，服务员不可进入房间。

（4）紫外线灯消毒完成后，在"消毒记录"上做好登记。

4. 杯具消毒

（1）浸泡消毒

①服务员提前在消毒桶内准备好84消毒液（配制比例1∶200）。

②在客房工作间洗消池内，用带有清洁剂的百洁布对杯具由里到外进行清洗。

③将清洁过的杯具放入冲洗池内用活水冲洗干净。

④杯具冲洗干净后放入放有消毒液的消毒桶内浸泡。注意消毒液必须完

全浸泡杯具。

⑤消毒液应做到现用现配,并且杯具浸泡时间不得低于30分钟。

⑥浸泡后的杯具取出放入清水池,将消毒液完全冲洗干净。冲洗好的杯具放在专用擦杯布上晾干。

⑦将消毒后的杯具存放到无菌柜内备用,并做好消毒记录。

(2)高温消毒

将清洗干净的杯具用干净擦杯布擦干后,放入消毒柜内进行高温消毒,时间为30分钟,温度不得低于120℃。消毒后直接在消毒柜内存放。

杯具消毒工作完成后,要如实做好消毒记录,其中包括消毒日期、消毒时间、数量及负责人。

5. 其他消毒工作

(1)客房被芯、枕芯等每月一次在阳光下暴晒消毒。

(2)每月一次使用专用除螨吸尘器对床上用品除螨杀菌。

(3)客人退房后,房间须开窗通风。

任务二　公共区域清洁保养

案例 2-2

雨天的酒店大堂

"七月的天,娃娃的脸,说变就变。"天空突然乌云密布,不一会儿就下起了瓢泼大雨。这时一辆大巴载着旅行团来到酒店门口。客人们纷纷撑起雨伞湿漉漉地奔向酒店大堂。然而,大堂的大理石地面却干干净净,没有一滴雨水。这是怎么回事?原来酒店公共区域的清洁员刘师傅一早就在大堂进出口处放置了防滑地毯和伞袋。大堂服务员为客人们的雨伞套上了一个小巧的雨伞袋。刘师傅为确保大堂地面的整洁正在不停歇地拖擦地面。虽然天公不作美,但是客人们一点儿也没有受到影响。大堂依然环境整洁,地面光亮如新。此时正在办理入住手续的客人们对酒店细心周到的服务纷纷表示感谢。

点评: 通过上述案例,我们可以看出公共区域作为酒店的重要组成部分,也是客人产生第一印象的地方。客人往往会凭自己最初的感受来评判酒店服务质量和管理水平。因此,公共区域的清洁保养水准直接影响着客人对整个酒店的印象。

一、公共区域清洁保养特点、内容

客人到酒店消费主要是满足住房、用餐或是购物需求。在这一过程中，一部分人可能仅会接触客房，而一部分人仅会接触餐厅，但他们无一例外都会接触酒店的公共区域。公共区域的清洁卫生也就理所当然地成为客人评判酒店的重要标准。

（一）公共区域清洁保养特点

公共区域是指酒店内公众共同享有的区域。公共区域通常被划分为室内和室外两大部分。室内公共区域又可分成客人使用区域和非客人使用区域。室外公共区域是指酒店外围区域，它包括酒店外墙、花园、前后大门等。公共区域清洁保养有三个特点。

（1）公共区域清洁工作影响大。公共区域一般是客人接触酒店的第一个环节，其清洁卫生状态会影响到客人对酒店的第一印象，是客人对酒店的重要评价指标。

（2）公共区域范围广，客流量大，人员复杂。这一特点给公共区域的工作增加了很大的随机性，为公共区域卫生水平的保持增加了困难。

（3）公共区域的清洁工作内容多，服务员工作地点分散，清洁卫生质量不易控制。

（二）公共区域清洁保养内容

公共区域的清洁保养是一项非常复杂的工作，项目多、方法多，而且要求各不相同，因而公共区域清洁保养工作的难度很大。

公共区域清洁保养工作的一般原则是：夜间进行彻底清洁并保养，白天则进行维护和保持。

1. 大堂清洁工作

酒店大堂是公共区域中最重要的组成部分。大部分客人会通过大堂的空间分布、装饰布置及豪华程度对酒店产生第一印象。

（1）大堂地面及家具清洁

酒店大堂一般为大理石地面，晚间应对大堂地面进行彻底清洁并抛光。白天则使用尘推进行拖擦，在保持地面干净的同时保持光亮。

对大堂地面进行清洁时要突出重点。门口、梯口等位置因客人使用较多，而要增加拖擦次数，确保整个地面的清洁。在清洁过程中应注意避让客人，遇到客人则要主动问好。

(2)酒店门廊清洁

夜间应对门廊的油迹、汽车的轮胎迹、门口标牌、墙面、门窗及台阶进行彻底清洁。白天对玻璃门窗的浮灰、指印和污渍进行抹擦，尤其是大门玻璃应经常进行清洁。

(3)电梯清洁

酒店电梯一般为大理石地面，需要进行打蜡或抛光以保证其干净、光亮。按照一周内的对应日期进行更换。更换下来的地毯需要及时清洗。对电梯内壁玻璃用玻璃清洁剂进行清理，电梯门用不锈钢光亮剂进行清洁保养。

一般白天主要进行电梯的卫生保持工作，注意其玻璃梯厢的清洁，确保光亮，无指印、污迹；晚间则对电梯进行彻底保养。

2. 公共卫生间清洁保养

按一定顺序对公共卫生间内的各种设施进行清洁。勤拖地面，尤其是便器附近，应保持无水渍，无脏印。适时喷洒空气清新剂，保持室内空气清新，无异味。

若公共卫生间为大理石地面，则要定期进行打蜡、抛光；清洁镜面要注意使用玻璃清洁剂，不可只是用清水清洗；要经常清理下水道口，保证清洁、无异味。

3. 酒店花木和绿地的清洁保养

每天对花卉盆景、绿地、水池及假山进行检查、清洁、养护。捡去烟蒂杂物，擦净叶面枝干上的浮灰，保持叶色翠绿、鲜艳。若发现花草有枯萎现象，应及时剪除或调换。对绿地区域，应定期进行修剪整理并喷药杀虫。对水池，除每天清理里面的杂物外，还要定期换水，防止其他污染物的滋生。

(三)公共区域卫生质量的控制

1. 制定清洁保养制度及标准

根据公共区域清洁卫生工作繁杂琐碎、人员变动大的特点，必须制定清洁保养制度及标准，以保证公共区域清洁卫生质量的稳定性。公共区域的清洁保养制度和标准主要是指日常清洁保养和计划清洁保养两个部分。

2. 公共区域卫生质量控制

(1)区域划分，落实责任

为了保证清洁保养计划的实施和便于检查，应将工作先按照早、中、晚三个班进行划分，再根据每个班次的人数划分工作量，最后将工作量细分，责任落实到人。

(2)加强巡视检查，保证质量

公共区域管理人员要加强巡视检查，同时要制定卫生检查标准和检查制度，以及制作相应的记录表格。客房部管理人员要对公共区域的清洁卫生进行不定期或定期的检查和抽查，保证公共卫生质量。

公共区域管理人员应注重检查员工的工作动态和操作细节，包括是否正确使用清洁剂和清洁工具等方面。这是保证卫生质量的关键。

二、大理石地面清洁与保养

大理石又称"云石"，其实际为碳酸钙的晶体。许多酒店大堂为大理石地面。由于酒店大堂人流量比较大，故需要定期进行维护保养。下面具体介绍大理石地面的主要维护保养方法。

（一）大理石地面日常清洁保养方法——推尘

需用清洁工具：尘推。

需用清洁剂：静电除尘剂。

操作方法：①将清洁干净的尘推以"N"字形或"S"形进行推尘，推尘过程中不可提起或离地；②当尘推沾满灰尘时，应将其清洗干净，再以同样的方法继续推尘，直至将地面清洁干净；③若尘推无法黏住灰尘，需使用静电剂进行处理，然后再继续使用；④尘推把头需定期送到洗衣房进行清洗。

（二）计划清洁保养方法——打蜡

需用清洁工具：尘推、蜡拖、抛光机、轧水车。

需用清洁剂：聚酯类蜡水或液体蜡。

操作方法：①用尘推将地面清理干净；②将蜡水注入蜡拖内，压干多余蜡液，用直线方法将蜡水落于地面；③待落蜡的地面完全晾干后（约半个小时），再次重复上述操作方法；④待前两遍蜡全部风干后，用以上方法落面蜡两遍；⑤待面蜡风干后，用抛光机对落蜡地面进行打磨抛光，直到出现满意光亮的效果为止。

注意事项：①落蜡前必须将地面清洁干净；②上一层蜡必须已经干透才能落下一层蜡；③若使用不同蜡水，则要分开使用蜡拖，不能用同一个蜡拖。④对大理石地面进行日常保养工作时，每天使用抛光机进行打磨抛光即可，但需要定期打蜡。

（三）计划清洁保养方法——晶硬处理

需用清洁工具：多功能刷地机、吸水机。

需用清洁剂：晶硬粉剂、水桶。

操作方法：①将多功能刷地机手柄倾斜一定角度，用水桶向刷地机水箱注入适量清水；②将云石晶石粉均匀地撒在大理石地面上，10~15克/平方米，用清水将晶石粉搅拌均匀至浆状；③用多功能刷地机在上过晶石粉的大理石地面上来回转磨，一边转磨一边调节出水量，每平方米来回打磨10~15次，待地面药液产生均匀的气泡即可，注意转磨过程中不要踩到药水，以免滑倒受伤；④用吸水机将地面残余浆液清除干净；⑤用清水过洗一遍地面并吸干。

三、地毯清洁与保养

根据地毯的材质，主要分为羊毛地毯和人造纤维地毯两种。

（一）日常清洁保养方法

地毯的日常清洁工作主要包括两项内容：对于地毯上一些较大的垃圾，如纸团，一般使用扫帚先进行清洁，而对于小颗粒的垃圾，如碎屑、灰尘，则需使用吸尘器。使用吸尘器时还可以将地毯中的害虫吸出，而且整个吸尘过程也可以使地毯变得干燥，从而达到清洁地毯的目的。

（二）计划清洁保养方法

1. 干洗法

需用清洁工具：多功能洗地机、吸水机、吸尘器、水桶。

需用清洁剂：高泡地毯水。

操作方法：①用吸尘器对地毯进行彻底吸尘；②按照地毯水稀释比例配比匀兑地毯水，然后注入多功能洗地机的桶内；③用多功能洗地机对地毯进行擦洗；④擦洗结束后，用吸水机将地毯吸干；⑤待地毯完全风干后，进行彻底吸尘。

注意事项：①机洗地毯不能太过频繁，否则会使地毯毛变硬；②需要技术人员进行操作；③用完洗地机、吸水机，应立即将其移离地毯，放到指定位置。

2. 湿洗法

需用清洁工具：多功能洗地机、吸水机、吸尘器、水桶。

需用清洁剂：低泡地毯水。

操作方法及注意事项与干洗法相同。

（三）保养地毯的一般原则

（1）吸尘是保养地毯的首要程序。吸尘工作做得越好，清洗地毯的次数就越少，对地毯的保养就越好。

（2）用地毯水清洁地毯时，应先测试该清洁剂对地毯是否有影响，以免地毯变色。切忌未经测试，仅凭主观判断。

（3）避免使用过热或过冷的水清洗地毯。清洗化纤地毯可用水温稍高一些的水。

（4）避免使用酸性或碱性过高的清洁剂。

（5）不要将太多的清洁剂置于地毯上。

（6）不要试图一次将很脏的地方洗净，应待地毯干后再重新清洗，直至干净。

（四）地毯清洁保养易遇到的问题

（1）在去除地毯污渍前，应先分析和检测此污渍属于哪种类型，有针对性地进行污渍处理。切忌未经判断而盲目处理。

（2）清洗地毯前应先了解地毯的材质，以便选择无伤害性的地毯清洁剂。最好保存好地毯说明书或者标签，以备日后所需。

（3）在去除地毯污渍前，应先用清洁剂在地毯不明显的角落试用，同时查看地毯是否出现变色或褪色现象。

（4）应用冷水或温水稀释地毯清洁剂。切忌使用热水。

思考与练习

一、单项选择题

1. 用于卫生间马桶除垢的清洁剂属于（　　）清洁剂。

　　A. 中性　　　　B. 酸性　　　　C. 碱性　　　　D. 其他

2. （　　）是保养地毯的首要程序。这项工作做得越好，对地毯的保养就越好。

　　A. 吸尘　　　　B. 除渍　　　　C. 干洗　　　　D. 湿洗

3. 将洗刷干净的茶水具和酒具等放到蒸汽箱中蒸 15 分钟的消毒方法属于（　　）。

　　A. 通风、日照　　　　　　　　B. 高温消毒

　　C. 化学消毒　　　　　　　　　D. 干热消毒

4. 下列房态简写对应错误的是（　　）。

　　A. 住客房：OCC　　　　　　　B. 长住房：S/O

　　C. "请即打扫"房：MUR　　　　D. "请勿打扰"房：DND

二、多项选择题

1. 客房使用的清洁剂可分为（　　）。

　　A. 碱性清洁剂　　B. 中性清洁剂　　C. 酸性清洁剂　　D. 其他清洁剂

2. 客房清洁的基本方法是（　　）。

　　A. 从上到下　　　B. 从里到外　　　C. 环形清理　　　D. 干湿分开

3. 理想的客房卫生质量主要是通过服务员的自查和上级的检查共同实现的，上级的检查主要分为（　　）和（　　）。

A. 领班查房　　　　　　　　B. 主管查房

C. 部门经理查房　　　　　　D. 部门总监抽查

4. 杯具消毒的方法包括（　　）。

A. 浸泡消毒　　　　　　　　B. 物理消毒

C. 紫外线灯消毒　　　　　　D. 高温消毒

三、简答题

1. 客房清洁的"八字程序"是什么？
2. 简述客房清洁保养标准的内容。
3. 简述保养地毯的一般原则。

四、实践训练

【实训项目】

客房清洁

实训目的	掌握客房清洁的程序与方法
学习环境	模拟客房
实训准备	客房工作车、清洁工具
模拟训练要求	在规定时间内完成工作车布置
	30分钟内，独立完成一间走客房的清洁
	在规定的时间内，独立完成开夜床、小整理服务
	掌握客房计划卫生的项目及操作流程
	完成一间已清洁房的领班查房工作
	掌握客房杯具、洁具、空气等常用消毒方法
	掌握大理石地面、地毯的清洁保养方法

3 项目三
客房服务管理

项目导读

本项目主要介绍客房部对客服务内容和流程及服务质量管理。客房部对客服务项目主要包括客房常规服务、个性化服务，以及随着信息技术发展而产生的客房E管家服务。客房服务质量管理主要介绍客房服务常见问题的处理，出现问题时的服务补救及投诉处理，以及客房服务质量控制。

学习目标

熟悉酒店客房部常规服务的内容及操作流程，客房个性化服务的内容和要求；掌握现代客房信息技术的应用。掌握客房服务常见问题的处理及客房服务补救方法和投诉的处理方法，掌握客房服务质量的提升方法。树立清晰明确的服务意识和质量意识，形成关注细节、精益求精的服务态度。

思维导图

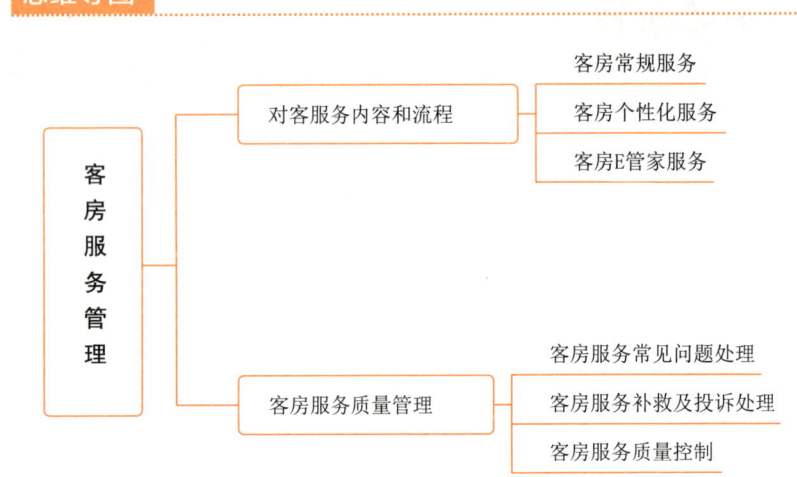

任务一　对客服务内容和流程

案例 3-1

调整的夜床

下午4点多，吴小姐入住某酒店1812房间（该房间为豪华大床房），因工作需要计划停留7天。吴小姐进入房间后放下行李，休息了一会儿，然后到自助餐厅用餐。当她用餐完毕回到房间时，她发现夜床已经做好，服务员为她开的是床铺靠卫生间墙壁的一侧，被子已经拉开一只角，拖鞋已经放好，闹钟、电视遥控器已经放在同一侧的床头柜上。吴小姐顺手拿起遥控器打开电视，靠在开好夜床的一侧看电视，但觉得电视机的位置有些偏，不是很合适，于是又去调整电视机位置。床上有4个枕头，吴小姐撤走两个放在沙发上。第二天，吴小姐办完事情回到酒店已经是晚上7点左右，夜床已经做好。吴小姐惊奇地发现这次服务员为她开的是靠窗户的一侧，而且床上只保留了两个枕头，并且枕头放在面对电视的正中位置。电视机已经摆正，遥控器、闹钟也都已经放在靠窗一侧的床头柜上。

点评：本案例中，服务人员认真仔细，灵活应变，将标准化服务与个性化服务有效结合，尊重客人习惯和选择，以微小的细节为客人提供舒适与方便，能够有效传递出对客人的尊重与关注。

客人住店期间，不仅要求客房整洁、舒适，还要求为其提供各类相应的服务。客房部对客服务，就是指客房服务人员以面对面、移动终端等各种方式为客人提供服务，满足客人提出的各类符合情理的要求。

客房部对客服务中，加床、洗衣、物品租借、迷你吧、物品遗留等服务是客房服务人员日常工作的常规内容，是酒店提供的常规服务，直接关系到客人的入住体验。但为客人提供个性化服务，是酒店人性化服务的重要组成部分，直接关系到客人对入住体验的满意程度。因此，客房的常规服务和个性化服务都是酒店在日常服务与运营中必须做好的内容。随着智能客房的普及，智能化、信息化技术的应用，常规的对客服务也有了诸多变化。

一、客房常规服务

受不同管理模式、人力条件等各方面的限制,客房常规服务可以分为楼层服务台、客房服务中心、总机一站式服务三种服务模式。

微课 3-1

楼层服务台模式,就是在酒店客房区域内各楼层设立服务台,并安排 24 小时专职服务员值班。

客房服务中心模式,就是楼层不设服务台(或设置服务台,但不安排人员值守),客人住宿期间的服务要求通过电话由客房服务中心统一协调,客房服务中心安排人员 24 小时值守。

总机一站式服务模式,就是客房住宿期间的服务要求均通过总机进行统一协调,由总机将住宿客人的需要有针对性地分配给客房服务中心。

不论哪种服务模式,还是几种服务模式的综合,酒店客房提供的常规服务内容是基本相似的。客房常规服务可以按照时间流程线划分为客人抵店前的准备工作、抵店时的迎接服务、住店期间服务、离店时的送别服务。

(一)准备工作

客人到达前的准备工作一定要充分、周密、细致,尤其是对 VIP 客人、团队客人及其他特殊客人,要做好迎客准备工作。

1. 认真了解客人情况

客房服务中心或楼层服务台接到总机的接待通知单后,应详细了解客人信息,做到"七知""三了解"(知接待单位、国籍、人数、身份、生活特点、接待标准、健康状况;了解抵离店时间,了解客人宗教信仰,了解车、船、航班时间),做到情况清、任务明。

2. 根据需要布置房间

要根据客人的宗教信仰习惯、生活特点和接待规格等,调整家具,备齐日用品,补充迷你吧的食品饮料。同时,根据需要放置欢迎物品或进行细节布置、氛围布置,如放置鲜花、欢迎果盘、欢迎信、酒店纪念品;调整空调温度;对婚房进行布置,营造喜庆氛围;对儿童房更换儿童

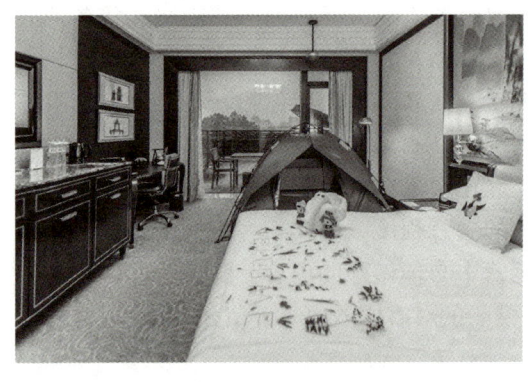

图 3-1 客房的床上装饰及帐篷

用品、放置儿童玩具等。

3. 检查设备和用品

完成房间布置后，需要再次全面检查房间内家具、水电设备、门锁等，确保能够正常使用、无破损。要检查房间内的一次性消耗物品和迷你吧物品，确保其在安全有效期内；有损坏或失效的，要及时维修和更换。

4. 做好迎接准备

做好各项准备工作后，服务员要在前台通知客人到达后，在相应楼层的电梯口迎接客人。必要时可在客人抵达前的一定时间内在指定地点迎接客人。

（二）抵店时的迎接服务

客人抵达后一般希望有个安静、舒适的休息环境，因此需要尽快给客人妥善安顿住房。迎客时，必须热情礼貌、主动迅速，行李分送准确，情况介绍简明扼要。一般包含以下服务内容与程序：

（1）梯口迎接。客房服务员一般只在楼层迎接入住客人，因此客房服务的迎接工作一般是从电梯口开始。当客人乘电梯进入所住楼层时，服务员应站在梯口侧面等候。当电梯门开时，服务员应微笑着热情问候，做自我介绍，手摁电梯按钮，使电梯门一直开着直至客人走出电梯，然后问清客人房号，引领客人进房。

（2）分送行李。若是团队客人入住，楼层服务员应协助行李员将客人的行李分送进房。若是散客入住，且无行李员陪同，服务员应帮助客人提拿行李。

（3）引领带房。客人抵达客房楼层时，服务员应引领客人到其入住的客房，特别是第一次入住的客人。服务员在引领时应走在客人的斜前方，与客人保持1米左右的距离，行走速度以客人的速度为准。转弯时应停住，面向客人伸手示意。待客人到所住房间时，按规程为客人开门，插上取电卡，请客人先进房间。

（4）端水送巾。视情况对入住客人及时送上茶水、香巾或饮料。

（5）介绍情况。进房后可向客人简单介绍酒店的服务设施、营业时间、收费标准、设施设备使用方法等情况。如客人面带倦容或是再次入住则可不做介绍，只要告诉客人客房服务中心的电话号码即可，并且祝客人住店愉快。然后，面向客人退出房间，并且轻轻关上房门。

（6）记录。服务员回到工作间按要求做好相应的工作记录。

对客迎接服务具有很大的灵活性。通常酒店会根据客人的不同接待规格和特殊要求进行有针对性的安排。此外，不设楼层服务台的酒店对普通客人的入住迎接一般由行李员来完成。

案例 3-2

随机应变的服务

新员工小罗经过入职培训后,第一天上班被分配在酒店 A 楼 5 层做值台。她对做好工作充满信心,自我感觉良好,一个上午的接待工作也颇为顺利。中午,电梯门打开,走出两位客人,小罗立刻迎上前去,微笑着说:"两位先生,中午好,欢迎入住本酒店。请问您的房号是?"……"请跟我来!"小罗将客人带进房间后,一一介绍客房设施设备:"这是床头控制柜,这是空调开关……"一位客人打断她的话说:"知道了。"但小罗仍然继续说:"这是电冰箱。桌上文件夹内有'入住须知'和'电话指南,……"未等她说完,客人不耐烦地说:"我们知道怎么用,你可以走了。"小罗愣了一下,立刻说道:"好的,先生,如果没有别的事,那我就先告退了。祝您入住愉快。"说完便退出房间,回到服务台。

点评:本案例中,小罗经过培训后,对待工作积极热情,标准化工作流程掌握得较为熟悉,但是初期工作中有点照本宣科,不能根据客人实际进行灵活调整和应对。然而,经过客人明确的拒绝后,她能够迅速转变态度和方法。

拓展阅读 3-1

(三)住店期间日常服务

客人入住期间的日常服务工作量大,涉及面广,是对客服务质量的关键环节。日常服务的主要内容包括客房卫生清洁、客衣服务、客房迷你吧服务、叫醒服务、租借物品服务、留言服务、客房用餐服务、访客接待服务、擦鞋服务、托婴服务等常规服务。对于这些常规服务,《旅游饭店星级的划分与评定》(GB/T 14308—2010)中对不同星级酒店有一些具体的要求。此外,不同的酒店也有自己的服务流程和工作标准。

1. 洗衣服务

客人住店期间,酒店一般会为客人提供洗衣服务,尤其是商务型客人和长住型客人。洗衣服务按时间分为正常洗、加急洗两种。正常洗是指在上午规定时间前(如 10 点)收洗的衣服将于当天下午送回,上午 10 点后收洗的衣服在次日下午送回。加急服务是指收洗的衣服将在 4~6 小时之内送回,但最后服务时间的规定各酒店不尽相同,有的为下午 3 点,有的为下午 5 点。

有的则无最后时间规定，但都要收取加急费，一般为洗衣费的 100%。

（1）洗衣单填写

一般在客房的写字台抽屉内、壁橱内或其他规定的位置都放有洗衣袋和洗衣单。洗衣单有湿洗、干洗、熨烫 3 种，客人可根据需要填写。洗衣单应由客人填写并签名，需要填写姓名、房号、送洗日期、送洗衣物的件数等。如由服务员代为填写，应由客人确认并签名。洗衣单采用无碳复写纸，一般一式三联，一联留给客人，一联送至前台收银处作为记账凭证，一联供洗衣房留底。

LOGO

湿洗/干洗/熨烫衣单

WET/DRY CLEANING/WASHING IRONING THE CLOTHES

房号/Room No.: ________ 姓名/Name: ________ 日期/Date: ________

特殊要求/Special requirements: ________

□ 普通服务
上午12:00前收取
当日19:00前送回
Same by Service
Collected by 12:00am
Delivered on same day
before 7:00pm

□ 特快服务（4小时）
下午最迟6:00前收取
当日19:00前送回
Express Service(4Hours)
Collected latest by 16:00pm
Delivered on same day
befor 7:00pm

□ 熨烫服务（2小时）
熨烫时间
上午11:00到下午18:00
Pressing Service (2Hours)
Pressing is available
From 9:00am to18:00pm

□ 衬衫挂件/Shirt on Hanger
衬衫折叠/Shirt Folded
衬衫上浆（只浆领口）/Shirt Starch

湿洗/LAUNDRY

客人点数 Guest Count	酒店点数 Hotei Count	项目 Itcms	湿洗 Lanudry Price	金额 Amount
		外套（棉）Track Suit	30.00	
		羽绒外套Feather Coat	40.00	
		夹克 Jacket	25.00	
		长大衣 Overall	40.00	
		运动套装Sports Suit	30.00	
		和服 Kimono	35.00	
		长裙 Dress	25.00	
		短裙 Skirt	18.00	
		睡衣（套）Pyjamas(set)	28.00	
		长裤/牛仔裤Pants/jeans	18.00	
		短裤 Shorts	12.00	
		衬衫/T恤Shirt/T-shirt	18.00	
		内裤Slip	12.00	
		内衣Undershirt	12.00	
		内裤Underpants	12.00	
		胸衣Brassiere	12..00	
		短袜/长袜Socks/Stockings	8.00	
		手帕Handkerchief	5.00	
服务员签字/Attendant's Singsture				
贵宾签字/Guest Signature				

干洗/熨烫/DRY-CLEAN/PRESSING

客人点数 Guest Count	酒店点数 Hotei Count	项目 Itcms	干洗 Dry-Cleaning Price	熨烫 Pressing Prece	金额
		西装（二件套）Suit(2Pieces)	38.00	20.00	
		西装（三件套）Suit(3Pieces)	46.00	25.00	
		晚礼服 Tuxedo	48.00	30.00	
		晚礼服（女）Night Gaown	55.00	35.00	
		大衣（羊毛）Overcoat	48.00	20.00	
		百褶裙 Pleated skirt	38.00	18.00	
		长裙 Skirt(long)	38.00	20.00	
		短裙 Skirt(short)	28.00	18.00	
		连衣裙 Day dress	38.00	20.00	
		羽绒外套 Feather coat	50.00	25.00	
		旗袍 Cheongsam	38.00	20.00	
		和服 Kimono	40.00	20.00	
		外套/夹克 Jacket	38.00	25.00	
		毛衫(羊毛) Sweater	30.00	18.00	
		西裤 Trousers	20.00	12.00	
		衬衫/T恤 Shirt/Blouse/T-shirt	25.00	12.00	
		背心 Waist Coat/Vest	18.00	12.00	
		领带 Tie	20.00	12.00	
		围巾 Scarf	18.00	12.00	
小计/Sub-total					
加/Add：特快服务费Express Service Charge 50%					
加/Add：特快服务费Service Charge 15%					
总计/Grand Total					

- 如客人未在洗衣单上填写洗数量，将以本酒店点数为准。
- 如没有注明，男士衬衫将被折叠送回，女士衬衫将挂架送回。
- 如在洗涤过程时发生意外所造成的损坏或遗失，本酒店的赔偿金最多不超过洗涤费用的五倍。
- 对于衣扣，装饰品以及衣袋内物件的遗失，酒店概不负责。
- Is left as the guest did not fill in the number of washing in the laundry list, the hotel points will be fina
- Cardiac if not specified, the men's shirts will be folded back, lady shirt will be sent back up.
- Is left as in the washing process caused an accident when the damage or loss, the compensation in this hotel is no more than five times the cost of washing.
- Is left for the button, decorations, and loss of the pocket inside the object is not responsible for the hotel.

第一联：客房部　第二联:前厅部　蓝联：部门　第三联：财务部

图 3-2　洗衣单

（2）洗衣收送流程

客房部可通过以下几种途径收取客衣：一是客人打电话通知洗衣房客衣组，告知其洗衣服务的要求，由洗衣房客衣服务员直接前往客人房间收取客衣；二是打电话通知总机或客房服务中心服务员上门收取客衣，如设有楼面服务台的酒店，客人也可以电话通知楼面值台或直接将衣物交给楼面值台，由其转交洗衣房；三是将洗衣袋放在门边或房内显眼位置，由服务员查房或清洁客房时取出转交给洗衣房。

洗衣房送回衣服时，应按洗衣单逐件进行清点，并检查衣物有无破损、缩水、褪色等；需要折叠的按照标准方法折叠、封装，不能折叠的衣物需用衣架挂放。送还客衣的方式主要有两种：一是由洗衣房收发员直接将客衣送回客人房间；二是洗衣房收发员将客衣送至楼面服务台，再由客房服务员将客衣送还房间。

洗衣服务是客房日常服务中一项比较细致的工作，因此服务员应该特别注意服务流程与工作技巧，为客人提供优质的洗衣服务。

表 3-1　某酒店洗衣服务流程与规范

业务程序	1 接收信息 → 2 收取客衣 → 3 检查客衣 → 4 认真交接 → 5 送还客衣		
业务规范	步骤 1	（1）楼层服务员接到客房服务中心通知有宾客的洗衣需求或宾客直接提出洗衣需求后，须在 5 分钟内到宾客房间收取 （2）楼层服务员每天 10：00 之前对楼层住客房依次排查有无洗涤客衣需求，记录房号后依次到房间收取	
	步骤 2	（1）10：00 之前楼层服务员收取宾客需要洗涤的客衣 （2）收取洗衣时，需告知宾客在 10：00 前收取的客衣，在 18：00 前送回，10：00 以后收取的客衣，在次日下午送回。加急洗衣在 4~6 个小时内送回，加急熨烫在 2 小时内送回。如果只需要熨烫服务，收取洗衣的 50% 费用。如果是加急洗衣，应向宾客说明需加收 100% 的加急费 （3）宾客交洗的衣物或楼层服务员从房间收取的衣物，需有宾客填写的洗衣单并签名 （4）如收取客衣时宾客不在房间，洗衣袋内有待洗衣物而未填写洗衣单，则需征求客人意见后确定是否送洗及送还洗衣的时间	

续表

业务规范	步骤3	（1）按照宾客填写的洗衣单内容检查（宾客姓名、房号、日期、衣物名称、件数、洗涤类型等）是否与实际相符 （2）检查宾客衣物有无严重污迹、破损，口袋内有无遗留物品。如有，应在洗衣单上相应位置标明，并与宾客现场确认。遗留物品应立即归还宾客 （3）若宾客有特别需求时，应在洗衣单特殊要求一栏内注明 （4）检查客衣并与宾客核对无误后，将客衣交至客房服务中心
	步骤4	（1）客房服务中心服务员将收取的客衣与洗衣店收衣员逐房间交接房号、件数、洗衣时间、客衣品牌、颜色、特殊要求及送回时间等 （2）经核对无误后，客房服务中心服务员及洗衣店收衣员均在"客衣洗涤熨烫登记表"上签名确认 （3）客房服务中心服务员将客衣费用与前台收银交接入账 （4）洗衣店送还客衣，客房服务中心服务员根据"客衣洗涤熨烫登记表"复查客衣的房号、件数、客衣品牌、颜色、洗涤质量及特殊要求 （5）确认无误后，客房服务中心服务员及洗衣店收衣员均在"洗衣店取衣证"上签名确认
	步骤5	（1）客房服务中心服务员将客衣按房号分开，通知楼层服务员送到房间 （2）若客人不在房间，将洗好的衣物及洗衣单客户联放置床尾，摆放整齐 （3）洗衣费需收取现金的，待宾客在客房时再将洗好衣物送还房间 （4）若房间挂"请勿打扰"牌或亮勿扰灯，按照宾客指定的时间送客衣时，应先打电话征询宾客意见是否方便将客衣送入房间；如宾客不方便，做好交接，按宾客要求时间派送
相关说明		

（3）洗衣注意事项

①一般酒店都规定了正常的客衣收取截止时间，要求服务员每天在酒店规定的收取客衣时间之前去客人房间确认是否有客衣要洗，确保不漏收客衣。

②凡是放在床上、沙发上等未放在洗衣袋内的客人衣服不能收取，放在洗衣袋内但没有填写洗衣单或填写洗衣单未签名的，均不能交到洗衣房洗涤，需征求客人意见后再做处理。

③收取衣服时，应认真核对洗衣单上的房号是否正确、姓名、洗涤方式、送回时间等内容是否填写，衣服数量是否正确，并检查衣物状况、口袋等。发现问题及时通知客人。

④在当面收取洗衣时，对于洗衣费用，尤其是加急费，需要向客人说明。

⑤客衣一定要及时、准确、如数送回。

（4）洗衣服务中特别事项的处理

①客人反映客衣送错。服务员首先应向客人道歉，并了解客衣的数量、颜色和特征，与原有洗衣单进行对比。如果是整份送错，应考虑是否写错房号或送错房间，然后检查当日送入其他客房的衣物。如是单件送错，应先查看楼层其他房间客人有无反映送错衣物，应尽力帮助客人找回衣物。

②由于洗衣不当造成客人衣物损坏或遗失。服务员首先应向客人道歉，并征求客人的处理意见。若客人提出赔偿，应通知大堂副理与客人协商。按国际惯例，酒店一般规定："任何衣物的丢失或损坏，其赔偿额不超过洗熨费的10~15倍。"为显示公平，同时酒店亦不受太大损失，现在有的酒店提出保值洗衣的方法，即根据衣物价值提高洗衣费。若有意外，其赔偿额也相应提高。

③客人离店时客衣还未洗好。不管何种原因，服务员都应对客人道歉，将正在进行的客衣清洗情况如实告知客人。如来得及，应立即将衣服洗烫处理好送还客人；如来不及，一般应将衣服包好送还客人，并酌情减免洗衣费。

拓展阅读 3-2

2. 迷你吧服务

《旅游饭店星级的划分与评定》规定四星级及以上酒店客房内配备微型酒吧（俗称迷你吧），配备小冰箱，提供适量酒水、饮料、食品，配备饮具和价目单。

表3-2 迷你吧操作流程与规范

工作内容	操作要求	注意事项
1. 迷你吧配备	（1）按酒店规定的种类、数量、规格和摆放位置等布置迷你吧，配备食品、饮料、酒水、酒具、酒单等 （2）酒单设计美观大方，字迹清楚，标价合理	配备充足、及时

续表

工作内容	操作要求	注意事项
2.住客房酒水检查与补充	（1）客房服务员每日清洁房间和开夜床时，及时检查迷你吧消费情况。如有消费，确认客人有无填写酒水账单、账单填写是否正确；若无消费，则需代客补填并签名和备注时间 （2）消费账单及时传递给领班或客房服务中心以录入客账，或直接通过酒店指定的电话系统或电脑系统录入客账 （3）每次查房完成，服务员应及时到楼层领取已消耗的食品、酒水等补充到房间内	（1）保证所有客房酒水齐全，单日的消费必须及时补充 （2）入账必须及时准确，禁止漏入或重复入账
3.走客房酒水检查补充	（1）接到查房通知后，立即进房查看迷你吧。如有消费，在房内拨电话，将该房客人消费情况通知前台，前台服务员与客人确认后，将费用计入客账 （2）对于不实行查房制度的酒店，前台会在客人结账时，询问客人是否有迷你吧物品消费，根据客人的回答进行结账。客房服务员在做房时检查迷你吧物品消耗情况后和前台进行核对 （3）及时补充房间迷你吧物品	
4.酒水内部控制	（1）客房服务员将客房内迷你吧的消费和补充情况记录在工作报表上，填写客房迷你吧日消耗单，将其中一联交至客房服务中心 （2）楼层中班服务员根据日消耗单填写客房迷你吧周消耗单，并盘点楼层备用数，对照备用定额，填写客房迷你吧补充单，交至客房服务中心 （3）客房服务中心夜班服务员汇总迷你吧账单和客房迷你吧日消耗单，并与夜审进行核对。如有出入，要立即查明原因。确认无误后，分别将其装订成册 （4）客房库房保管员审核迷你吧周消耗单及客房迷你吧补充单，按客房用品领发程序补充饮料、食品等，确保楼层供应 （5）客房定期检查迷你吧物品的保质期，及时更换快过期的产品（具体流程可参考知识拓展资料）	（1）与前台收款员密切配合，降低逃账率 （2）客房服务员可凭账单联领取相应物品
5.特殊要求	（1）若是团队客人，可按接待通知单要求撤出饮料或锁吧（将小冰箱上锁）；常住客要求撤出某种饮料的，也应在其入住时撤出。客人有要求时，可以恢复提供，费用由客人自理 （2）贵宾应按照接待通知单的要求做出相应的调整	

3. 夜床服务

夜床服务是一种高雅而又亲切的对客服务形式,目的是为客人准备惬意而愉快的休息环境。夜床服务的操作程序在前面已有具体介绍,此处不再赘述。

拓展阅读 3-3

4. 加床服务

客人入住前或入住后都有可能提出加床要求。客人入住前如有加床要求,应在客人到店前完成。客人入住后可向客房服务员或前台服务员提出加床要求,相关服务员应按要求在办理相关登记后,为客人提供加床服务。

表 3-3 某酒店加床服务流程与规范

业务程序	① 接收信息 → ② 准备物品 → ③ 加床 → ④ 后续工作
业务规范	步骤1 (1)客房服务中心服务员接到前台通知××房加床时,应立即通知楼层服务员为宾客加床 (2)客房服务中心楼层服务员接到宾客提出加床要求时,要向宾客说明加床费,即在房费基础上加收 120 元/间夜(另加收 5% 服务费) (3)楼层服务员接到加床信息后,须在 10 分钟内将加床及相关物品送到房间
	步骤2 (1)楼层服务员准备加床一张,检查加床是否干净、能否正常使用、有无破损 (2)准备好 1.2 米床品一套(包括被套、床单、枕套),浴巾、面巾、方巾各一条,马克杯、漱口杯、牙具、梳子各一只,拖鞋一双

续表

业务规范	步骤3	（1）如果宾客在房间，礼貌地问候宾客，并且与宾客确认摆放加床的位置 （2）如果宾客不在房间，将加床摆放在窗前位置或根据房型摆放在恰当位置 （3）将加床展开，床头方向与房间的床头方向尽量一致（如有条件，尽量两人操作） （4）按照中式铺床标准包好加床床单，套好被子，被子两侧向内折叠平铺于床面，枕头放置于加床床头位置，开口朝向墙面 （5）将准备的巾类、低值易耗品和杯具摆放到标准位置 （6）服务员必须在15分钟内完成加床
	步骤4	（1）服务员完成加床离开时，应询问宾客是否有其他需求，并礼貌道别 （2）与客房服务中心服务员做好加床交接记录 （3）客房服务中心服务员接到加床完毕的信息后，电话通知前台收银员，收取该房间加床费用 （4）如果宾客通知撤出加床，且不退房，服务员应在5分钟内到房间将加床及所加物品撤出 （5）宾客退房后，服务员将加床及物品撤出房间，并通知客房服务中心值班员取消加床记录
相关说明		

5. 访客接待服务

访客是酒店潜在的客人，做好访客接待工作，既可以提升住客满意度，又可以为酒店争取潜在客源。访客接待工作主要包括访客确认和接待服务两部分。

表3-4 访客服务流程

操作步骤	操作要领	质量标准
1. 询问	礼貌询问来访者的情况，要拜访的住客姓名、房号及有否预约	礼貌热情接待

续表

操作步骤	操作要领	质量标准
2. 联系住客	通过电话与被访住客联系： （1）如果住客同意会见，按住客要求为访客引路，并根据需要提供加椅、茶水等服务 （2）如果住客不愿接见访客，应先向访客致歉，然后委婉地请其离开。不得擅自将住客房间号信息等告知访客 （3）如果住客不在房内，应向访客说明，并询问客人是否需要留言	未经得客人同意，不能将住客房号告知访客
3. 填写报表	按要求填写"楼层服务员工作日报表"	填写及时、准确

注意事项：

（1）未经住客同意，楼层服务员不得将住客房间号等信息告知访客，更不能将访客带入房间。

（2）有访客来访时，如果被访住店客人不在酒店，但事先有交代的，根据客人交代的要求办理。如果需要等候或留言的，留言由服务员转交客人。

6. 擦鞋服务

酒店客房内一般都为客人放置了擦鞋器或擦鞋布，同时为提高服务水平，还可以为客人提供免费擦鞋服务。通常在客房衣柜内或床头柜下方配备鞋篮或鞋样，鞋样上写明擦鞋服务的方法及联系方式，房内的客房指南中也有同样的信息。

图 3-3　客房擦鞋篮　摄影：编者

表 3-5　擦鞋服务流程

操作步骤	操作要领	质量标准
1. 收取皮鞋	（1）接到客人要求擦鞋的电话或通知后，及时到客人房间收取皮鞋 （2）收取皮鞋时，应检查皮鞋的外观有无破损，若有破损，应请客人确认并签字。皮鞋收取后，要在报表上记录房号、颜色、款式、数量 （3）如果皮鞋已经被放在鞋篮里，可直接收取到工作间	若遇雨、雪天气，客人外出归来，服务员应主动提供擦鞋服务
2. 做记号	（1）收取皮鞋时，应在标签纸或其他标签牌上写明房号放入皮鞋内，以防送还时出现差错 （2）如酒店有专用擦鞋袋，则用擦鞋袋装送	避免搞错
3. 擦鞋	（1）擦鞋前，在地面铺上报纸或报废的床单、毛巾等，防止尘土或鞋油将地面弄脏，并备好合适的鞋油及擦鞋工具 （2）将皮鞋表面的尘土擦去 （3）根据皮鞋面料、颜色选择合适的鞋油，仔细擦拭、抛光。注意鞋带、鞋底和鞋口边缘要擦干净，不能有鞋油残留，以免弄脏地毯和客人的袜子	（1）注意不要搞混皮鞋颜色 （2）擦净擦亮
4. 将鞋送回客房	（1）在规定的时间内将擦好的皮鞋放在鞋篮内，送至客人房间 （2）对于急用的客人，应尽快按约定时间将鞋送回 （3）若客房挂有"请勿打扰"指示牌，可用留言信息单的形式通知客人	一般应在一个小时之内，将擦好的鞋送入客人房内，放在规定位置
5. 填写报表	按要求填写"楼层服务员工作日报表"	填写及时、准确

注意事项：
（1）注意鞋油颜色的选择，翻毛皮鞋不可使用鞋油处理，不知如何处理的鞋面勿硬擦。对没有相同色彩鞋油的待擦皮鞋，可用无色鞋油。
（2）电话要求擦鞋服务的客人，通常是急用鞋，所以要尽快提供服务，并及时将鞋送回。
（3）楼层服务员在客房清洁时发现房内有脏皮鞋，应主动询问客人是否需要擦鞋服务。如果客人不在房间，可先将皮鞋收到楼面工作间，留一张擦鞋服务单于房门部缝隙处，告知客人服务员正在为其擦鞋。如果客人将皮鞋放在客房门口或鞋篮里，服务员可直接将鞋拿到工作间按规程提供擦鞋服务。
（4）收送客人鞋子，需使用鞋篮，并注意做好标记，防止出错。不可将鞋送错房间。

案例 3-3

免费擦鞋

有一天,某客房的中班服务员 A 在为一位外国常住客人提供夜床服务时,发现鞋篮里有一双脏皮鞋,鞋子沾满泥土。A 就把鞋子带到工作间,用湿布将鞋擦干净,并上完鞋油后放回原处。这位客人连续多日从外面回来的时候,鞋子上都沾满泥土,都将脏皮鞋放在鞋篮里。而当班的服务员每天都将皮鞋清理干净然后放回。客人被服务员毫无怨言而又有耐心的服务感动了,在第 7 天将 10 美元放进了鞋篮。服务员照常将皮鞋刷净擦亮,放进鞋篮,却分文未取。客人对酒店服务佩服、感动,离店之前,专门留下表扬信,赞扬酒店的周到服务与员工的高尚品质。

点评: 标准化服务存在的重要意义就是让酒店服务更精细、更规范。标准化服务可以让员工有标准可循、有规范可循,可以有效提高酒店的服务质量。

7. 物品租借

为了方便住店客人的生活起居,酒店一般备有电熨斗、万能插座、婴儿床、充电器、剪刀、乳胶枕、轮椅、晾衣架等物品,供客人临时使用,并在服务指南中标明此项服务,注明酒店准备的可供借用物品种类、性能等,同时申明损坏或遗失的赔偿规定。

表 3-6 某酒店物品租借服务流程与规范

业务程序		① 接收信息 ➡ ② 提供物品 ➡ ③ 收回物品
业务规范	步骤1	(1)客房服务中心服务员接到宾客需要借用物品的信息,在"客房服务中心交接本"上记录借用物品房号及所借物品名称、件数 (2)楼层服务员接到宾客需要借用物品的信息,立即通知客房服务中心服务员准备好借用物品 (3)客房服务中心服务员按照宾客需求,准备好借用物品,并检查借用物品是否整洁、有效 (4)通知对应楼层服务员到客房服务中心拿取借用物品送至对应房间 (5)如无宾客所需物品,须向宾客致歉,委婉告知,争取宾客谅解

续表

业务规范	步骤2	（1）楼层服务员取到宾客所需物品后，须在5分钟内送至相应房间 （2）物品输送时须使用托盘，大件物品除外 （3）递送物品应遵循双手呈递，正面、观赏面朝向宾客，确保安全递接 （4）提醒宾客使用完毕后通知服务员收取，以提高物品的周转率
	步骤3	（1）接收到宾客归还借用物品信息时，服务员须在5分钟内到达房间，将借用物品收出并检查有无损坏。如发现物品损坏，应报告客房部经理，按规定价格向宾客索赔 （2）宾客退房时，服务员须根据填写的物品借用信息检查所借物品是否在房间 （3）楼层服务员在下班之前，将当日收回的借用物品归还到客房服务中心服务员 （4）客房服务中心服务员接收借用物品后，将租借记录取消 （5）客房服务中心服务员须彻底清洁回收的租借物品，如餐具、泡脚盆等物品回收后须按程序消毒 （6）客房服务中心服务员分类保存回收的租借物品，以备下次使用
相关说明		

注意事项：

（1）客人租借电器用品（如电熨斗等）时，应提醒其注意安全。客人借用剪刀、水果刀时需问清用途，并在客人使用完毕后及时收回。

（2）注意收回租借物品，对于超过租借时间，客人仍未归还的物品，在客人离店前可主动询问客人，但要注意询问方式。

（3）借用物品收回后，要检查完好程度，并清洁消毒，以方便下次使用。

（4）常客借用物品时，可编入客史档案，在其下次入住前先放入房间。

（5）如客人需要租借某些收费设备物品（如电脑、麻将等）时，应事先向客人讲明租借价格标准及收取押金标准。客人同意后，将租借物品登记，客人签字后服务员将物品送入房内。

8. 拾遗服务

住店客人或其他客人在酒店逗留期间或离店期间，都有可能会将客人物品遗忘在客房或其他公共场所。酒店有责任为其妥善保管或处理遗留物品。

客人离店后留在酒店范围内的一切有价值物品，均属于客人遗留物品。比如，护照、身份证等证件；钱币、支票、信用卡、各种票券；名贵字画、金银首饰、照相机、手提电脑等贵重物品，以及客人的日用品等，都需要做出最恰当的处理。

拓展阅读 3-4

表3-7　某酒店宾客遗留物品处理流程与规范

业务程序		① 发现遗留 → ② 物品上交 → ③ 登记保管 → ④ 失物认领
业务规范	步骤1	（1）服务员在查房时发现宾客的遗留物品，第一时间上报客房服务中心 （2）在走廊或其他区域捡拾宾客遗留物品，第一时间上报客房服务中心 （3）服务员在上报时使用对讲机或电话，要求报清遗留物品的房间号及遗留物品名称 （4）客房服务中心服务员接收到信息后，查找宾客登记信息及联系方式，及时与宾客联系
	步骤2	（1）将宾客遗留物品放在白色塑料袋内单独存放 （2）在塑料袋上粘贴遗留物品标签，要求写明日期、房号、上交人姓名等信息，字迹清晰，书写工整 （3）前台或宾客中途取走遗留物品，服务员及时上报客房服务中心 （4）服务员下班时将贴好标签的遗留物品上交客房服务中心
	步骤3	（1）客房服务中心服务员将收到的遗留物品在"宾客遗留物品登记表"上登记，要求写明遗留时间、房号、宾客姓名及遗留物品名称等信息，字迹清晰，书写工整 （2）将遗留物品区分贵重及不贵重物品，并单独存放 （3）将宾客的遗留物品根据遗留日期放置到当月遗留物品存放处 （4）遗留食品的保管期限为3天，一般物品的保管期限为3个月，贵重物品的保管期限为1年 （5）若宾客遗留物品过了保管期限仍无人认领，须经部门经理审核、统计，按照遗留物品管理规定进行处理
	步骤4	（1）经前台核实后，前台员工来拿取宾客遗留物品时，应请前台员工在"宾客遗留物品登记表"上签字确认，并写明取走时间 （2）若宾客前来认领失物时，须要求宾客提供身份证明、遗失物品的名称及特征，核实无误后请认领者在"宾客遗留物品登记表"上签字确认，并写明认领时间 （3）若宾客要求邮寄并且同意支付邮资，应向宾客索要正确的地址信息，并征询宾客意见是否对贵重物品保价，经部门经理同意后将物品邮寄给失主
相关说明		

9. 其他服务

（1）开门服务

客人不小心把房间钥匙落在房内或其他地方，或者房卡过期，或因其他问题而导致客人房间钥匙失灵不能打开房门时，需要服务员为其提供开门服务。

①客人在楼层要求服务员开门时，应请客人到总台办理开门手续。

②若客人坚决不肯去办理手续，须查看客人的身份证、护照等有效证件，核对身份和照片，并与总台确认是否与开房客人的信息一致。

③服务员接到客房服务中心为客人开门的通知后，应先了解客人的姓名，待核对无误后方可帮客人开门。

④帮客人开门时也要注意操作规程，不能直接将房门打开，以防另有客人在房内。

⑤开门后做好记录。

⑥公安人员因办案而要求服务员开门时，应由酒店保安人员陪同，并同意开门。若无人陪同又因时间紧迫必须立即开门的，服务员应验明来者的有效证件后方可开门，同时应立即向上级报告。

拓展阅读 3-5

⑦服务员应灵活处理开门事宜，注意语言技巧。如果遇到长住房客人和常客要求开门，必须经准确判断后方可开门。

（2）叫醒服务

酒店一般都提供叫醒服务，就是根据客人指定的时间打电话（或敲门）叫客人起床，或早上用餐，或乘坐交通工具等。这项服务可以让客人安稳休息而不至于错过或耽误第二天的安排。现代酒店一般采用电脑叫醒方式，可以有效避免人工叫醒出现遗忘或不及时的问题。在电脑叫醒仍未叫醒客人的情况下，可以采用人工敲门叫醒方式。

表 3-8 某酒店叫醒服务流程与规范

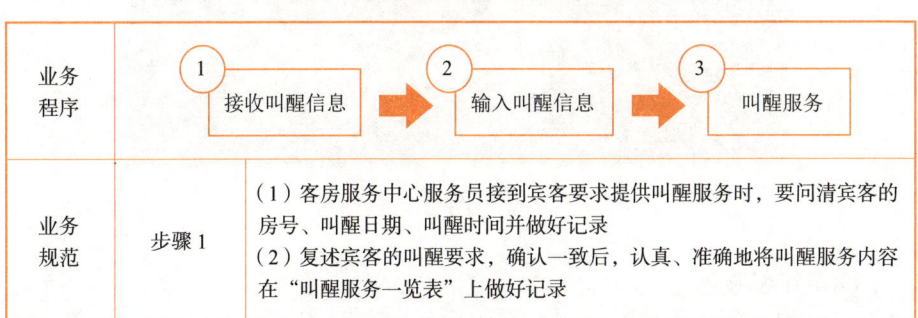

业务程序	1 接收叫醒信息 → 2 输入叫醒信息 → 3 叫醒服务		
业务规范	步骤1	（1）客房服务中心服务员接到宾客要求提供叫醒服务时，要问清宾客的房号、叫醒日期、叫醒时间并做好记录 （2）复述宾客的叫醒要求，确认一致后，认真、准确地将叫醒服务内容在"叫醒服务一览表"上做好记录	

续表

业务规范	步骤2	（1）在千里马系统内设置叫醒服务内容，并进行核对 （2）将叫醒服务内容输入手机作为提醒
	步骤3	（1）电脑系统设置的电话自动叫醒 （2）电脑系统设置的电话叫醒若无人接听，5分钟内再人工电话叫醒，并提示宾客当日天气情况，征询宾客意见是否需要二次叫醒，同时祝宾客出行愉快 （3）若无人应答，客房服务中心服务员应通知楼层服务员到房间敲门查看 （4）楼层服务员将查看结果反馈给客房服务中心服务员
相关说明		

（3）送餐服务

送餐服务是指某些客人由于生活习惯或特殊需要，如起早、患病、会客等，要求在客房用餐，需要送餐到房间的服务。现在中高档酒店按规定必须提供这项服务，一般由餐饮部的送餐员负责。客房部员工应配合做好餐具、餐车的回收等工作。

图3-4 客房送餐服务

（4）托婴服务

托婴服务就是为外出活动办事的住客提供短时间的照管婴幼儿童的有偿

服务。这项服务可为携带孩子的客人提供方便，使其摆脱孩子的拖累而不致影响外出活动。

酒店一般并不配备专职人员从事此项服务，大多由客房部服务员利用业余时间照管。托婴服务责任重大，绝不能掉以轻心。凡是承担此项工作的服务员必须有责任心，正派可靠，受过专门训练，熟练掌握照管婴儿基本知识和技能，懂一门外语最佳。

（四）离店时的送别服务

客人离店时的送别是最后一个服务环节。客房服务员应认真做好这一环节的服务，给客人留下良好的印象。其主要程序和内容包括：

1. 行前准备工作

（1）准确掌握客人离店日期、具体时间，以及乘坐的交通工具。

（2）检查客人交办的事项是否完成。

（3）如有清早离店的客人，问清是否需要准备早餐、是否需要叫醒服务。

（4）问清客人是否需要行李搬运服务。如需要，问清具体的搬运时间及行李件数，及时通知前厅行李组，提前做好准备。

（5）提醒客人收拾好行李物品并仔细检查，切勿遗忘。送别团体客人时，要按规定时间将行李集中放到指定地点，清点数量，并协助行李组核实件数，以防遗漏。临行前，还应主动征求客人的评价意见。

2. 送别

客人离房时要送到电梯口，主动为客人按电梯按钮，协助行李员将行李送入电梯、放好。当电梯门即将关闭、载客离开时，面向客人，微笑告别，并向客人表示欢迎再次光临。对老弱病残客人，要护送下楼至大门或上车。

如客人因急事提前退房，委托服务员代其处理未尽事宜时，服务员承接后要做好记录，做好必要的工作交接，认真履行诺言，确保客人的需求得到满足。

3. 善后工作

（1）客人离开楼层后，服务员要迅速进房检查，检查是否有客人的遗留物品，设施设备是否有损坏，是否有物品丢失，是否有未入账的酒水饮料等付费品，如有发现要根据规定及时进行妥善的处理。

（2）做好客人离房记录，更新房态。

（3）如查房时，发现挂"请勿打扰"牌，应及时与前台收银确认客人是否已在前台办理退房。如客人仍在房内，等客人离开后再查房。

二、客房个性化服务

随着社会的发展,酒店仅提供常规服务并不能完全满足客人需求,因为这样只能满足大多数客人表面上的基本需求,而不能满足客人更深层次、尚未表达的个别需求。这是因为深层次的需求是即时的、灵活多变的,是规范化服务解决不了的。因此,客房服务必须站在客人的角度,根据客人的需求随机应变,在常规服务的基础上提供有针对性的、超常的、个性化的服务,以达到或超过不同住宿客人的期望。越来越多的酒店设置了具有个性化、针对性的对客服务项目,如四季、万豪、君悦等国际知名品牌酒店向客人提供24小时贴身管家服务。

(一)个性化服务定义

所谓个性化服务,即以顾客需求为中心,在满足顾客共性需求的基础上,针对顾客的个性特点和特殊需求,主动积极地为顾客提供个性化服务。这是对顾客采取"量体裁衣"的定制式服务。

个性化服务是一种因时因地因人因需求而异的服务,涉及内容十分广泛。个性化服务的效果往往取决于服务员的主动性。这就要求服务员发自内心地与客人进行情感交流,以强烈的服务意识去主动接近客人,了解客人,设身处地地揣度客人的心理,发现客人的需求,特别是隐性、潜在的需求,从而有针对性地为客人提供服务。

个性化服务需要让客人有一种被重视和尊重的感觉。个性化服务分为两个层次:第一层次是被动的,是由客人提出标准服务之外的其他需求,服务员来提供相应的服务。第二层次是主动的,是服务员主动提供有针对性的服务。如得知客人需要周边游时,主动提供周边游介绍或放置相应的参考资料。如日常观察发现客人每天只选用绿茶包,其他不选用,可以主动增加绿茶包,或将其他茶包都更换为绿茶包,等等。

(二)个性化服务内容

1. 灵活服务

微课 3-2

这是最基本的个性化服务,是针对不同时间、不同场合、不同客人,灵活而有针对性地提供相应的服务。概括地说,不管是否有相应的规范要求,只要客人提出合理的需要,酒店应尽最大可能去满足他们。因此,个性化服务要求客房服务员必须具备积极主动的服务意识,做到心诚、眼尖、心灵、腿勤、手快,灵活应变。例如,对过生日的客人主动送上生日祝福和礼品;对携儿童入住的客人主动提供儿童用品。

同时，更具灵活性的服务应该是让客人可以根据个人喜好来自行选择，给予客人更多的自主权。例如，客房温度通常设定在26℃，而长住客人喜欢23℃的环境，那么在日常服务中需要根据客人的喜好设定房间温度。如客人入住时，不喜欢服务员打电话进房间，要尊重客人的选择。如客人休息时，希望将遮光窗帘中间留出一条缝。这就需要细心的服务员发现、分析、判断，在夜床服务时提供让客人满意的服务，而不是一定要按照酒店的规定来提供服务。

2. 癖好服务

这是最具体、最有针对性的个性化服务。客人的需求千差万别，有些客人的一些需求或习惯十分独特，只需满足就是最好的服务。例如，以优质服务闻名于世的泰国曼谷东方酒店，会不遗余力地满足客人的需求。一次，美国纽约交响乐团访问曼谷。酒店得知该团的艺术大师朱宾·梅特酷爱杧果和蟋蟀，便派人遍访泰国乡村，为他找来早已下市的杧果。接着又不惜通过外交途径，弄到了不久前刚刚举行的蟋蟀大赛的录像带。如此服务，就不难理解为什么梅特一行106人，竟会谢绝曼谷其他高级酒店免费住宿的美意，而宁肯花钱下榻东方酒店了。

比如，有位时隔30年以后再次访问曼谷的英国客人，无意中讲出他愿意重温入住帐篷的乐趣。于是东方酒店送来一顶大帐篷，安放在这位客人带空调的房间里。这位客人十分满意。

客人的这些癖好可能涉及方方面面，这就需要服务员仔细观察，并做好客史记录，建立规范化的客史档案，并传递到各接待点以确保客人入住期间"投其所好"。对于客人首次出现的癖好，则可通过及时的灵活服务予以满足。

3. 意料之外的服务

严格来讲，意料之外的服务不是客人原有的需要，但由于种种原因而意外地变成了客人急需解决的问题。在这种情况下，雪中送炭式的个性化服务必不可少。该服务涉及内容包罗万象，如客人患病或受伤，贵重物品丢失，修鞋补裤，充当导游，以及提供无烟客房、客房用餐、商务秘书、旅游信息等服务。此时，急客人之所急，在客人最需要帮助时服务及时到位，其效果可事半功倍。这将会给客人留下深刻的印象。这就需要服务员能够根据环境、客史等事先预测客人各种各样的需要，并提前做出全方位的应对准备。

4. 自选服务

随着信息技术的发展，酒店的许多个性化服务可以通过电脑或其他客房服务终端来实现。比如，客人通过操作电脑、手机或语音控制等方式，定制客房产品与服务。比如，客人可以借助电脑、手机等查询账单、个人留言、节目点播、旅游推荐等。

同时，酒店会提供多种服务项目供客人选择，并根据客人需要更改定制内容及项目。这就需要酒店具备实施定制服务的各种硬件设施和软件。比如，酒店位于海边，客人可通过浮潜或深潜近距离观察珊瑚礁。

5. 心理服务

能满足客人心理需求的个性化服务都将为客人带来极大的惊喜。这要求客房服务员具有强烈的服务意识，主动揣摩客人心理，在客人提出要求之前为他想到并准备好。服务员只有把自己的感情投入到服务中去，重视客人的心理感受，真正把客人当作有血有肉的人，真正去理解、关心他们，才能使自己的服务更具有人情味，让客人倍感亲切，从中体会到酒店的良好服务。

思政园地

以人为本，以客为尊，卓越服务

因工作需要，刘先生准备在某酒店长住一年，该酒店规模不大，但一直因其优质的服务在当地颇有口碑。刘先生租用了一间大床房，也想切身体验酒店的服务。

刘先生入住时，楼层服务员黄女士为刘先生提供服务，黄女士详细询问了刘先生入住期间的需求，并做好了详细记录，比如更换乳胶枕、撤走睡袍、增加保温水壶等。黄女士均按照客人要求完成了更换。在后续的服务期间，黄女士发现刘先生一般是自己洗衣服、熨衣服，而且随身携带的衣物较多，因此主动在衣柜内增加了挂衣架，在室内增加晾衣架，并放置了熨斗、熨板。黄女士还发现刘先生喜欢在房间内吃水果，又在房间内放置了水果盘和水果刀。酒店提供的消夜点心中，刘先生只吃其中一款曲奇饼干，其他的都不动，于是黄女士在交接班记录中做好特别备注，提醒中班服务员注意客人的这个喜好。即便是黄女士休班的日子里，其他服务员也都很自然地做好了这些细节的安排……

刘先生每次回到房间，都有一种说不出的自然与愉悦，有家的舒适，更有家的便利和温暖。长住一年期间，刘先生也与楼层服务员结下了深厚的友谊，给予了服务员和酒店最高的评价。

以人为本，工作人员眼里、心里要始终装着客人，观察客人所需，想客人所想。以客为尊，工作人员要理解客人求关注、求舒适的心理，为客人做好各种细节服务。发自内心地为客人提供热情、耐心、周到、礼貌的服务，坚持不懈、始终如一地做好每一件小事，这就是赢得客人信任和忠诚度的密码，也是卓越服务的精髓。

（三）个性化服务要求

1. 态度到位

客人到酒店接触的服务员，尤其是第一位服务员的态度直接影响其对整个酒店服务的印象，并成为其评价酒店服务质量的重要因素。态度到位，要求服务员提供客房服务时必须重视客人，尊重客人，充分了解客人的心态和需求，并且想客人所想，急客人所急。态度到位，还要求服务员提供服务时态度要诚恳。美国喜来登酒店提出了"谦恭誓约"，即对于每位来到酒店的客人，服务员都应用眼睛正视客人，面带微笑，并且通过眼神向客人表达谢意。

2. 技能到位

服务到位必须有娴熟的服务技能技巧做保证，比如服务外宾，要求酒店服务员有较高的外语水平。服务技能技巧体现于酒店服务的各个方面和各个环节，如沟通能力、协调能力、投诉处理能力、语言表达能力、预见能力、记住客人的能力、排除客房设备简单故障的能力、分析客人爱好的能力等。只有具备这些能力，服务员才能较好地满足客人对酒店服务的期望，从而在实际工作中为客人提供良好服务。

3. 效率到位

效率到位体现在服务员对服务节奏的把握上。快节奏的生活，要求酒店客房服务响应快，效率高，减少客人的等待时间，提高客人的满意度。当然服务节奏快慢也要根据客人的实际要求来进行调整。

4. 方式到位

一般而言，酒店都有适合自己情况的一套服务模式，客人也有自己认可的服务方式。因此，服务方式到位就要求酒店尽量按客人习惯接受的服务方式提供服务。

5. 细节到位

高质量的酒店服务体现在细节。细节到位能给客人留下深刻的印象，为客人对酒店服务质量的高度评价打下较好的基础。比如，有客人肠胃不舒服时，服务员马上把一碗清淡的面条或稀饭送至房间；发现客人不喜欢羽绒枕时，主动为客人更换乳胶枕等。这些都是酒店服务细节到位的表现。

（四）个性化服务的保证

1. 利用客史档案为个性化服务提供条件和保障

客史档案是酒店为客人提供个性化服务的一个很好依据。信息化时代，客史档案本身就是一个信息库，记录了客人所有的消费情况，既包含常规共性的信息，比如姓名、年龄、职务等，还包含能让酒店更好地提供个性化服务的信息，比如客人的口味特点、消费能力、楼层偏好、酒水喜好，乃至于曾经的投诉情况，等等，都可以记入客史档案，作为酒店提供个性化服务的一个媒介或是载体。完善客史档案的各个方面，不仅便于酒店下次提供更加完美的服务，还可以杜绝因人员、环境等条件的变化而出现服务质量的波动和服务方面的空缺，让客人产生强烈的反差。建立客史档案有利于帮助酒店更好地了解市场动向、掌握客源结构、消费构成及客人对酒店的意见和要求。这样酒店才能适应市场变化的趋势，提高服务产品的针对性，提升客人满意度，从而实现酒店的长远发展。

2. 服务员要有强烈的服务意识

在日常服务中，客人有些个性化服务需求是直接表达出来的，但还有很多的个性需求并不是直接表达，而是客人在消费时，伴随着语言或者行为举止，在潜意识中流露或者隐晦地表达出来。例如，客人边打电话边掏口袋，这可能意味着客人需要笔来记录。服务员通过仔细观察发现后就应及时递上纸笔。这就要求服务员具有敏锐的观察能力，能迅速准确地捕捉到客人潜在的需求信息。而这种细致的观察力和行动力，首先要求服务员具有良好的服务意识。

3. 员工培训是做好个性化服务的关键

一线员工才是酒店个性化服务最主要的实践者。管理者要有意识地提高和培养员工的服务意识和服务技能，并加强对一线员工的培训。个性化服务要求员工既要掌握客人共性的、基本的、静态的和显性的要求，又要分析客人个性的、特殊的、动态的和隐性的需求。服务员的服务意识和敏锐的观察力并不是与生俱来的，而是需要经过不断的培训和引导。只有这样，其服务水平和服务质量才能得到更大程度的提升。

拓展阅读 3-6

> **案例 3-4**
>
> 搬走的顾客
>
> 某酒店一位张姓的常住客人，最近突然从本酒店转到对面的一家酒

店。客房部经理知道后，亲自去拜访客人，问其原委。这位客人说："你们的服务员每次都只会简单地重复'您好，先生！'入住这么长时间以来，这句话听了无数次。而这家酒店，我每次碰到服务员，每次都能听到不同的话语，比如'早上好，张先生！''张先生，房间还是额外加两瓶水，对吗？''张先生，明天有雨，请记得带伞，祝您晚安！'……这每次都让我心情舒畅。"

点评："您好，先生！"对初来乍到的新客人来说，是一句很礼貌的问候语，也是一句标准的问候语，但是对常住客人来讲，却显得陌生和疏远。称呼客人的姓氏、记住客人的喜好，对客人来讲是一份惊喜，也是一份尊重。

三、客房 E 管家服务

近年来，随着消费需求的变化，酒店业的服务供给面临挑战。传统的酒店手册、菜单、客房电话等，对于很多客人而言，已经是一个"孤独的摆设"，不能满足其越来越碎片化、多样化、个性化的消费需求。面对已经"数字化"的客人，需要在酒店场景中切入其数字化旅程，将酒店设施服务与客人的数字消费更加自然地融合，因此催生了智慧酒店、智能客房，客房 E 管家服务也应运而生。所谓客房 E 管家，就是客房智能管家（也被称为数字客房智能管家、客房信息化管家、客房服务管家、虚拟私人助理等）。它是酒店智能管理系统的一部分，融合了智能家居、AI 智能、物联网等多种功能，专注于酒店客房的数字化服务，通过智能交互语音等方式，实现智能自助化服务。这为酒店带来高科技、高体验、高竞争力的同时，也将让客人用最酷炫的方式"玩转"酒店。

（一）客房 E 管家终端配备

不同酒店使用不同的智能化管理系统，相应的客房 E 管家终端配备均不相同。一般常见的客房 E 管家终端配备有以下 5 种。

（1）客房终端。一般每个房间都会配备一个智能终端设备，如智能音箱、平板电脑、AI 智能终端或指定的智能系统配套终端等。如上海佘山世茂洲际酒店客房配备百度 DuerOS 的小度在家（酒店版）智能音箱；杭州西轩酒店、三亚威斯汀酒店等使用天猫精灵。

（2）客人终端。常见的客人终端一般有手机 App、微信小程序、微信公众号等，客人可通过终端自行选择服务项目。

(3)员工端和业主端。员工端和业主端，一般使用手机 App、微信小程序、网站或者其他端口等终端来针对客人进行服务设计，具有服务回应、数据存储等功能。通过终端，服务员可清楚地知道客房状态及客人的需要。

(4)送物机器人。主要为住店客人运送小件物品。

图 3-5　送物机器人

(5)配套通知设备，如语音播报打印机等。

(二)客房 E 管家功能

目前常见的客房智能管家，主要功能有以下三个方面。

1. 客房服务管理

客人可以通过自助终端进行酒店业务咨询，预订酒店餐位、会议室、用车等，以及送物、打扫房间、叫醒、客房送餐等各种客房服务，甚至外卖、旅行等周边服务。

比如智能系统可以对酒店管理人员和前台、客房服务中心、工程部等工作人员开放，远程控制客房设备，接收来自客房状态、服务请求等方面的一切信息，快速响应客人要求。同时也能够实时记录客人请求服务及服务响应的时间，并进行客房服务的数据统计和分析，提高酒店的管理水平和服务质量。

2. 客房智能控制

客人可以通过语音控制、手机操作、触屏控制等方式，一方面可以实现智能产品的控制，如开关客房电视、灯光、空调、窗帘、电视调频、灯光调整、空调调温等；呼叫客房服务，如"帮我送瓶水""帮我送双拖鞋"等。另一方面还能定制个性化场景，如清晨模式、浪漫模式、阅读模式、静音模式等，可任意切换。

3. 自助查询、办理

客人可以通过自助终端办理多种业务，比如查询账单、一键退房、在线续住、预约发票、评价建议等，还可以进行百科信息的查询与服务定制。

（三）客房 E 管家的作用

客房 E 管家的存在一定程度上打通了客房清洁、房态更新、采购、维修、计件等环节，实现了去中心化、移动化、无纸化作业调度，覆盖客房管理全业务，重新定义了酒店房务管理标准操作程序。从客房服务与管理角度来说，主要作用体现在以下方面。

1. 提升入住体验

在智能客房时代，办公、出游、点餐、睡眠、出行助手等服务均可以由客房 E 管家提供。客房 E 管家的存在犹如一位贴心、睿智的侍者，随时随地为客人提供贴心服务。客人入住期间尽可以放松自己，体验舒心的环境，享受科技带来的便利。

2. 提升服务品质

客房介绍、开关窗帘、送物、叫醒等简单且重复的服务，均可以通过 E 管家进行，不需要电话联系服务员或与服务员当面协调。这样既能第一时间解决客人的问题，又能提高客房服务人员的工作效率。这样不仅提高了酒店的智能化程度，而且自动化任务系统让服务流程变得更加规范便捷，进而大大提升了客人的满意度。

3. 减少酒店运营成本

随着简单、重复性工作由智能设备替代，人工服务需求量相对减少。同时自动化流程设计让服务更快捷、更便利，运营方面更顺畅，酒店在服务升级的同时，人工成本等运营成本也大幅降低。

4. 精准营销，增加酒店收入

通过数据沉淀来分析客人喜好，精准营销，有针对性地为客人提供服务，提升客房消费能力。同时还可以通过提升客人的入住体验与客房服务，提升客人的"复住率"，从而增加酒店收入。

随着 AI 技术、物联网技术的发展，酒店智能化升级已经成为刚需，客房 E 管家将成为未来客房的标配。目前客房 E 管家服务仍处在探索阶段，未来将会有较大的发展空间，并且将会有更多更新的服务方式出现。

任务二 客房服务质量管理

一、客房服务常见问题处理

服务质量是一个综合性概念，任何一个服务环节都会影响客人的体验和满意度。如果服务员处理得当，就可以提升客人的满意度。相反，如果处理不当，则可能引起客人投诉。在对客服务过程中，常见的问题类型大概可以划分为两类：一是常规问题，如房间挂 DND 牌、客人外宿、重房、房门不能正常打开、房间未及时清洁等；二是特殊问题，如客人醉酒、受伤、生病、房间设施设备故障等。不管是哪类问题的处理，都需要标准化流程与个性化处理相结合，同时应灵活应对，以保证对客服务质量。

（一）常规问题列举

因酒店客房常规服务问题涉及面广，内容繁杂，各酒店在处理流程方面大同小异。下面只对部分常见问题进行简单列举，不再一一赘述其处理规范。

表 3-9　客房常规问题列表

常见问题描述
1. 清洁住客房时，客人中途回来
2. 打开房门后，发现客人还在房间内休息
3. 房门上挂"请勿打扰"牌
4. 查房时，发现客人外宿，或发现房间少行李或无行李
5. 整理房间时，发现大量现金或贵重物品
6. 客人退房后，有物品遗留在客房
7. 客人未带房卡或房卡失效，无法进入房间
8. 客人有访客，但客人不在房间，访客要求为其开门
9. 客人到达楼层后，发现重复开房
10. 客人反映房间卫生问题，物品配备不够，或要求增加物品配备等

续表

常见问题描述
11. 客人回房后，发现未及时清洁；或客人入住时，未完成房间清洁
12. 服务员意外损坏客人物品，或无意中丢弃客人物品
13. 客人损坏酒店设备、用品，或带走酒店物品（非一次性消耗品）
14. 客人提出更换房间
15. 客人要求对房间进行无烟处理
16. 客人对设施设备不满意，或设施设备不能正常使用
17. 客人反映洗衣送错，或洗衣有损坏
18. 客人要求代买物品、药品，代办事项
19. 客人声称房内物品丢失
20. 服务员对于客人的咨询不熟悉，不能准确地给予回应
……

（二）特殊问题处理

1.VIP 宾客服务

VIP 宾客是指酒店客人中，有较高身份、地位或因各种原因对酒店有较大影响力，在接待中应得到酒店较高的服务礼遇的客人。对贵宾的接待，从客房的布置、礼品的提供到客房服务的规格标准，都要高出普通客人，并使其感到酒店对自己确实特别关照。

（1）服务内容

客房部接待贵宾要提前做好充分准备，并高标准做好迎接、住店、离店等各环节的服务。

表 3-10　某酒店接待 VIP 宾客服务流程与规范

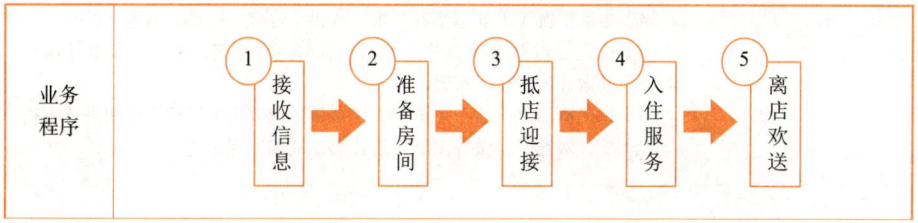

续表

业务规范	步骤1	（1）客房服务中心服务员接收到VIP宾客入住通知单后，应立即通知客房部经理、楼层领班做好VIP宾客接待的准备工作 （2）客房部经理督促楼层领班、文员和客房服务中心服务员了解VIP宾客等级，熟知宾客信息（人数、姓名、职务、单位、抵店日期、行程安排、离店日期、喜好与禁忌等）
	步骤2	（1）客房部根据VIP宾客身份为其选择恰当的房间，将房间号通知前厅部 （2）楼层领班按VIP宾客身份及喜好与禁忌，配备相应级别的欢迎物品（欢迎信、联络单、鲜花、果盘、报纸、纪念品、甜点、酒水等） （3）客房部管理人员检查VIP宾客房间设施设备，确保完好有效，全面清洁房间，保证房间卫生干净、整洁 （4）客房部配合酒店质检人员、前厅部经理、总经理（或指派人员）对VIP宾客房间进行检查。如有问题立即进行补救，保证在宾客抵店之前完成 （5）客房楼层领班做好欢迎VIP宾客的准备（按VIP宾客人数准备欢迎茶、欢迎香巾）
	步骤3	（1）客房管理人员应提前10分钟在VIP楼层电梯厅迎候，做好欢迎准备，随时与前厅人员保持联系，了解VIP宾客行踪 （2）VIP宾客到达VIP楼层后，客房管理人员应面带微笑，微微鞠躬，使用敬语主动向宾客问好，引领宾客至房间 （3）客房楼层领班在宾客进入房间1分钟内，为VIP宾客送上欢迎茶、欢迎香巾，退出房间时应说："如有什么需要，请拨打客服电话，我们很乐意为您服务。祝您入住愉快，再见。"然后退出客房
	步骤4	（1）VIP楼层服务员和客房服务中心服务员，应熟记VIP宾客姓名、职务或其他尊称，使用带有姓氏和职务的称谓称呼VIP宾客，并准确及时地回答宾客的问题，满足宾客需求 （2）楼层服务员随时关注VIP宾客行踪。VIP宾客外出时，须立即通知客房部经理及客房服务中心，向相关服务部门通报VIP宾客信息，以便协调服务工作 （3）根据VIP宾客的行程安排与起居情况，优先安排清洁。每次VIP宾客离房均须做房间小整 （4）主动挖掘VIP宾客潜在需求，提供个性化、感动式服务 （5）优先提供开夜床服务，水果、酒水随时补充，毛巾、布草随用随换，并做好创意夜床布置 （6）每次清洁完毕后，须由VIP楼层领班或客房部经理对房间进行检查 （7）配合保安部，做好VIP宾客住店期间的安保工作

续表

业务规范	步骤5	（1）接到VIP宾客退房的通知后，客房部经理亲自到VIP楼层电梯厅迎候，准备欢送VIP宾客，控制电梯停于VIP楼层 （2）VIP楼层领班在VIP宾客房间门前站位，待VIP宾客出房后，引领宾客至电梯厅 （3）VIP宾客进入电梯，客房部经理及服务人员面带微笑，微微鞠躬，向其礼貌道别 （4）道别宾客后，客房服务员应及时回房间检查。发现遗留物品，应尽快设法交还 （5）VIP宾客离店后，客房部经理及相关服务人员立即收集VIP宾客生活习惯，并完善客史档案
相关说明		

（2）VIP宾客服务技巧

①及时准确，传递到位。保持信息传递的畅通和及时准确，是做好对客服务工作的重要环节。客房部一方面要保持与前厅部的有效沟通，确保酒店传达给本部门有关VIP宾客接待信息的及时准确；另一方面也要对接待单进行认真研究，将有关信息和接待服务要求及具体措施传达到本部门有关人员，确保相关服务员领会和掌握服务要求，确保VIP宾客服务工作的顺利开展。

②关注细节，精益求精。服务是否周到主要体现在细节。在接待服务过程中要特别注意细节服务，做到精益求精。如给VIP客房选用新的棉织品、规整的客房印刷品及其他用品，将电视机频道提前调整到客人的母语频道。根据VIP宾客喜好，选择物品摆放方位。若晚上抵店，则应提前做好夜床服务等。

③有效提供针对性服务。客房部管理人员在接到VIP宾客服务任务后，应认真查看客史档案和接待通知单，根据客人的习惯和偏好提供个性化的针对性服务，并根据VIP宾客档次和接待工作的具体要求，提供必要的定制化服务。同时要求服务人员在工作中细心观察，及时记录客人的生活习惯和爱好特点，为提供针对性的个性化服务积累有效信息资料。

④周到适度。在接待服务VIP宾客时要求比接待服务一般客人更为细致体贴，但过犹不及，容易给客人带来更多的打扰和不便，因此要掌握尺度，恰到好处的服务最为有效。

⑤注重礼仪，做好安全保密工作。客房服务中心及楼层服务员要牢记客人的姓名，接听电话、遇到客人时均用姓氏、职位来称呼客人。平时密切关注楼层情况，协助安保人员做好安保工作，并注意为住店VIP宾客保密。

⑥协助前厅部选好客人用房。前厅部在为VIP宾客选房过程中，要与客房部积极沟通。客房部应及时将客房状态告知前厅部，为前厅部为其选房、排房提供帮助，确保为VIP宾客能选择最合适的房间。

2. 客人醉酒

醉酒客人的破坏性较大，轻则行为失态，大吵大闹，随地呕吐；重则危及生命及客房设备，酿成重大事故。对醉酒客人的服务，既要耐心、周到，又要注意安全，包括客人的安全、酒店的财物安全和员工自身的安全。客房服务员在为醉酒客人服务时，应做好以下几个方面的工作。

（1）及时发现醉酒客人

①当服务员发现客人在房内不断饮酒时，应特别留意客人动态，并通知领班。在适当情况下，与其他服务人员或领班借机进房查看，但切忌单独进房。

②客房服务人员在楼层发现有醉酒客人时，首先应证实其是否为住店客人。若证实其为外来人员，应请其离开，或通知安全部人员将醉客带离楼层，并控制醉客的行为。若是住店客人，应立即报告客房部管理人员和保安部，要求保安部加强关注，并请同事帮忙，安置客人回房休息。客人醉酒时，一般应安排多位同性服务员协助客人进入房间，不可单独扶客人进入房间，或帮其解衣就寝，以免客人酒醒后产生误会。

拓展阅读 3-7

（2）及时安置客人

①若客人已饮酒过量，难以自理，但尚清醒，应扶客人上床。征求客人意见后，为其准备好茶水（或蜂蜜水）、面巾纸、垃圾桶等物品，并将物品摆放在床头柜、床边等处，以方便客人使用。如客人酒后呕吐，服务员应及时清理房内地毯。

②安顿好客人休息后，房间要留灯，如夜灯或廊灯，然后轻轻退出房间，关好房门。

（3）注意客房动静

①将客人安置好后应密切注意房间的动静，以防客人醉后失态造成酒店财产损失，或使客人生命面临危险等情况发生。

②对因醉酒而大吵大闹的客人要留意观察，在不影响其他客人的情况下一般不予以干涉。但若发现客人因意识不清而有破坏行为时，则应通知保安部、大堂副理处理。若已造成设备物品损坏，应做好记录，等客人酒醒后按规定赔偿。

③通知大堂副理，同时通知医务室医生前来检查，或拨打急救电话送医，以保证客人安全。

④若遇到客人倒地不省人事或发现有发生意外的迹象，如酒精中毒等，应及时通知医务室医生救助。醉酒客人纠缠不休时，要机警应对，礼貌回避，必要时可请求保安部帮助。

（4）做好工作交接

在"服务员工作日报表"上填写醉酒客人房号、客人状况及处理措施，并及时告知接班服务员关注醉酒客人情况。

3. 客人生病

如遇到住客生病，服务员应给予特殊关照，并体现出同情、关怀和乐于助人的态度，使客人感到温暖和满意。

（1）服务员发现客人得急病时，应立即向部门主管、经理汇报，并说明具体地点。主管、经理接到报告后，第一时间赶赴现场。如情况紧急，应立即打120急救中心电话，并通知大堂副理、值班经理和医务室医生。出现客人休克或其他危险情况时，应立即报告上级。服务员不得随意搬动客人，不得擅自给病人服药，以免发生意外。

（2）如接到客人需要就诊的电话，应询问客人姓名、房号、性别和病情。若是一般疾病，请客人自己去酒店医务室就诊，并告知客人医务室地点、电话号码。如客人行动不便，服务员应通知酒店医生到客房来为客人诊治。没有驻店医生的酒店，应征询客人意见是否去医院。同时，做好记录（从发病开始，每天做好护理记录）。

（3）如发现客人患的是传染病，在送病人去医院后，应立即封闭客房。通知医务室或卫生防疫部门对客房进行全面彻底的消毒处理。凡在本区域接触过病人的工作人员应在一定时间内进行体检，防止传染病扩散。

（4）客房服务中心对客人生病情况进行交接班，以便对客人做好针对性服务。楼层主管应代表酒店送鲜花慰问客人，祝客人早日康复。必要时客房部经理应亲自到客房向客人表示慰问。

（5）服务员应随时留意房内动静，适时进房间观察，并询问客人有无特别要求。必要时协助客人联系亲朋好友，提醒客人用药，推荐合适食品等。客房服务尽量以必要服务为主，避免长时间逗留客房，打扰客人休息。

4. 客人受伤

客人受伤主要是指客人在外部（如下雨、卫生间地面湿滑、洗澡间水温失衡、惊慌失措等）条件影响下，滑倒、摔倒、烫伤、割伤等，对身体部分造成轻度伤害或重度伤害。

（1）不论是客房服务员发现的，还是客人报告的，客房服务员均应及时对客人表示关切，并且报告上级。

（2）保安部当班主管应立即协同大堂副理到场查看客人伤势情况，并安抚客人。

（3）如果客人是轻伤，应立即安排酒店医生到场为客人进行医疗处理。根据客人伤势情况，由医生向伤者提出合理化建议，如需到医院治疗，由前厅部大堂副理安排专人陪同客人前往。如客人在夜间受伤，由前厅部派人陪同客人打出租车前往医院治疗。

（4）如果客人是重伤，由大堂副理立即通知酒店医生到场为客人进行简单医疗处理，同时拨打120急救电话，并安排酒店人员陪同就医。

（5）根据情况需要，安排人员慰问，并协商后续事宜。

5.客人死亡

（1）服务员一旦发现客人在客房内死亡，应立即通报楼层主管和部门经理，通报时说明发现的时间和地点，并保护好现场。注意保密，并保持冷静，不得大呼小叫或随意告诉任何人，特别是住店客人。

（2）主管以上管理人员接到报告后第一时间赶赴现场，并立即通知保安部经理、医务室医生、大堂副理和值班经理。

（3）由部门经理和保安部经理向驻店经理、总经理报告。

（4）协助保安部和公安人员的调查问询工作。

（5）遗体运出后，立即将客房封闭，等保安部通知后才可进入此房。

（6）通知医务室对此房进行全面消毒处理。

（7）将整个处理过程进行记录。

6.客房设施设备出现故障

酒店在任何时候都禁止将设施设备出现故障的客房租给客人。如果客人在住宿期间，设施设备出现故障，客房服务员应及时做好服务工作，以免影响客人使用和对酒店服务质量的评价。

（1）客房服务员在工作过程中发现客房设施设备出现故障，应立即告知客房服务中心通知维修人员进房维修。如客人反映房间设施设备无法使用，服务员要立即到房间实地检查，如确认是自己不能解决的故障，应在第一时间汇报给客房服务中心，向客人道歉，在征得客人同意后，马上通知维修人员进房维修。

（2）客房服务中心通过电脑系统或电话通知工程部。工程部在接到维修通知后10分钟内安排维修人员到达现场。客房服务员根据实际情况，为工程维修人员提供必要的服务，如开房门、撤客房用品、对地毯进行保护性覆盖等，并随时关注维修进展情况，及时做好和客人的沟通。

（3）维修人员根据设施设备情况确定维修时间。当确定不能在短时间内将设备设施恢复到完好状态时，如果是住客房，客房服务员则应立即为客人换房，必要时可为其免费升级房间。走客房可设置为维修房态（OOO）。

（4）客房服务员、领班、主管应每天检查待修房，并督促工程部，使检修工作正常进行。在出租率较高时，需要及时掌握维修进度。一旦维修完毕，客房服务员应对维修结果进行检查，确保设施设备故障已修复，然后按清洁规程认真地进行清洁、检查，并及时修改客房状态，将"OOO"改为"OK"，以方便房间出租。

7. 客人挑剔、脾气急躁

（1）为这类客人提供服务时，服务员一定要细心、有耐心，态度温和、友善，在不影响酒店利益的情况下，尽量满足他们的合理要求。比如，刚刚打扫好的房间，客人说卫生间不整洁或床单不干净，要求重新清理时，服务员无须解释，应愉快答应，并当着客人的面再次进行清洁和更换。

（2）本着"客人永远是对的"原则处理客人意见，对客人提出的意见一定要认真听取，虚心改进。如果是客人一时的误会，服务员也不要急于辩解，要耐心等客人把话讲完，再与客人进行有效沟通。不能讲气话、急躁语等，注意语气语调和说话态度，以取得客人的谅解，并向客人表示感谢。

（3）脾气急躁的客人往往在情急的时候会开口骂人，即使此时客人的态度再差，只要其言行没有严重越轨，服务员就一定要保持冷静，耐心听取客人意见，真诚地检查自己工作的不足之处。等客人平静后，再解释并道歉。在任何情况下都不能与客人争吵。如果服务员已经尽了最大努力，仍无法平息客人的怒气，应及时向上级管理人员汇报，由上级管理人员出面解决。

8. 客人提出不合理要求

在对客服务过程中，客人的不合理、不正当的要求是不能给予满足的。服务员要学会委婉地拒绝客人。当要求被拒绝时，客人的内心一定会失望和产生不快，服务员如果处理不好，会在很大程度上影响客人对酒店的满意度和评价。因此，掌握委婉拒绝的技巧和方法对服务员来说也是非常重要的。

（1）沉着冷静，心态平和

服务员面对客人的无理要求、有意刁难等，一定要有良好的自控能力，沉着冷静，心态平和，以"温和而坚定"的态度给予回应，避免硬碰硬地处理问题。

（2）注意语言技巧

客人的要求有一定的合理性，但受条件的制约和限制，无法满足其要求时，服务员应当先向其表示同情，然后委婉拒绝："您提的要求是可以理解的。让我们想想办法看，一定尽力而为。"

服务员在原则性、敏感性问题上，态度上应当明确、坚决，不得违反酒店规定。服务员应当体现出自身的职业修养，有礼有节。比如，可以说："非常抱歉，我们只允许这样做。"

借他人之口说"不"，比直接拒绝客人更容易让客人理解，也不失客人的面子。

（3）注意服务技巧

提供客房服务时，保持房门敞开；在服务过程中，注意观察客人情绪、喜好，以提供有针对性的服务；必要时可请求上级的帮助。

案例 3-5

被扔掉的藏品

某晚服务员在为 8236 房间做夜床服务时，把所有的垃圾都收走了。晚 22：02 张先生回房间后向服务员反映，他花费了好长时间才收藏的一只可口可乐瓶子被当垃圾收走了，这引起了张先生的极度不满。服务员第一时间向客人道歉。随后服务员与主管一起去垃圾站，逐一翻找垃圾袋，终于找回收藏品，并和值班经理一同送到客人房间，再次向客人赔礼道歉。同时，为张先生做了升级服务，以消除他的不满。

点评：客房服务要为客人提供整洁的住宿环境，更要营造一种舒心、放松的"家"的氛围。这就要求服务员在日常工作中用心留意客人的一切信息，关注客人的喜好、习惯等。只有这样，才能提供更加符合客人喜好的服务。

二、客房服务补救及投诉处理

为客人提供完美的服务是酒店的追求，但服务的特性决定了失误不可避免。在酒店服务中，任何一个环节、一个细节处理得不够恰当，都可能会引起客人的不满，甚至投诉。所以当发生服务差错时，酒店应根据客人重视的损失（如金钱、时间、心理、名誉等）及时采取有效的补救性措施，对于已经出现的客人投诉，能够正确、及时处理，以避免客人与酒店之间关系的破裂，并努力将客人的不满意转化为满意，甚至成为酒店的忠实客人。

（一）服务补救

服务补救，是指酒店在向客人提供服务出现失败和错误的情况下，对客人的不满和抱怨当即做出的补救性反应。其目的是通过这种方式，重新获得客人的满意和忠诚。

服务补救也可定义为酒店在第一次服务失误后，为留住客人而立即做出的带有补救性质的第二次服务。第二次服务可以与第一次服务同质，是第一次服务的重复，也可与第一次服务异质，是第一次服务的延伸或转变。

1. 服务失误

服务补救是因为存在服务失误。再优秀的酒店，也不可能完全避免服务失误。服务失误的产生一般来说有四个方面的原因：酒店系统故障、服务员工的错误、客人自身原因、客人与酒店对同一服务理解差异。当服务失误发生时，往往会给客人带来两方面的影响，一是服务的结果无法满足客人的实际需要；二是给客人带来精神上的伤害，使客人对酒店产生不好的情感认识。对酒店而言，最终结果是客人的流失。

因此，当服务出现失误时，不应过分关注失误出现的原因，应主动承担服务失误的责任，并采取措施进行补救，让客人满意。服务人员对酒店的愿景、战略和服务观念越认同，服务补救的效果就会越好。

2. 服务补救与投诉处理

服务补救不等同于客人投诉处理，两者有着明显的差别。

（1）服务补救是实时的、及时的，投诉处理是事后的。客人投诉一般是服务过程结束后的结果，而服务补救则必须是在出现服务失误的现场。如果等到服务过程结束，那么，服务补救的成本将会急剧上升，补救效果也会大打折扣。

（2）服务补救是主动的，客人投诉处理是被动的。投诉处理是服务发生之后的应对，服务补救要求服务提供者主动发现服务失误并及时采取措施解决失误。

（3）服务补救是一项全过程、全员性质的管理工作。投诉处理是部门性、阶段性的管理工作。酒店可授权一线员工在服务失误发生的现场及时采取补救措施，而不是等专门人员后期来处理客人的投诉。

3. 服务补救方法

洲际酒店曾提出服务补救的五个要点：建立让客人发泄不满的渠道；授权员工，确立服务补救安全边界；道歉、争取理解是服务补救的起点；紧急行动解决问题是服务补救的核心；提供补偿使客人满意是服务补救的关键。

（1）建立客人投诉渠道。服务补救的关键是及时了解客人的不满，可以通过满意度调查、客人电子邮箱等途径鼓励和追踪客人的抱怨。很多客人到店并不了解这些途径，有建设性意见却不知如何提出，酒店可以通过鼓励客人提出意见的方式来告诉客人投诉途径。

（2）给一线员工适当授权，以增强员工服务补救的主动性和责任感。酒店一线员工和客人的距离是最近的，因此一线员工最容易发现客人的不满。酒店适当授权，可以增强员工的责任感，提高其工作的主动性、积极性和创造性，使其能够迅速、及时地解决客人的问题。在服务失误发生现场及时采取补救措施，在力所能及的范围内迅速解决客人的问题，而不是等管理人员来解决，从而错过最佳的补救时机。同时，通过积极的补救也能给客人留下良好印象，以促进酒店的良好持续发展。

在著名的丽思·卡尔顿酒店，所有员工都被授予2000美元处理紧急问题的权利。当员工遇到问题时可以自己决定采取何种方式，来取悦一位不满意的客人，因此丽思·卡尔顿酒店的客人满意度及忠诚度一直名列前茅。这与员工拥有能够灵活处理问题的权利有着密不可分的关系。

（3）树立服务补救意识，加强员工培训。酒店管理人员应向员工传递服务补救的重要性和其独有的意义，让员工明白服务补救能为酒店及员工带来的益处。工作中出现服务失误不可避免也不可怕，只要通过积极的服务补救仍可重新得到客人的认可和肯定，仍可以为酒店树立良好的服务形象，为酒店带来忠诚的客户，会给酒店带来更高的收益，给员工带来更多的正面评价。

同时，为避免和减少服务差错，应加强员工的业务能力、服务态度、人际交往、突发事件处理等方面的培训。这些直接影响客人对服务质量的感知、满意度及服务补救的效果。通过培训让员工掌握发生问题时如何寻找和使用客人期望的解决办法，如何倾听客人诉求，关心服务失误对客人造成的损失，并且给客人真诚道歉，勇于承认错误，从而让员工提升服务能力和服务技巧，能够做好服务补救工作，提高客人满意度，以达到预期的补救效果。

（4）及时进行服务补救，尽快解决问题。一旦出现服务问题，应果断地采取补救措施，尽快解决问题。这样做的优点在于：表现出酒店解决问题的诚意，让客人感觉受到尊重，防止客人的负面渲染对酒店造成更大的伤害，将损失降到最低。通过二次服务，给予客人重新评价酒店服务的机会。如能有效地补救仍可使客人满意，以实现客人的忠诚，最终实现利润的持续增长。

（5）建立服务补救档案，提高服务质量。对于酒店采取的各种服务补救措施、处理方法，应建立服务补救档案。这样一方面对服务补救进行跟踪，持续性记录和评价，达到进一步改善服务系统的目的；另一方面通过对服务补救的管理，可以发现自身服务和管理中存在的问题，为酒店提高服务质量提供有效的参考信息。酒店各部门管理人员可充分利用这些信息，总结经验，以提高和改善服务质量。

（二）投诉处理

服务失误产生时，如没有服务补救或服务不到位，则可能产生客人投诉。投诉产生后，追究其原因已经不再重要，重要的是该如何正确看待、面对客人的投诉，该采取怎样的措施来有效地解决客人的投诉。

对于酒店而言，争取和留住客人都是不容易的事。如果不能正确对待客人的投诉，不能及时有效地处理客人的投诉，让客人因不满而离开酒店，真正受损失的还是酒店。因为，客人投诉的本质是存在对问题予以解决的期待。如果客人不存在这种期待，就不会投诉，以后也不会再光顾酒店。

1. 正确对待投诉

（1）重视投诉

顾客就是上帝。酒店对于客人的投诉，要给予足够的重视。要理解客人投诉背后的需求，设身处地地为客人着想，及时查明原因，改善服务，真诚地帮助客人解决问题，尽可能使其满意。只有这样，才能消除客人的不满情绪，重新赢得客人的信任和好感，改善客人对酒店的不良印象。

（2）正面投诉

对于投诉，要有这样的认知：客人的投诉能够帮助酒店发现工作中存在的漏洞与不足，帮助酒店改进工作的方式和方法，提高服务质量，提升客人满意度。

2. 正确处理投诉

投诉处理的基础是立场客观，态度友善，情绪稳定，关键是及时，核心是恰当的方法技巧，最终目的是服务质量的提升。

（1）认真倾听

客人现场投诉时，应礼貌地请客人就座，提供一些茶水，请客人慢慢说明事情的原委及要求。如果客人的情绪比较激动，可以请客人到比较偏僻的地方落座，安抚客人的情绪，并倾听客人的需求。

在接受投诉时一定要认真倾听，倾听时要保持与客人目光的接触，要边听边点头附和，要对客人表示理解和同情。一定要耐心听完客人讲述的事情经过，其间不要进行任何解释。

（2）适时询问，做好记录

不论事情大小都要认真做好记录，并将内容复述一遍，以得到客人的确认。如果客人是电话投诉，注意接听电话的礼节礼貌，要做到认真倾听，并对客人表示理解和同情。要边听边记录，等客人讲完后复述一遍。如果客人是通过客人意见书或密函等方式投诉，酒店接到投诉后，应立即与客人取得联系，具体处理方法和措施与其他投诉途径基本一致。

（3）提出可行的解决方案

在处理时可以先征求客人的意见，把将采取的措施和所需时间告诉客人。如果双方意见相左，要心平气和地与客人协商，但要注意不能做任何不切实际的承诺。如果涉及其他部门，应尽快与相关部门取得联系，尽快帮助客人解决问题。如果客人始终不满意或涉及权限问题，应及时报告上级管理人员，由其处理。

（4）及时反馈

投诉处理完毕后，应及时跟进回访，主动了解客人对处理结果的反馈信息，确认投诉处理的效果。

（5）存档

做好每位客人投诉档案的管理工作，要定期进行分类、分析，总结经验，以防类似投诉的再次出现。

案例 3-6

半卷卫生纸

一位日本客商刚刚住进某酒店客房一会儿，客房部便接到他从房间打来的电话，客人要求派人去其房间。服务员小陈前往，来到客人门前轻轻敲门。只听客人大喊一声："进来！"小陈轻轻推开房门。不料，一卷卫生纸突然朝她脸上飞来。不偏不倚，小陈被卫生纸打个正着。小陈顿时愣住了。她定睛一看，客人怒容满面，非常生气。原来他刚跨进卫生间就发现卫生纸只有半卷，顿觉受了慢待，便大发脾气。

小陈捡起卫生纸，心想这是清洁员粗心造成的，忙向客人道歉："对不起，先生，这是我们的工作失误。我马上为您更换。"小陈回到工作间，心生委屈，但她很快冷静下来。她一手拿着一卷完整的卫生纸，一手端着一盆鲜花，带着笑容，重新跨进这位日本客商的房间。她将鲜花与卫生纸分别安放妥当。

后来，这位日本客商也自知有错，向服务员小陈道歉，对她良好的服务态度给予了高度的评价，并成为长住客。

点评：客人对酒店服务的不满意，是对酒店不满意，而不是简单地针对某件事、某位服务员。但每位员工的服务都代表了酒店。在客人不满的情况下，谁是过失责任人，这并不重要，重要的是，现场服务人员能够负起责任，及时补救。

三、客房服务质量控制

服务质量控制就是管理者通过日常的计划、检查、监督、培训、考核、评估、激励等一系列管理活动对员工进行有效的管理,使其提供符合客人需求的服务,以提高客房服务质量。

(一)制定对客服务质量标准

在确定服务模式和服务项目的基础上,应制定每个项目的服务质量标准。这些标准是客房部为客人提供标准化服务的依据,也是提供个性化服务的参考。对客服务质量标准主要涉及以下六个方面。

1. 服务态度与服务语言标准

这是指服务员提供面对面的服务时所应表现出的态度和举止礼仪,以及所必须使用的标准化语言。如服务员须实行站立服务,接待客人时应面带自然微笑,用普通话说"欢迎光临"。

2. 服务效率与服务技能标准

这是指服务员在完成服务工作时应达到的时效标准和技能标准。如一名客房清洁员应能在 30 分钟左右完成一间客房的标准清洁。

3. 服务工作与服务程序标准

这是对服务环节根据时间有序排列的要求,以及在各环节工作的具体标准。如清洁客房流程中,要求抹布分开使用,走客房布草一客一换。

4. 服务设施用品与服务状态标准

这是对客人直接使用的各种设施和用品的质量、数量和使用状态的标准要求。如客房应提供迷你吧服务,提供至少 15 种食品、饮料等。

5. 服务规格标准

服务规格标准指酒店对各类客人提供服务所应达到的礼遇标准。例如,不同等级的酒店会员有不同的欢迎果盘。

6. 服务质量检查和事故处理标准

服务质量检查和事故处理标准是针对前述服务标准的贯彻执行结果所制定的检查和处罚标准,也是酒店服务质量的必要构成部分。发生服务质量事故,酒店一方面要有对员工的处罚标准,另一方面也要有事故处理的程序和对客补偿、挽回影响的具体措施。

(二)建立服务质量责任制

服务质量责任制就是在岗位责任制的基础上,进一步明确员工为保证服务质量应承担的职责,应遵循的服务程序和服务标准。建立质量责任制必须

按岗位分别制定,使客房服务质量工作落实到岗位和个人,使每名员工都明确自己在客房服务质量管理工作中要做些什么、应该怎样做、要达到什么标准、出了质量事故要承担什么责任,做到"事事有人管,人人有专责,办事有标准,工作有检查"。

(三)有效开展员工培训

员工是提供服务的主体。进行服务质量管理就有必要采取各种措施,通过多种途径来提高员工的工作积极性,提升他们的服务技能。加强对员工的培训是确保高质量对客服务的重要手段。酒店对员工不仅要进行对客服务流程规范、质量标准的培训,还要进行服务意识、服务技能的培养,并长期不断地有计划、有组织地进行员工培训。

1. 培养服务意识

服务意识是员工领悟服务精髓、做好对客服务的重要基础。

(1)要培养员工对本职工作的热爱。因为只有真心喜欢这份工作,工作起来才会有热情,才会主动,才会有强烈的为他人服务的欲望。

(2)要使员工正确认识自己所从事的工作,不断更新观念,做到敬业爱岗。

(3)要培养员工正确理解服务的真正含义和服务对象的需求、情绪,能站在客人的角度去思考问题,处理问题。

2. 培养服务技能

可以通过师徒帮带、强化训练、组织竞赛等各种手段来提高员工服务技能。在这个过程中,培养员工增强服务意识、质量管控意识,学会观察,随机应变,更好地为客人提供个性化服务。

(四)做好服务环节的质量控制

客房服务质量主要可以从准备过程、接待过程、结束过程三大环节来进行控制。

1. 准备过程的质量控制

服务准备过程的质量控制也称事前控制,即以"预防为主"为原则,做好充分准备,确保在客人到来之前有备无患。

(1)管理人员的准备

在服务工作开始前,酒店及客房部管理人员都应事先做好各项准备,如根据服务项目和内容制定服务流程与质量标准,建立质量检查体系和管理制度,事先预测各种问题并提出防范和解决措施,对员工进行有效的培训,等等。

(2)服务人员的准备

①精神准备。服务人员在工作前必须保持良好的精神状态,关注自己的

职业形象，并提前做好角色转换工作，第一时间进入服务状态。

②物质准备。在客人抵达酒店之前，服务人员应按质量标准对客人即将入住的房间进行全面认真的清洁、检查，按质量标准事先准备好各种服务设备、用品。同时应事先了解客人的身份、生活习惯、习惯爱好、接待规格等，以便有针对性地提供服务。

2. 接待过程的质量控制

服务接待过程的质量控制也称事中控制。对客服务接待过程的质量控制主要有以下两方面的内容。

（1）严格执行接待服务规范，加强服务质量检查

客人到店入住后，服务人员必须严格按规范的标准方法和程序进行操作，为客人提供优质服务。各级管理人员要以服务质量标准为依据，加强对服务质量的监督和检查。由于客房服务人员的工作相对分散，客房部管理人员的走动式管理就显得尤为重要。只有管理人员多走动，亲临现场，才能及时发现问题，并采取补救措施；才能通过服务现场管理，严格检查各环节的服务质量，对一些薄弱环节实行重点控制。对已制定的服务规范和标准必须严格执行，不能束之高阁，尽可能做到防微杜渐，减少服务差错。

（2）重视服务信息的收集和利用

客房部管理人员还应重视客人的意见反馈，以便了解客人的需求和对服务的满意程度。对于客人的意见或投诉一定要想方设法解决好，确保客人对处理结果满意。

3. 结束过程的质量控制

服务结束过程的质量控制也称事后控制，是整个客房部对客服务质量控制的最后环节。其主要内容有以下两个方面。

（1）客人离店工作质量控制

①客人离店前的服务。服务员应掌握客人离店的准确时间，要主动、诚恳地征询客人意见；对服务不足之处要表示歉意，对一些未尽事宜或客人的投诉，要尽可能予以补救和解决；问清客人是否需要行李服务、叫醒服务等，如有需要应及时与其他部门沟通；认真核对客人账单，保证准确、快速结账，防止漏账。

②客人离店时的服务。客人离店时要主动向客人告别，并向客人表示感谢，欢迎再次光临。

③客人离店后的工作。客人离开客房后，服务员要迅速做好查房工作，正确处理客人的遗留物品，及时做好客房清洁、检查等各项服务准备工作，以迎接下一批客人的到来。

（2）定期分析，积极整改

客房部管理人员应定期召开部门服务质量分析会，根据服务质量信息（服务质量管理的结果），对照客房服务质量标准，找出质量差异，并分析产生的原因，提出有效的改进措施，纠正未来的服务质量管理工作，确保客房服务质量管理工作的良性循环。如果发现是服务质量标准本身存在问题，要认真研究修订，确保服务质量标准的严密性与合理性。在客房服务质量控制工作中，主管、领班的作用至关重要，要充分调动基层管理人员对服务质量管理的积极性，把好客房服务质量关。

案例 3-7

"有始有终"的服务

2002年10月1日晚上，502房间的客人电话联系客房服务中心，希望服务员帮他给住在1612房间的客人送一件物品。客人特别说明，他的朋友身体不适，自己不便去打扰，希望服务员在最少打扰的情况下，将物品送到房间，并关注一下客人的身体状况。楼层服务员接到任务后，到502房间拿到物品第一时间送达1612房间，并向客人问候。过了约15分钟，502房间的客人打电话询问物品是否已送到。客房服务中心通知楼层服务员前往502房间当面向客人汇报情况。客人在询问完信息后，说："我给你提个意见，这个任务我是需要结果的。完成任务后，希望你能告诉我一声。"服务员听了之后，回答说："对不起，先生。我们一定会采纳您的意见，希望您以后多给我们提宝贵意见。"

点评： 为客人服务就要"一次到位"，要有承接、有执行、有反馈，要有始有终。

思考与练习

一、单项选择题

1. 客房服务过程中（　　）是第一个环节，又是其他工作顺利开展的基础环节。

　　A. 迎宾服务　　　　　　　　B. 认真了解客人情况
　　C. 布置房间　　　　　　　　D. 检查设备和用品

参考答案

2. 下列哪项不属于客房服务项目？（　　）

A. 外币兑换　　　　　　　　B. 洗衣服务

C. 房内送餐服务　　　　　　D. 加床服务

3. 个性服务就是不管是否有相应的规范要求，只要客人提出（　　）需求，酒店应尽最大可能去满足他们。

A. 合理的　　　　　　　　　B. 额外的

C. 所有的　　　　　　　　　D. 不同的

4. 客人本人称病或认为客人生病时，下面哪一项做法是被禁止的？（　　）

A. 给客人服药　　　　　　　B. 报告上级

C. 请医生　　　　　　　　　D. 多次提供开水服务

5. 为客人提供擦鞋服务时，将鞋篮放到（　　）待擦。

A. 客人房中　　　　　　　　B. 工作间

C. 走廊上　　　　　　　　　D. 楼梯口

二、多项选择题

1. 服务质量控制的主要环节包括（　　）。

A. 服务准备过程　　　　　　B. 服务培训过程

C. 服务结束过程　　　　　　D. 服务接待过程

2. 在客房部对客服务过程中，（　　）服务项目是五星级酒店必备的。

A. 洗衣　　　B. 擦鞋　　　C. 送餐　　　D. 夜床

3. 个性化服务的基本要求是（　　）。

A. 态度到位　　B. 技能到位　　C. 细节到位　　D. 方式到位

4. 个性服务的内容有（　　）、心理服务等。

A. 更灵活的服务　　　　　　B. 能满足癖好服务

C. 意外服务　　　　　　　　D. 针对性服务

5. 收取衣服时，应认真核对洗衣单上的（　　）。

A. 衣物品牌　　　　　　　　B. 衣服数量

C. 客人房间号　　　　　　　D. 客人是否填写姓名

三、简答题

1. 简述酒店常规服务内容。

2. 简述酒店客房个性化服务可以从哪些方面进行保证和提升。

3. 对客服务质量控制应从哪些方面进行？

四、实践训练

【实训项目 1】

酒店标准对客服务流程

实训目的	掌握酒店标准对客服务的基本流程
学习环境	实训酒店客房、工作间
实训准备	标准间 6 间、房务工作车 6 辆、必备客用品齐全
模拟训练要求	学生 5~6 人一组，每组自选一项酒店基本对客服务项目
	在规定时间内，学生分配角色、设定服务场景，完成服务项目、服务内容和服务场景的设计
	服务项目及服务过程等应符合实训酒店的客房管理要求，同时应充分考虑顾客体验性
	学生进行角色扮演，按要求完成选定实训项目服务全过程模拟

【实训项目 2】

酒店个性化服务接待方案

实训目的	掌握酒店个性化服务的接待方案设计
学习环境	实训酒店客房、工作间
实训准备	标准间 6 间、房务工作车 6 辆、必备客用品齐全
模拟训练要求	学生 5~6 人一组，自行设计一份客房部个性化顾客接待方案
	学生自由设定顾客类型、服务需求、服务场景和服务内容，自行分配角色，完成服务项目、服务内容和服务场景的设计
	顾客选择、服务项目及服务过程等应符合实训酒店的客房管理要求，同时应充分考虑顾客体验性
	学生完成服务接待方案设计，并现场解说服务设计理念、细节安排、内容及设计等

项目四
洗衣房运行与管理

 项目导读

洗衣房是酒店客房部的一个后勤保障部门，其洗涤质量和管理水平直接关系到酒店的服务质量和运营成本。本项目将从洗衣房的布局设置、运行流程和布草房的运行管理等方面明确洗衣房管理要点和发展趋势，学习如何在保证服务质量的同时，科学合理地控制运营成本。

学习目标

了解洗衣房、布草房的功能、布局及要求，设施设备的配置和用途；熟悉洗衣房、布草房的工作运行流程；掌握正确的洗衣房、布草房管理理念。

思维导图

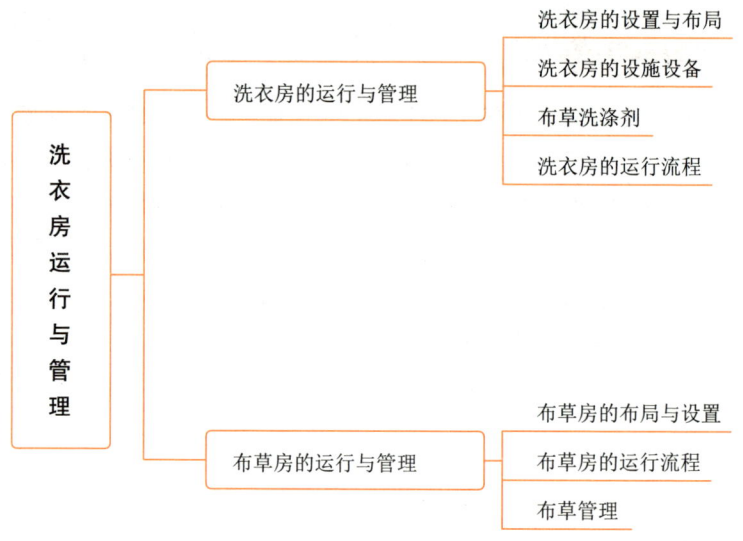

项目四 洗衣房运行与管理

> **案例 4-1**
>
> **一位客人的网上点评**
>
> 　　某酒店召开服务质量分析会，宾客关系主任 Mary 把近一周客人的网上点评做了分类汇报，其中一条让在座的管理者印象深刻："从酒店刚开张那会儿就几次入住贵酒店，感觉不错，价格合适，设备新，宽带速度很快。这是很大的优点。但随着时间的推移，酒店变得越来越差，最明显的是毛巾，发灰发硬，很多还有破损毛边。上次一个枕套上竟有头发和没有去除的污渍。我不知道你们是怎么洗涤的，更不知道你们是怎么使用的，会不会有员工像网上爆料的那样把它当抹布擦马桶和地板。想想都心有余悸，我不会再选择你们酒店了。"
>
> 　　（资料来源：陈增红.客房部运营与管理［M］.济南：山东大学出版社，2014.）
>
> 　　**点评：**首先，酒店布草的舒适度直接影响客人的入住体验。布草质量的好坏也是酒店形象、档次的一种象征。所以在很多高端奢华的星级酒店，严格控制布草的质量。布草的柔软度降低或者有毛边，在布草折叠分拣的时候将会被剔除挪作他用。
>
> 　　其次，案例中提到的酒店经常被报道用客用布草清洁客房的事情，这是酒店卫生安全的大忌。为了杜绝此类事情的发生，第一要通过筛选、培训等各种方式保证和提高员工的职业道德操守；第二要完善落实奖惩措施和监管制度；第三可以通过洗衣房对抹布高质量地洗涤和供给，为员工提供良好的工作条件。当然，对所有客用品在收发、运输、洗涤的每个环节严格执行质量标准，进行彻底的清洁、洗涤、消毒、烘干，是保证布草卫生质量的重中之重。

任务一　洗衣房的运行与管理

一、洗衣房的设置与布局

　　洗衣房作为酒店的后勤保障部门，主要负责酒店棉织品、员工制服和客人衣物的洗涤与熨烫。有些酒店洗衣房因规模和资源的富余，还会兼营店外的洗涤业务。因洗衣房运行成本较高，很多酒店不再设置洗衣房，而是将洗涤业务交由专门的洗涤公司负责。目前很多经济型酒店设置小型自助洗衣房，以满足客人的客衣洗涤需求。下面主要介绍大型酒店洗衣房的设置及运营管理。

（一）设置洗衣房应考虑的因素

1. 酒店的规模

酒店规模的大小是考虑是否设置洗衣房的一个重要因素。通常规模大的酒店，布草的日常洗涤量较大，考虑到外洗费用、质量难以控制、布草损耗大及周转速度慢等因素，一般会设置洗衣房。小型酒店通常布草洗涤量少，考虑到资金、场地、人员、技术力量等方面因素，一般不设洗衣房。通常四、五星级酒店会自设洗衣房，而经济型酒店均为外洗。

2. 酒店的场地

洗衣房占地面积较大，如果酒店空间允许，可以考虑设置洗衣房。如场地受限，通常不设置。考虑到洗衣房的噪声、污水处理等问题，洗衣房一般设置在地下负一层或负二层。

3. 酒店的资金

洗衣房的各种洗涤设备、配套设施及专业人工成本等投资比较大，酒店在决定是否设置洗衣房时，需要考虑酒店的资金状况及投入产出关系。

4. 酒店的技术

洗衣房的工作技术性较强，而且随着新技术新手段的不断更新、衣物材质种类的不断丰富，对设备维护技术及洗涤技术的要求也会越来越高。酒店应考虑自身的技术力量及有无专业的洗衣技术人才来确定是否设置洗衣房。目前，在客房布草里植入芯片成为现在对布草质量监控的一项新技术，经过扫码就可以检测到布草的洗涤数据，实现布草洗涤的数字化运营管理。另外，随着环境保护理念的深入人心，国家环保政策也日益严格，"碳达峰、碳中和"双碳目标的出台对酒店洗衣房的节能环保技术也提出了更高要求。

思政园地

绿色洗涤，共创未来

2022年2月的一天，广州某公司举行了新洗涤厂的剪彩揭幕仪式。此次新洗涤工厂的升级变化是该公司致力于创建"安全、绿色、发展"特色管理新模式的典范。

洗涤厂通过购置新设备、更改设备工艺流程、改善工作环境等系列措施，打造了环保节能的绿色洗涤运行模式。洗涤厂对折叠/

项目四 洗衣房运行与管理

熨烫区进行了围蔽，安装空调，有效降低夏季工作岗位温度，也大大改善了工作环境。洗涤厂还投入了186万元购置新设备，提高了洗涤设备自动化工艺水平，降低了员工劳动强度。在节能环保方面，洗涤厂改变了原先使用蒸汽发生器将电加热水转化蒸汽的方式，直接使用蒸汽为能源供应方式；增设了冷凝水回收装置，将烘干机排出的蒸汽回收转化为热水供给洗衣机使用，达到缩短洗涤加温时间、循环利用能源的效果。同时，还建立了员工学习园地，为员工创造良好的交流和学习的环境。

绿色低碳、节能减排不仅是企业承担社会环境保护责任的必然选择，也是企业降低成本的盈利之道，所以越来越多的行业企业加入节能减排、低碳发展的行列。酒店洗衣房、专业洗涤公司也不例外。相信随着科学技术的发展，节能环保的洗涤技术及专业设备将愈加完善，但要实现"碳达峰、碳中和"目标，仅靠设备上的节能减排是不够的，还要树立全员低碳环保的理念意识和行为习惯，要技术和管理两手抓，最终实现人与自然和谐共生的美好未来。

（资料来源：绿色洗涤，共创未来．达康工会．2022-03-03）

案例 4-2

酒店智慧布草，要比想象的更有价值

2021年8月初，上海五角场筹备开业的亚朵X酒店引入了"同程安芯"智慧布草项目。这些智慧布草给酒店投资人吴总带来了很大惊喜。

智慧布草用封装袋装好，一包包整整齐齐地码在笼车里。配送师傅只需将笼车从货车上卸下，直接推到酒店布草储藏室即可。酒店不用派人点数，配送师傅拿手持机，绕布草封装袋四周一扫，相关数据自动呈现在手机 App 上。整个过程只要几十秒，效率非常高。吴总认为，有了这种简便高效的智慧布草操作流程，酒店员工就可以不用像以前一样拿破损被单裹着脏布草在送客电梯里忙上忙下了。这无形中会提升住店客人对酒店环境有序、友好的整体感知。

对于酒店客人来说，要想了解客房内枕套、床单等布草品质和洗涤标准，只需扫一扫客房布草上的二维码，就能直观看到。这一流程高效运转，保证布草洗涤品质的关键在于一枚小小的芯片，以及芯片背后一整套的智慧布草解决方案。

智慧布草，就是在酒店布草中植入RFID芯片，相当于为每件布草赋予独一无二的"身份认证"。RFID（Radio Frequency Identification）是一种自动识别技术，通过配套的读写器，精准识别、记录布草信息，并实时同步至安芯系统后台，实现对布草整个生命周期的监控和追溯。这套智慧布草系统连接洗涤端和酒店端，在洗涤端实现高效的数字化管理的同时，还能对布草换洗率、房间打扫效率、返洗率、丢失率等进行数字化分析，量化布草使用寿命，进而合理把控酒店的经营成本，提升酒店客房的整体运营管理能力。

"同程安芯"智慧布草项目采取的是智慧布草租赁模式。在租赁模式下，酒店不用再考虑布草的折旧、损耗及投入成本等，布草购买及洗涤均由洗涤厂负责，省心且省力。对于洗涤厂而言，他们会更加小心地呵护布草，以延长布草的使用寿命。一般传统模式下，酒店布草丢失率在8%左右，破损率在1%左右，而租赁模式下，布草丢失及破损几乎可以忽略不计。一家拥有100间客房的酒店，一年可以节约6万~7万元的布草成本。

（资料来源：酒店智慧布草，要比想象的更有价值.环球旅讯.2021-09-09）

点评：近年来，客房不换床单、枕套及用客用品清洁客房等现象使酒店业被推到风口浪尖上。智慧布草项目可以说是酒店解决布草洗涤、卫生质量问题的一剂良药。这使线下布草得以规范透明，并保证了布草品质。其实早在2018年，"中国绿色饭店—净放芯项目"已经探索推行布草植入芯片项目。2020年12月，杭州下城区卫生监督部门不仅将芯片植入布草，还将芯片植入抹布，一旦出现违规操作，"透明保洁智能监管"系统会自动报警。所以，利用科技手段完善智慧布草项目，解决酒店布草问题，具有非常大的实际应用价值。

5. 本地洗涤业的社会化程度

如酒店所在地洗涤业的社会化程度较高，酒店可与店外洗涤公司签订长期合同，由专业洗涤公司负责酒店的洗涤业务。例如，由于北京社会化服务程度高和环保要求严格，很多豪华的大体量酒店选择由专业洗涤公司承担洗涤业务。有些集团酒店会在区域内设置较大的洗涤厂，服务区域内兄弟酒店布草的洗涤业务。

案例 4-3

投资成本高但又属刚需，酒店洗衣房该何去何从？

酒店在洗衣房的设置、运营方面大不相同。有的酒店配置简易的洗衣房以便满足员工制服和餐饮布草的洗涤。有的酒店配备自助洗衣房，为客人提供简单的洗衣、烘干服务。三、四星级酒店配备标准洗衣房的越来越少。相对来说，高端酒店配置大型标准洗衣房的较多。有一些酒店集团选择设置中央洗涤厂，负责某区域内兄弟酒店的布草洗涤。

布草洗涤外包成为趋势。受建筑格局的影响，同时考虑到设备成本、运营成本、专业技术、环保等各种问题，很多酒店不会设置洗衣房。并且有洗衣房的酒店，除了满足本酒店洗涤业务外，尽量接受附近的洗衣订单业务来增加收入。总体来说，大部分酒店会以打包外送洗涤的形式来降低成本。客用自助洗衣房成为现在精品酒店的有限服务配置，让客人自助洗衣来代替洗衣服务功能。三、四星级酒店布草洗涤基本上都是外包，但对洗涤质量没有主动权，普遍存在洗涤质量不稳定、报损率高的问题。五星级酒店自建洗衣房与否，其利弊需要经过实践检验。一个城市如果有集团下属的多个酒店，可以设置面积和设备比标准洗衣房大的中央洗衣房，配备厢式货车保证布草运送，从而保证集团旗下酒店的洗涤需要。如果可以也能接其他酒店的外洗生意。不过，单体酒店的布草洗涤外包是未来趋势。先之首席体验官任延忠表示，他们酒店的洗衣房由于设备老化还总坏，不仅费水还费电，后来果断撤掉，将布草洗涤业务外包，一年12万元的洗涤费明显低于原来洗衣房工人的工资，加上节省了水电费、材料费，成本大大降低，只是叠得不是很好。

外包质量的保证措施：签合同前，去洗涤公司现场查看洗涤流程、药剂配比、化料的使用；签合同时，明确合作方式（包年/月，或按照量），对于布草使用年限和损耗率，设定赔偿标准；后期合作中，酒店应对洗涤公司日常洗涤工作进行跟踪与抽查。酒店需要对洗涤质量多监督，与洗涤公司多沟通，以保证洗涤质量。

设置布草喉，有必要吗？酒店在设计之初，一定要留有布草滑槽通道。从长远角度看，即使不设置洗衣房，布草滑槽通道在脏布草收取的方便性和人力的节约上都有明显优势。早期的酒店不仅设有布草滑槽，还有垃圾滑槽。

（资料来源：小九老师.投资成本高但又属刚需，酒店洗衣房该何去何从？先之IHMA.2019-06-10）

点评：酒店是否设置洗衣房，需要综合考虑服务流程、经营管理、安全方便、成本、专业技术等多方面，而且必须符合建筑、安装、环保和消防等各项规范。尤其在新冠疫情后，人们对酒店的卫生与安全要求只会更加严格。如果洗衣业务外包，可以大大降低成本，但也会面临洗涤质量参差不齐、送还不及时、难保客人需求等问题。总体来说，布草"租赁+洗涤"行业越来越成熟，一定程度上满足了酒店大宗布草的外洗需求。中低档酒店可以通过设自助式洗衣房，高端酒店可以设置专注于客衣和工服洗涤的小型洗衣房，满足客人洗衣需求。总之，是否需要外包，酒店需要综合考虑自身品牌需求、自身资源和外部资源等多方面因素，找到一个较好的平衡点。

（二）洗衣房的布局

选择洗衣房的位置时，不仅要考虑能源供应、降低噪声、排污等基本的功能要求，还要兼顾运输、环境等方面的因素。洗衣房的内外布局方便合理，才能确保操作流程顺畅，产品质量合格。

1. 洗衣房的位置选择

（1）考虑工作的便利性。由于酒店每天都有大量的布草往返于洗衣房和各个营业场所之间，为了降低员工的劳动强度，提高劳动效率，减少布草运送中的交叉污染，在选择洗衣房的位置时应考虑靠近服务电梯、污衣间、布草房等区域。

污衣间是将从客房区域收集来的脏污布草进行分类整理的区域或房间。它相对独立、封闭，一般邻近洗衣房洗涤区。污衣井则是位于污衣间和各楼层服务间，建于土建的防火井道内，用于楼层间传递脏污布草。污衣井管道通常为不锈钢材质，内壁光滑，无裸露固定件，垂直运行。酒店楼层工作人员在处理脏布草时，会将其直接通过污衣井投掷下来，由专人定时收集送至洗衣房，洗净后用布草车运送上楼。这样可以降低电梯的使用频率，节约能源，也能提高工作效率。值得注意的是，脏布草通道的建立对酒店的楼层高度有要求，楼层不能太高，否则会因为较大的重力和较强的摩擦力而引发安全事故。

（2）减少对客区的干扰。洗衣房的温度、湿度较高，同时噪声、震动较大，所以洗衣房选址要考虑不会对客区造成相应的干扰和影响。洗衣房不应布置在宴会厅、会议室、餐厅、休息室等房间的上下方，同时做好设备的减震降噪、房间的隔音和吸声处理。另外，洗衣房应有良好的通风排气，因为洗衣过程中会使用洗涤剂、去污剂和有毒化学品。

图4-1　酒店污衣井口、污衣间　摄影：编者

（3）考虑能源的节约。洗衣房的位置最好靠近锅炉房，方便蒸汽供应。这样高压蒸汽管线路就不会太长，不会对环境温度造成太大影响，同时也有利于节约能源。

2. 洗衣房的功能布局

通常根据工艺流程及方便操作性对洗衣房进行划分：脏布草、脏衣物处理区、水洗区、烘干区、熨烫折叠区、干洗区、报废区、内部办公区等。

拓展视频 4-1

（1）脏布草、脏衣物处理区。脏布草、脏衣物的进口应与干净布草、干净衣物的出口分开设置。通常在洗衣房入口处设置脏布草、脏衣物的分拣区，对脏布草进行分类、点数、称重，对脏衣物进行检查、分类、打码。布草的分拣区域和客衣的分拣处理区域也要分开设置。

（2）水洗区。水洗区通常设在脏布草、脏衣物处理区旁。水洗区主要用于脏布草和部分客衣、员工制服的洗涤，其洗涤量一般占洗衣房洗涤量的90%以上。酒店洗衣房一般会配有不同容量的洗脱机若干台，分别洗涤不同重量的布草，以提高设备的使用效率，节约能源。为了方便布草或衣物机洗前的除渍，水洗区通常配有双槽洗涤池。

（3）烘干区。为了工作流程的顺畅方便，烘干区域通常紧邻水洗区。烘干机主要用于各种巾类布草、浴袍及部分衣物的烘干，所以烘干机的数量一般略少于洗脱机。

（4）熨烫折叠区。熨烫折叠区通常设在水洗区和烘干区旁边，以便对洗过、烘干的布草进行熨平、折叠。熨烫折叠区通常分为烫平折叠机区域和手工折叠区域。水洗后的大宗布草，比如床单、被套、枕套，以及餐厅的台布、餐巾等布草需要用熨平折叠机进行熨烫、折叠处理。烘干后的巾类布草一般需要手工折叠。折叠时还要对布草的洗涤质量进行把关，对于不符合洗涤标准的织物要分拣后重新洗涤。

（5）干洗区。干洗区通常在洗衣房内单独划出，一般与客衣分拣处理区域相邻。干洗区一般将所有与干洗有关的设备放置在一起，如干洗机、光面蒸汽夹烫机、绒面蒸汽夹烫机、人像熨衣机、抽湿机等。为了更好地利用蒸汽，机器熨烫和人工熨烫部分相对集中在一起，最好靠近出口处。另外，为了减少四氯乙烯（干洗油）对人体的伤害，干洗区域最好安装两个及以上的排风扇，使干洗区域处于"负压"状态。

（6）报废区。报废环节一般位于折叠熨烫工作环节之后，主要是对折叠熨烫时分拣出来的报废布草或衣物进行织补或修改工作。在绿色酒店的创建过程中，报废区域对不符合标准的布草进行织补或改作他用，可以更好地保证资源的循环利用。

（7）内部办公区。内部办公区域通常设在进出口处，方便对洗衣房监控管理。办公区内设有洗涤用品储存室。

上述功能区域应根据工作流程设计。设置明确的功能区域和顺畅的工作流程不但能提高运行效率，还便于水、电、气等能源管道或线路的铺设安装，对降低能耗极为有利。

二、洗衣房的设施设备

酒店应根据自身规模、资金来源、洗涤业务等来配备洗衣房的设施设备，并合理使用，提高工作效率。

（一）机器设备

1. 洗脱机

洗脱机是洗衣房的主要设备。它担负着布草、制服及湿洗服装的洗涤工作，整个洗衣房一半甚至2/3的洗涤量要靠它来完成。因此，在洗衣房里这类设备无论数量还是规格都会比较多和全。目前全自动洗脱机是酒店洗衣房首选机型，操作方便，可按预定的工作程序，自动进行注水洗涤、漂洗、脱水、排水、中脱、高脱甩干等工作。洗脱机主要用于洗涤床单、枕套、毛巾等布草，容量大小有30~150千克不等。条件允许的情况下，最好能配备大、中、小容量不同的机型，以便满足不同数量的布草、衣物的洗涤需求，合理利用资源，节约费用。

2. 烘干机

经水洗脱水后的布草和衣物仍含有一些水分，若直接整熨，比较耗时、耗力。烘干机通过固定速度，设定温度和时长，正反转运转，可将毛巾、浴巾、浴袍、工装等布草彻底烘干。为了避免大马拉小车的现象，应该适当配备不同容量大小的烘干机。烘干机分为电和蒸汽两种，酒店应根据能源情况选择适合的烘干机型。

拓展阅读 4-1

3. 烫平机

烫平机是专门熨烫床单、被套、枕套、台布等棉织品的大型设备。烫平机只需人工将洗涤脱水后的布草平整送入烫平机传送带，机器便自动进行熨平、熨干并且折叠，折叠好的布草每 10 件一沓自动传送至传送带顶端，供员工收纳整理。随着科技发展，熨平机越来越智能，从人工输送到机器挂好自动输送，从人工折叠到自动折叠，不断发展变化，甚至有些机器在熨烫折叠过程中可以辨别布草的洗净度和破损情况，不符合质量要求的布草会自动从另一个端口剔除。

4. 干洗机

干洗机主要洗涤不能水洗的衣物，如领带、羊毛衫及高级外套等。所谓干洗就是靠四氯乙烯等溶剂来去除衣物上的油污或污渍。由于溶剂几乎不含水分，所以称为干洗。用过的洗涤剂经高温蒸馏又变成洁净的洗涤剂，可以重复使用。因此，干洗机的蒸馏性能也是衡量其运行质量的一个重要指标。由于普遍使用的干洗剂为有毒溶剂，所以应加装安全装置。同时，干洗工人要做好安全防护。

5. 人像熨衣机

人像熨衣机外观像人体的形状，通常用于一般衣物的熨平，如西服、夹克、运动衣、T 恤等。将需要熨烫的衣物套在人像机的外面，开动蒸汽按钮，就会有大量的高温湿蒸汽由里往外喷射，起到拉伸定型衣服的作用。人像机的肩膀、胸部、腰、下摆等处均可以按需要调节，使用较为方便。

6. 绒面蒸汽夹烫机

绒面蒸汽夹烫机表面包裹着一层布套与垫子，一般使用耐高温布和耐高温棉制成。可用于熨烫整理西服、套装及其他各种服饰。此款机器可以熨烫大部分衣物，因此又有万能夹烫机之称。

7. 光面蒸汽夹烫机

光面蒸汽夹烫机与绒面蒸汽夹烫机的不同之处就是，上部烫板没有布套，底板的垫子也相对较薄，主要熨烫一些能耐高温和可直接加热的纤维织品，熨烫纯棉、混纺或某些化纤织物的效果比较好。

8. 打码机

打码机专用于衣物的编号打码,通过加热的方式将不干胶打压到衣物上,同时将编号印在不干胶正面,形成编号。

9. 去渍台

去渍台主要是对织物进行检查和去渍,通常配置有去除顽固特殊污渍的各种专用洗涤剂、去渍刷,以及能喷出高速、高温湿蒸汽的喷枪。衣物如有不易除去的污渍,均要先在去渍台去污,然后再放入洗衣机里洗涤。有时也会用在干洗衣物之后,用高压喷枪除去衣物表面的毛丝。

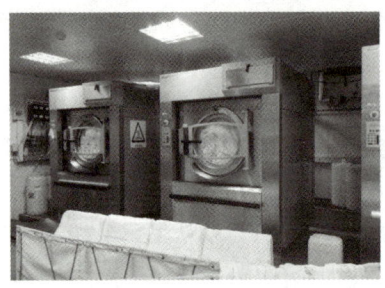
洗脱机

烘干机

干洗机

小型洗衣机

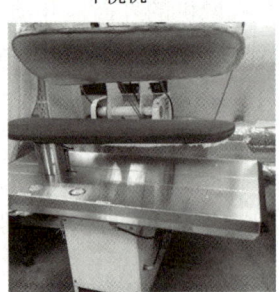
绒面蒸汽夹烫机

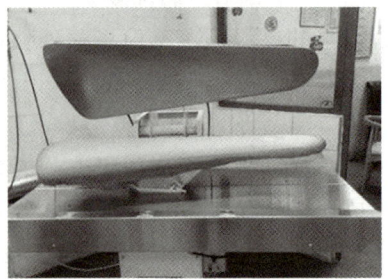
光面蒸汽夹烫机

图 4-2　酒店洗衣房洗涤设备　摄影:编者

（二）其他设备

1. 其他洗涤辅助设施

在布草和衣物的洗涤熨烫中，还会用到很多其他相关设备。比如熨斗、烫床、熨台板、小喷壶等用来处理某些特殊衣物的某些部位，操作比较灵活。

去渍刷和刮板常用来去除局部污渍。去渍刷有黑鬃刷和白鬃刷两种，黑鬃刷用于干性溶剂，白鬃刷则用于湿性溶剂。由金属或塑料制成的刮板用来软化污渍，使去渍剂更易渗透到织物中。

除上述设备外，地磅秤、不锈钢挂衣推车、布草运输车、折叠台等都是洗衣房应该配备的相应设备。

2. 洗涤服务用品

（1）衣架。为了提供专业的客衣洗涤服务，洗衣房应配备一定数量的大小衣架、裙架，以便挂衣。

（2）包装用品。包装用品主要用于客衣的包装，比如吊挂包装袋、衬衣包装袋、衬衣板等。为了保护环境，减少白色污染，很多酒店用竹编（藤编）的衣筐摆放好衣物，或外衣上架直接送回客房。

（3）各类运行表单。各类运行表单主要是指洗衣房运行所需的各类表单。

随着科学技术的不断发展，以及低碳环保、绿色节能理念的深入人心，更低能耗、更强洗涤效果已成为洗涤设备发展的方向。

三、布草洗涤剂

目前，酒店洗衣房使用的布草洗涤剂主要包括强力洗涤剂、通用洗涤剂、彩漂剂、氯漂剂、油污乳化剂、中和剂、上浆剂、柔软剂等。这类洗涤剂与普通家用洗涤剂在配方及原材料的使用上有较大差别。比如强力洗涤剂主要用来洗涤酒店餐饮台布、厨师工服等重污垢的织物，是一种去污力非常强的洗涤剂，可有效清除动植物油类污渍，洗后衣物光洁雪白。

（一）碱性洗涤剂

1. 强力洗涤剂

强力洗涤剂主要洗涤厨衣、台布、餐巾等重污垢织物。其pH为11~12，水温应控制在65℃~85℃。

2. 通用洗涤剂

通用洗涤剂主要洗涤制服、床单、毛巾等轻污垢织物。这类清洁剂pH为8~11，洗涤水温应控制在40℃~85℃。

3. 客衣洗涤剂

客衣洗涤剂主要洗涤酒店客人衣物等轻污垢织物。其 pH 为 7~11，水温应控制在 60℃ 左右。

（二）中性洗涤剂

1. 乳化剂

乳化剂主要用于洗涤厨衣、台布、工程服等油渍较重的衣物，一般需要配合通用或强力洗涤剂使用，水温要求 60℃ ~85℃。

2. 柔软剂

洗涤毛衣、毛巾、衬衣等织物时，加入柔软剂能起到中和作用，可以改善织物洗后的手感、柔软感，降低粗糙度，同时又能起到润滑和消除静电的作用。可以同中和酸一起使用，但应注意避免柔软剂用量过大，否则会使白色织物发黄，吸水性下降。

3. 衣领净

衣领净主要用于洗涤各类衣物的袖口及衣领，可以有效去除人体分泌的油脂。

（三）酸性洗涤剂

酸性洗涤剂一般为柠檬酸和醋酸，pH 为 3，可以中和洗涤过程中残留在织物中的碱，抑制水中的铁对织物的附着力，调整织物洗后的酸碱值，使洗出的织物 pH 达到弱酸性。酸碱中和后的织物亲肤性更好，能有效防止发灰，织物的光泽洁白鲜艳，也能延长使用寿命。

（四）漂白剂

织物上的污垢在洗涤过程中大部分被洗涤剂去除了，但仍有少部分色素性污垢需要用漂白剂去除。酒店常用漂白剂有氯漂剂和氧漂剂两种。

1. 氯漂剂

氯漂剂，有次氯酸钠和过硼酸钠，专门用于白色涤棉或纯棉布草的漂白，一般在主洗时适量加入。如果氯漂剂使用过量，容易造成织物强度下降。通常次氯酸钠用于丝、毛织物效果更好，过硼酸钠用于增白和去除浅色斑渍效果较好。需要注意的是，由于氯漂剂较强的"杀伤力"，有的酒店对棉织品布草一周使用氯漂剂的次数不超过两次。

2. 彩漂粉剂

彩漂剂（氧漂剂），主要用于彩色织物。彩漂剂较为温和，对织物的颜色和强度破坏很小，能够有效保持布草原有的色彩和光泽，因此被广泛使用。

（五）其他洗涤剂

1. 软水剂

软水剂主要起到软化水的作用。当洗衣房的水质较硬时，适当添加软水剂，可以有效中和水中的钙、镁、铁离子。经过软化的水，可以有效防止布草发灰或发黄变色。由于实际操作过程中很难做到每个步骤都加软水剂，所以通常的做法是将软水剂在主洗和漂白步骤中先于其他原料加入。

另外，有的酒店会有专门的软化水设备间，水经过软化处理之后再输送到洗衣房使用。值得一提的是，近些年反渗透纯化水洗涤已经成为新的洗涤用水趋势。

2. 浆粉

主要用于洗涤程序的最后处理步骤，对厨衣、衬衣、台布进行上浆处理，使织物坚挺美观，改进手感，并阻止、延缓污垢进入织物内部。通常浆粉和酸性洗涤剂一起使用。

3. 去迹剂

常用的去迹剂有很多，如去锈剂、去果汁剂、去蛋白剂、去墨水剂、干洗皂液、干洗喷剂等。国际连锁酒店普遍使用的美国 WILSON GO 系列洗涤剂，对于锈迹、果汁、血迹、牛奶、笔迹等常见污渍具有非常专业的去除效果。

表 4-1　WILSON GO 系列常见洗涤剂

序号	名称	功能
1	Bon Go	去除果汁、咖啡、茶渍、酒类污渍（干/水洗用）
2	Qwik Go	去除血渍、奶渍、巧克力、番茄酱、尿液、呕吐物、蛋白类污渍（干/水洗用）
3	Rust Go	去除铁锈、锈水、锈迹污渍
4	Tar Go Dry	去除指甲油、唇膏、鞋油、焦油、蜡笔、原子笔等油类污渍（干洗用）
5	Laundry Tar Go	去除指甲油、唇膏、鞋油、焦油、蜡笔、原子笔等油类污渍（水洗用）
6	Ink Go	去除油墨、墨水、墨迹类污渍（干/水洗用）
7	Yellow Go	去除色素、颜料、染色、搭色、串色等污渍（干/水洗用）

四、洗衣房的运行流程

洗衣房每天要洗涤大量的布草、员工制服及客人衣物，洗涤任务繁重，因此必须科学合理地设计各类布草、员工制服及客衣的洗涤运作流程，保证酒店的正常运营，切实提高工作效率和洗涤服务质量。

（一）布草洗涤运行流程

1. 布草运行流程

下面以客房布草的运行流程为例做说明。

从图4-3中可以看出，布草的洗涤流程环节比较烦琐。

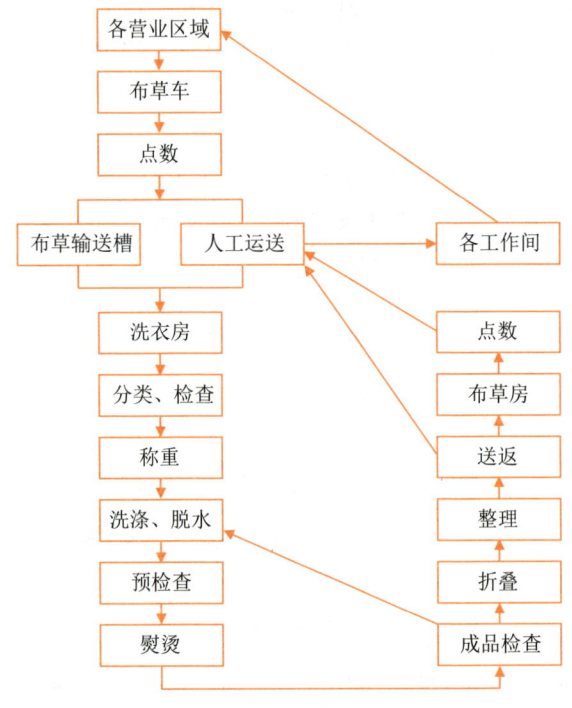

图4-3　酒店布草洗涤运行流程图

（1）脏布草从营业区域到洗衣房的流程

①客人消费完毕后，服务员必须更换所有使用过的布草。对于住店客人而言，可根据客人需求适时更换。

②餐厅撤换台布时，应避免把餐盘中的残余物倒在台布上。更不得把餐巾或台布当抹布用，禁止堆放在地上或脚踏，造成二次污染。

③务必将脏布草立即投放到布草车中。

④如酒店设有布草输送槽，可对脏布草点数后，打包放入布草输送槽，由洗衣房专人负责分类收集脏布草并运送至洗衣房。如酒店没有设布草输送槽，则由服务人员点数后将布草运送至洗衣房。

（2）脏布草运送到洗衣房的流程

①脏布草在运送过程中，使用无破损、无缺口布草车，应防止过载而造成布草拖拉、碾压、践踏等二次污染。

②洗衣房对布草进行分类、称重、洗脱。

③对洗好的布草进行预检、熨烫、烘干、折叠。

④根据不同要求整理各类布草，一般每10件打成一捆。

（3）干净布草从洗衣房到营业区域的流程

①送回布草房分类、上架存放。

②各部门服务员到布草房以"脏换净、一换一"的方式，领回相应数量和种类的布草。

③很多酒店通常设置专门的布草输送人员，直接从洗衣房将干净布草逐层送至各个工作间。

2. 布草洗涤流程

（1）布草洗涤程序

布草洗涤是一项专业性、技术性很高的工作，不仅要求彻底清洗布草上的污渍，还必须延长布草的使用寿命，所以科学的洗涤方法和合理的洗涤程序是保证洗涤质量的基础。

①洗涤前进行布草分类。首先按布草污垢程度分类。通常床上布草属于轻污类，毛巾属于中污类，餐饮台布、口巾属于重污类。然后按布草质地分类。布单类和毛巾类要分开，纯棉床单、涤棉床单等必须分开处理。同时，需要按布草颜色分类，不同颜色的布草一起洗涤的话，可能会引起相互污染。如果酒店设有布草输送通道，从布草输送通道投下来的脏布草会在污衣间存放，由洗衣房专人到污衣间按照种类、污染程度等进行分拣，运送到洗衣房。

②去渍处理。在分类中发现不易清洗掉的污渍要用一些专用去渍剂去掉。

③称重。根据洗脱机的容量，对布草进行称重后投放。一般按照洗脱机承载力的80%装载投放。

④对布草进行洗涤。根据装载量和洗涤要求设置洗涤程序，自动进行洗涤、漂洗、甩干。

⑤整理各类布草。对洗涤后的布草进行预检，剔除未洗净的布草返洗。

⑥对巾类布草进行烘干。根据不同布草需求，控制好承载量，设定相应

温度、时间进行烘干。

⑦对床单、被套、枕套等布草进行熨烫折叠处理。如在熨烫中发现脏布草，可以折一个角做标记，折两个角表示破损。对不能自动折叠的布草进行人工折叠（如巾类布草）。

⑧工作完毕后，做好物品整理、卫生打扫、日常设备清洁保养等工作，关闭水电气开关。

（2）影响洗涤质量的因素

①洗涤温度。不同织物和洗涤剂要设定适宜的水温，才会发挥最佳洗涤效果。比如，氧漂需要30℃以上才会释放活氧发挥漂白功能，而氯漂则必须在60℃以上才能加入洗衣机进行漂白。

拓展阅读 4-2

②洗涤机械力。洗衣机通过滚筒的转动产生水的冲击力，达到去除织物上污垢的目的。主洗水位对布草洗涤技术来说非常关键。一般水位在水洗机玻璃视窗的下边缘或者边缘下方一点为宜，滚筒的下边缘仍然可以搅动洗涤液，这样洗衣机匀速转动带来的揉搓力对布草的去污效果更强。

③洗涤剂。洗涤剂是洗涤织物的关键物质。只有根据污垢的种类选择相应的洗涤剂和洗涤程序，才能达到最佳的去污洗净目的。

④洗涤时间。洗涤时间的确定要综合考虑洗涤温度、洗涤机械力、洗涤剂及织物材质等方面。一般认为洗涤时间越长，去除污垢效果越好。但还要考虑织物的结构、染色牢度及污垢的污染程度，否则，洗涤时间过长会造成织物发灰、色泽发暗，增加织物的磨损程度，浪费能源。

⑤洗涤程序。就是在洗涤过程中科学合理地设定洗涤步骤、洗涤剂、洗涤时间、洗涤温度及洗涤机械力，系统运行达到洗涤目的。

科学合理地运用洗涤温度、洗涤时间、洗涤剂、洗涤机械力、洗涤程序五要素，不仅能达到去污洗净的目的，还可以减少破损，延长布草使用寿命，并起到节能环保的作用。

（3）洗涤过程中的注意事项

①无论是干洗机、洗脱机，还是烘干机，均有它的特定容量。洗涤时应严格按指定的洗涤容量进行，装机量一般为洗衣机容量的70%~80%。尽量不超载，以免影响机械力的有效发挥。床单类干布草可以尽量塞满洗衣机，加水后布草会有一个下沉的过程，这样腾出的空间可以让布草有足够的空间产生机械力。但是台布洗涤装载量务必要降低到80%，因为台布面料主要是化纤面料，满载高温洗涤后立即排水的话，台布会严重褶皱。

②洗涤剂按标准投放，投放量过少过多都会影响洗涤质量。洗涤剂的添

加量要按照洗涤剂工厂的推荐用量进行，不得因为只有一半布草就减少洗涤剂的量。一是因为洗涤液的浓度降低了，去污效果肯定降低。二是因为承载量少，造成布草损失大部分的重力揉搓作用力，可能降低洗涤效果。IFI服装分析实验室发现损坏的布草含有氧化纤维素（棉花被碱性氧化物如漂白剂降解时就会形成氧化纤维素），这通常是清洗不充分或洗涤配方中用的漂白剂量过多造成的。所以，IFI建议每45千克衣物加0.95千克的浓度为1%的漂白剂，并且必须彻底中和后再清洗，方可提高洗涤质量，并延长织物寿命。

③布草洗涤后出现小洞或撕开等破损现象。如果布草呈现每隔一组经线或纬线就有一处小洞的有规律的破损，一般问题出在布草本身。床单可能在编织过程中漏掉一组经线或纬线。这种情况应与布草提供商共同分析解决。

④出现单个小洞或没有规律性的一组小洞，常见原因有设备问题、加料方式和时间不对、漂白剂使用不当、洗涤品错误混用、漂洗不彻底等。设备问题包括洗衣机转笼内部未清理干净的毛刺，转笼内部连接处焊接不平滑。如果小洞周围某个地方上有挤压痕迹，有可能是转笼在高脱过程中离心力较大产生变形造成。洗涤前分拣工作不认真，布草中夹带了尖锐或硬的杂物，洗涤时布草不停地在转笼中翻滚而受到磨损。洗涤温度过高，布草装载量超标（超过80%），水位过低造成布草硬性拉伤，在洗涤中产生缠绕而撕裂等破损现象。漂白剂用量超标，使用温度不当，洗后残留过多等都会容易使洗涤剂集中在布草局部而造成受损。另外，旧布草的自然破损与不正常破损应区分对待。

布草出现边角破裂、变薄、颜色变混浊等现象，跟布草本身的有效使用寿命也有关系。

一般来说，棉织品的洗涤次数大约为：全棉床单、枕套120~150次，混纺床单洗涤次数180~220次，毛巾类110~140次，餐饮台布、口布洗涤次数120~140次。具体洗涤标准因酒店而不同。另外，还要平均使用布草，应让布草有充分的"休息"，有恢复形变的时间。一般洗涤后要间隔一天再清洗，这样有利于延长布草使用寿命。

不同材质的布草适用的洗涤剂性质也有所不同。例如棉纤维耐碱不耐酸，棉纤维在特定的强酸性条件下会发生腐蚀。而涤纶纤维则在强碱性条件下发生水解，织物强度下降，会造成面料克重下降、面料变薄、断裂强力下降的现象。另外，毛巾通常有多次洗涤而造成边角破损，可以选择边角有耐磨损面料的毛巾，尽量让毛巾边角与毛巾表面的损耗周期同步。这样能够延长毛巾使用寿命。

（二）客衣洗涤服务流程

1.客衣洗涤服务运行流程

洗衣房通常设有客衣服务组，主要负责客衣的洗涤业务，并处理洗衣房日常事务和对外联络。从图4-4能够看出，客衣服务流程相对简单，但服务细节很重要。

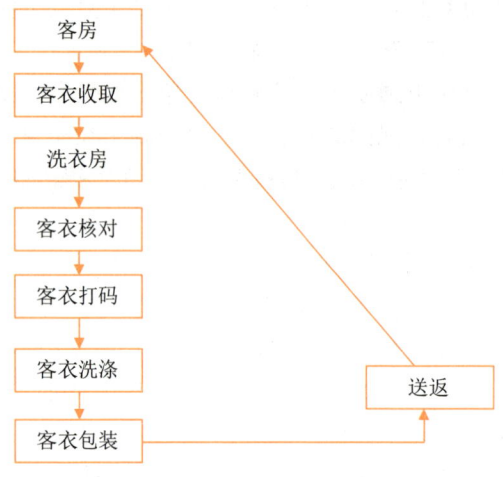

图4-4　酒店客衣洗涤服务运行流程图

（1）客衣收取。楼层服务员接到客衣洗涤通知后，应该在5分钟左右到客房收取客衣，或者上午10点半之前对住客房逐一排查有无客衣洗涤需求。

（2）客衣核对。楼层服务员在客房收取客衣时，首先应该当面与客人核对客衣品类、数量。楼层服务员与客衣收发员交接核对无误后，分别在工作记录本和洗衣本上登记。

核对内容通常包括"五清"，即房号记清、件数点清、口袋掏清、洗涤要求写清，以及有无破损、顽固污渍要看清。如出现填写内容与实际不符，要及时与客人说明情况，再根据客人意见进行处理。若客人不在房内，应在客人房内留下"留言单"，写上时间，并请其处理客衣。如果客人有特殊要求，应按规定做好标记，并将容易被腐蚀的纽扣饰品等取下，存放好并在原处做上记号，以备衣物洗好后再缝上。

客衣服务员应对"加快服务"的客衣和VIP客人的衣物优先点数、打码，督促洗烫服务员及时处理，并在规定时间内尽快送还客人。

（3）客衣打码。客衣在洗涤处理前，要进行分类打码。①打码内容，一般包括房间号、件数、日期和洗涤方式等最基本的内容。有的酒店会把员工代号一同打上去。②打码部位,以不损坏衣物为准,选择合适的打码方式。一般会打在衣物衬里的洗涤商标或领子上,裤子打在裤袋上(或打在裤腰上)。对于不能直接打码的衣料,用布签或纸号代替。打码的同时,顺便再次核对客衣数量,检查衣服质地与洗衣单填写内容是否相符,然后按洗烫方式的不同将衣物严格分开。打码后的衣物,如是同一洗烫方式的再按衬衣、上衣、长裤、内衣、内裤、袜子等不同类型分开存放。对于"加快服务"的衣物要及时分类、处理。

(4)客衣洗涤。在客衣洗涤前,一般会对特殊污渍和不易去除的污渍进行预处理。比如衣领、袖口通常成为洗涤前预处理的主要部位。然后根据洗涤方式进行干洗或水洗、烘干、熨烫等工作。

(5)客衣包装。即对洗烫后的客衣折叠、核对、包装。折叠包装前仔细检查洗烫后的衣物是否洗净、烘干,是否熨平、挺括、有形,是否有破损、衣扣脱落、被染色等现象。若发现问题应及时处理。对于无法去除的污渍,需在送衣时留言,一般可使用"客衣服务单"。对开线或掉扣的衣物进行缝补。日本帝国饭店通常会在洗涤前将扣子剪掉留存,待衣物熨烫好后再缝补齐全。

按规定进行装包放置。通常除衬衣或T恤用衬衣板、领结板折叠并用塑料包装外,西服、中山服、裙子和其他质料好的衣服一般用衣架并套上薄膜衣罩包装。衣物包装好后,将洗衣单叠好钉在封口,在记录单上签上名字和衣服件数,把衣物按楼层顺序排列,不得挤压。

(6)送回客衣。客衣洗好后,通常于当天下午由客衣收发员送回。送回前再次查看客衣包装是否符合要求,将客衣按楼层和房号顺序整齐地放进洗衣车里。到楼层后请楼层服务员开门,按房号把客衣送入房间。用衣架挂起的衣物放进衣柜,袋装客衣放在桌上或床上。放进衣柜的衣物应在房内醒目处留言说明。在送衣记录上注明干/湿洗、熨烫方式、挂件数和包数,并签名。

若客房挂了"请勿打扰"牌,一般将客衣放在楼层工作间,从房门缝下塞入"衣服已洗好"的说明,并请客人与客房服务员联系。若客衣有其他问题,可根据需要,送上相应的留言单。送完客衣后,应做好记录,以备核查。

2. 客衣洗涤程序

(1)仔细检查衣物洗涤要求。洗涤前严格检查客衣有无损坏,是否会掉色、染色,适宜水洗还是干洗,是否可用机器洗涤等。这一环节需要洗衣服务员具有敏锐的专业水平,能够明确服装面料和对应的洗涤要求,对于不相符的洗涤要求要与客人协商,避免损坏衣物。仔细查看有无特殊斑迹,对有较严重污迹的衣物,先使用专用去渍剂处理后再洗涤。

（2）分类洗涤。按衣物的质地、颜色及种类分开洗涤。一般运动衫、内衣等织物需要水洗，外套、套装、高档织物需要干洗，但必须根据颜色深浅分开洗涤。洗涤前，将不能洗的扣子剪下来，裤子拉链拉好，手帕、袜子等小物品装在网袋中以免洗涤时遗失。丝织物一般要装袋洗涤，优先洗涤快洗客衣。

水洗衣物应根据织物特点设定洗涤程序，注意洗涤剂用量。衣物洗好后，根据衣料、质地及烘干温度要求分开晾干或烘干，烘干时严格控制温度和时间。

干洗衣物是通过四氯乙烯油剂把衣物上的油渍溶解蒸馏达到清洁的目的。根据洗涤程序设定，经过冲洗、投洗、脱油、烘干等步骤，衣物被洗涤干净，再经过冷却系统、油水分离等程序将干洗油分离排入油箱再次使用。

拓展阅读 4-3

（3）熨烫整形。通常对客衣进行手工熨烫整形。熨烫前检查衣物是否洗涤干净、有无破损。如有污渍或破损，应退回重新处理。必须正确识别每件衣物的质料，并注意衣物上的熨烫标志。根据衣物的质地或熨烫标志选择合适的熨烫机，并确定熨烫温度。为避免烫坏衣服，确定温度后，必须在衣服反面或底边等不醒目处试烫，确定适合该质料的温度后再熨烫。熨烫好的衣服要求挺括、平整、美观，送交客衣服务员，做好交接。

案例 4-4

为什么在疫情面前，酒店需要配备自助洗衣房？

2020 年，国家卫建委权威发布：在 56℃的环境中，新型冠状病毒会在 30 分钟内死亡！酒店在常态化疫情防控下，为客人提供安全可靠的入住环境必不可少，同时自助洗衣房也日益成为汉庭、全季、亚朵、宜必思、橘子、漫心、万达美华、7 天等酒店的标配。

自助洗衣房除了为客人提供更好的服务，更在这种疫情反复的非常时刻，发挥了关键性作用：杀灭病毒！酒店洗衣房有必要选用专业的商用洗涤烘干设备。这是因为一旦选用了家用设备或功能较差的设备，可能不仅不会为客人带来便捷，反而会增加酒店的运营负担。酒店洗衣房的设备需要具有较高的洗烘效率、杀菌清洁功能，噪声小，耐用性能好。

特别提示：

禁止使用 84 消毒液擦拭洗衣机表面，因为 84 消毒液的腐蚀性能会直接破坏设备表层油漆。

项目四 洗衣房运行与管理

洗烘设备表面消毒采用 75% 酒精进行擦拭可彻底杀死细菌。酒精易燃易挥发,使用时切记远离火种。

(资料来源:为什么在疫情面前,酒店洗衣房拥有专业洗烘设备更重要? LG 自助洗衣房. 2020-02-13)

点评:精品酒店和经济型酒店为客人提供自助洗衣房,不仅可以提供更好的服务,也为客人应对疫情提供了有效的安全防护措施。酒店配备专业的洗烘设备非常必要,洗涤烘干效率高,能赢得客人满意,也是酒店节约成本、节约能源、为社会环境保护分担责任的重要途径。

 任务二　布草房的运行与管理

在酒店经营活动中,可以根据酒店实际情况决定是否设置洗衣房,但布草房是必须设置的。布草房主要负责酒店所有布草、制服的洗涤更换,以及酒店布草、制服的盘点、报废、添补和更新等业务,保证酒店布草、制服的及时供应。

一、布草房的布局与设置

(一)布草房的布局

布草房通常由布草房和制服间构成。为了方便布草运送,布草房一般设置在洗衣房附近,对于没有洗衣房的酒店,通常设置在一楼便于进出配送布草的地方。制服间一般紧邻员工更衣室,制服间外尽量留出员工排队的空间。

布草房通常分为收发区、贮存区、加工区和内部办公室等功能区。一般会根据酒店实际情况,合理布局,方便工作。首先,收发区应邻近布草房门口,配备布草分拣筐。其次,贮存区作为布草房的主要功能区,设在收发区内侧。布草架、制服架应完备充足。第三,加工区主要是对布草或制服的修补加工,要求采光较好,一般设在布草房的里侧或门口一侧,便于服务管理。最后,室内办公区通常设在收发区附近,以便控制管理。

图 4-5　酒店布草房

（二）布草房的设备和用品

为满足布草、制服的相关要求，布草房应配有下列设备和用品。

1. 布草架

布草架用于存放床单、被套、枕套、毛巾等布草，要设计成开放式的，以利于布草通风散热。为方便上架和查找，布草架上应贴有标签，注明分类号。为节约库房的占地面积，充分利用立体空间，布草架应设计成多层架。为防灰尘，布草架通常外加一层罩单。

2. 挂衣架

挂衣架用于挂放员工制服。衣架杆上均有固定挂钩并标有工号或姓名，以便于制服对号上架。工号或姓名可按数序或姓名拼音字母顺序排列，以方便存取，提高效率。目前，很多酒店的挂衣架都是全自动装置，通过控制面板，衣架自动旋转准确定位，效率更高。

3. 缝纫设备及物品

布草房还通常配有缝纫机、锁边机等缝纫设备及各色线、扣子、剪刀、软尺、硬尺等物品，以供缝补加工布草、制服之用，也可满足客人衣物的简单织补要求。

4. 工作台

布草房及制服房应配有工作台，用于收发、登记等文字统计工作。

5. 布草分拣筐

布草分拣筐用于分拣布草及制服，一般是塑料制品，也可用竹制品或柳编制品。2020年新冠疫情下，为了避免交叉污染，有的酒店将收取脏制服的分拣筐放在布草间外面。

6. 叉衣杆

制服房应配有若干叉衣杆，长短可灵活调节，用于挂取制服。

7. 包装袋

制服房应备有大小不同的包装袋，用于存放制服。

8. 其他

布草房根据需要还应备有一些适用物品，如记号笔、盘带等用于制服编号，各类收发、交接表格与账目本等用于记录布草运行情况。

二、布草房的运行流程

（一）布草的收发送洗流程

脏布草的收发一般有两种形式：一是布草收发员到楼层收取；二是客房服务员将脏布草送至布草房，同时领取干净布草。

布草收发员清点脏布草种类及数量，并剔出破损布草另放，核对无误后，在布草收发记录本上登记，并与楼层服务员核对认可。

根据"布草交接单"上送洗的布草种类和数量，准备相应的干净布草，送至楼层工作间或者由楼层服务员领走，并在"布草交接单"上签字确认。

餐厅布草的收发流程与客房布草类似，需要注意的是，餐厅脏布草一定要与客房脏布草分开收取放置，并且应抖净布草中的垃圾才可以送至布草房。

（二）制服的收发送洗流程

制服房根据员工身材准备一式两套制服，按照部门做好编号，将编号写在制服上。一套制服交员工自己保管，另一套由制服房保管。员工采取"以脏换净"原则更换制服。传统的制服间在更换制服时，需要制服间服务员根据编号找出制服交给员工。较先进的制服间采用智能化设备，员工在窗口刷卡，控制器自动识别旋转制服架，使制服刚好停留在窗口，由员工取走即可。

三、布草管理

（一）布草的辨识与选择

酒店布草通常划分为餐饮布草、客房布草和其他布草。布草不仅是客人在酒店日常生活的必需品，同时布草的质量及其对室内气氛、格调、环境的调节，也会在很大程度上影响客人的舒适感，关系到客人对酒店的评价。

另外，布草在酒店投资中所占比例较大，因而布草的管理控制水平也直

接影响酒店的成本投入及利润获得。

1. 布草的分类

餐饮布草：台布、口巾、香巾、桌裙、椅套等。

床上布草：被罩、床单、枕套等。

卫生间布草：方巾、面巾、浴巾、地巾、浴衣等（"四巾一衣"）。

其他布草：窗帘、纱帘、浴帘、毛毯、棉被、保护床垫等。

2. 布草的选择

选择布草时应注意在整体和谐中突出特点的原则，即需要考虑它与环境的协调性及功能性的特点。因此，选择布草时除了考虑质地、价格等因素外，还应注重与环境局部装饰和整体风格的统一。

（1）布草选择的质量指标及参数。被罩、枕套的质量主要取决于五点指标及参数。①纤维质量。织物纤维应选择长且均匀为宜，这样的纱条干好、强力高，布草表面平整，具有耐洗、耐磨的优点。②纱的捻度。捻度强，则不宜起毛。③纺织密度。密度高，即经纱与纬纱间隙小且均匀，这样的织物比较耐用。用作床单的织物密度一般在288×244根/10平方厘米，高级的可超过400×400根/10平方厘米。"经纱纱支数×纬纱纱支数"是布草密度的另一标准。经纱纱支数越高，棉纱质量越好，所以高端酒店在选择"80S"高支高密布草时，要分清楚"80S"表示的是经纱还是纬纱，两者成本相差可达5%~7%。④制作工艺。这一指标主要体现在卷边上，卷边要平整，缝线平直。通常，床单和枕套的针脚密度应分别达到每5厘米16针和28针。⑤纤维质地。常用的床单和枕套的质地有棉质、人造纤维及棉与人造纤维混纺（人称"混纺"）。棉质床单或枕套柔软透气，吸水性能好，使用舒适，但易起皱不耐用。人造纤维不具有棉质的优点，但具有耐磨、耐用、耐洗涤的特点。混纺吸取了二者的优点，因而是目前客房布草选择较多的材料。

（2）布草选择的规格指标及参数。①被罩。被罩的规格，依棉被规格确定，一般应在折掉缩水率后多出15~20厘米，有飞边的应将飞边去掉。②床单。床单要比床垫大，去掉缩水率后应比床垫多出80~100厘米。③枕套。枕套宽度要比枕芯多出5~10厘米，长度要多出15~20厘米。但在酒店的实际经营过程中，未必一定硬套参数，稍大一点的与稍小一点的折中，可以方便操作及布草管理。

（3）巾类布草选择的质量指标及参数。①纯棉质地。优质巾类的原材料必须为100%纯棉。纯棉毛巾吸水性能好，颜色纯正。单条毛巾质量越轻，棉纱质量越好。②毛圈数量和长度。如果巾类布草的毛圈既多又长，柔软性和吸水性就比较好，但是毛圈太长又容易被钩坏，所以一般毛圈长度为3毫米。③纱织密度。毛巾是由地经纱、纬纱和毛经纱组成。地经纱和纬纱交织成地布，毛经纱则与纬纱交织成毛圈，故纬线越密则毛圈越牢固，抽丝的可能性也越小。④毛巾边。毛巾边很容易磨损、起毛，可以选择边角耐磨损的面料，尽量让毛巾边与毛巾表面的损耗周期同步。⑤缝制工艺。要查看折边整齐、缝线平直、针脚均匀等。

（4）巾类布草选择的规格指标及参数。①方巾。主要用于擦手。其尺寸规格有20厘米×20厘米、26厘米×26厘米、28厘米×28厘米、30厘米×30厘米和33厘米×33厘米等，重量一般在55克左右。②面巾。主要用于擦脸。其尺寸规格有32厘米×76厘米、34厘米×78厘米和32厘米×92厘米等，形状类似于平时用的毛巾，重量一般在140克左右。③浴巾。主要用于室外游泳后擦水和遮体。其尺寸规格有51厘米×102厘米、56厘米×112厘米、61厘米×122厘米、68厘米×137厘米、76厘米×152厘米和96厘米×132厘米等，重量一般在600克左右。④地巾。主要是垫于卫生间浴缸或淋浴房地面，起到防滑、保温之用。其尺寸规格有40厘米×70厘米、50厘米×70厘米和50厘米×80厘米等，重量一般在350克左右。

（二）布草的管理与控制

酒店的布草是酒店产品的重要组成部分。布草的质地和外观，会对客人的入住体验形成直接影响。因而，布草在一定程度上决定了酒店的服务水平。同时，布草的投资会在酒店总投资中占有较大比重，且布草容易损耗。因此，搞好布草管理，从经济效益上来看十分重要。

微课4-1

1. 依据运行实际，合理确定布草配备数量

布草的配备数量应依据酒店的洗涤设施条件及洗涤要求予以确定。

有些酒店有洗衣房，洗涤周转速度较快，需要布草的数量稍少一些；有些酒店没有洗涤设施，布草洗涤需要外包，周转速度较慢，需要布草的数量要稍大些。另外，酒店客房数越少（100套以下），布草配比越大；客房数越多，布草配比越小。因为客房数多，布草可互相调剂，客房数少反而会调剂不过来。一般来说，无论哪种情况，在用布草的量不能小于3套，即一套在用，一套在洗，一套在库。不过，枕套的使用损耗一般比较大，因为客人头上可能有头油和焗油用的染料，所以配比最好为1∶4或1∶5。

布草的投放数量除要考虑上述因素外，还应考虑酒店的洗涤要求。大多数酒店响应绿色环保倡议，实施布草"一客一换"或定期更换，这样可以在很大程度上减少布草的投放量。在这样的情况下，一般投放2~2.5套即可。

2. 确定损耗率

损耗率是指在一定时间内布草因磨损而更换的比例。酒店应依据质量要求、洗涤工艺及布草质量等因素确定损耗率。损耗率的核定必须合理，过低会影响酒店服务质量，过高则会增加酒店的经营成本。

损耗率的确定首先要考虑布草的使用寿命。不同质地的布草有着不同的使用寿命。例如，棉质床单的耐洗次数为 200 次左右，而混纺床单大于此数。其次是要考虑酒店的规格。不同档次的酒店对布草的使用标准是不同的。例如，豪华型酒店对布草的要求较高，六成新便需要淘汰；而普通酒店则可能要到破损才淘汰。再者要考虑洗涤工艺的水平。洗涤工艺对布草的使用寿命影响极大，洗涤剂的浓度、水的温度、洗衣机的转速等因素均会影响布草的使用寿命。

3. 加强存放管理

布草的存放是布草管理的重要环节。做好布草的存放工作，首先要将布草分类放置，即将同类布草集中存放。这样方便控制布草的数量。

另外，布草的存放地点要注意通风干燥，防止因受潮而泛黄或发霉而影响布草的正常使用。

案例 4-5

被水蒸气包围的布草，不会长霉吗？说好的布草保洁呢！

近日，富阳卫生健康执法队在银湖街道的一家酒店检查时，看到了这样一幕：布草柜、热水器共处同一房间。"你把烧开水的东西和布草放在一起，布草还怎么保洁？"面对执法人员的反问，老板理直气壮地表示："布草不是放在柜子里的吗？而且柜门是关好的，哪来的影响！"

听到老板强词夺理的辩解，执法人员强势地提出三连问："烧开水、接开水难道不会产生水蒸气？放取布草的时候，布草柜难道不用打开？有水蒸气的地方就会受潮，受潮的布草难道不会长霉？"老板无言以对。由于该酒店未按规定对布草进行保洁，执法人员对其进行行政处罚，并责令限期整改。

（资料来源：被水蒸气包围的布草，不会长霉吗？说好的布草保洁呢！富阳融媒. 2021-04-12）

点评：布草的清洁卫生如果无法保证，布草在与客人接触的过程中，可能传播细菌病毒，所以布草的清洗、消毒、保洁均很重要。布草的存放管理有时候往往成为被酒店忽视的一环。布草柜门坏了，布草摆放混乱，布草柜周边杂物众多，脏布草和待用布草混放，柜内隔板灰尘较多等，这势必影响布草的保洁效果，而这些归根结底是经营者对布草管理不够重视。所以提高布草管理意识，同时加强执法监察力度不可缺少。

4. 加强收发管理，核准数量，保证质量

（1）先进先出，平均使用。为使布草在使用中保持大致相同的磨损程度，一定要注意布草的收发控制，先收回的先发放使用，避免即洗即用，从总体上延长布草的使用寿命。

（2）核定数量，对等更换。在布草收发环节中，一般依据收回的数量来确定发放的数量，并且对数量的清点要力求准确。因开房率提高等因素而需要增加领用量的，要请相关负责人签字确认，并在事后及时回收。

5. 建立布草报废和再利用制度

（1）明确标准，严控报废。布草在经过一段时间的使用后，会因为磨损而报废。酒店应制定合理的布草报废标准。既要防止标准太低而影响客房整体的卫生质量，也应防止标准太高而使客房的成本率提高。一般来讲，从洗衣房返回的所有布草和制服，布草房员工应仔细检查是否有破损，可以修补的破损由缝纫工做必要的修补，不能修补或无法洗净的污渍，要经客房部经理鉴定后，方可作报废处理。

（2）严格履行报废手续。布草的报废应有严格的核对手续，防止布草报废的随意性。

（3）报废布草的处理。对于报废的布草应先洗涤干净，并注明标记，或是集中存放。报废的布草可以再利用，加工后改做其他用途，比如改制成婴儿床单、枕套、抹布等。

案例 4-6

染色有助于延长布草的使用寿命

英国最新消息：布草再生，即为陈旧的布草染色，使之重新恢复"活力"。毕竟这比把它当垃圾填埋要好。同时，这在一定意义上有助于人类实现低碳理想。

商业布草再生公司开发的纺织品染色新系统，旨在帮助洗衣厂最大限度地利用每一件库存。布草染色服务，使已经失去了原来颜色的布草恢复本色，使数以吨计的布草改变了被扔进垃圾填埋场的命运。英国最大家族经营的洗衣厂——贝兹洗衣厂，每年为伦敦高档酒店、俱乐部和餐馆等提供5000万件布草的洗涤服务。在一年里，该厂运用布草再生技术使14余吨将要报废的重污布草恢复了"活力"，并继续使用。

这家布草再生技术公司位于西约克郡，以其白色布草去污剂专利工艺而闻名。其最新发布的白皮书《不要丢弃，要染色：用染色剂最大程度地利用布草》，提出了降低碳排放和保护世界资源的愿景。其总经理戴维·米吉利表示，通过更好的布草管理来节约碳和金钱是完全可能的。染色可以为公司节省数以吨计的碳，以及超过50%的新产品成本。其技术总监保罗·汉密尔顿说，他们一直在改进染色工艺，研发布草再生染色技术。这不仅为许多洗衣厂、酒店和医院节省了布草成本，还是实现低碳理想的秘密武器。

点评：布草作为酒店的重要成本支出，如何合理管控一直是企业管理重点。使用新型染色技术使陈旧布草延长使用寿命，在一定程度上降低了成本，也不失为一项低碳环保的重要举措。但是将陈旧布草染色后继续使用，是否适用于所有酒店，还需要考虑酒店本身的档次品质和客人的体验需求。

6. 规范使用

客房应规范布草的使用环节，坚决杜绝不当使用，如将面巾当抹布使用等。一旦发现这类情况，应进行严肃处理。

另外，对客人也应加强监督，如果发现类似情况也要及时劝阻。

7. 定期盘点

为加强布草管理，应定期进行布草盘点。盘点工作应在客房部内部或配合相关部门开展。通过盘点了解布草的使用和存储情况，以便发现问题，及时处理。

盘点时应对所有布草进行清点，包括贮存在工作间、配入房间、工具车和洗衣房洗涤、布草房存放的布草。盘点时间通常会根据酒店出租率安排在每月下旬的晚间，防止因布草流动造成漏盘和重盘。

拓展阅读 4-4

（三）布草流行趋势

近年来，随着信息科技的发展，酒店智慧布草逐渐被市场认可，通过在布草上植入RFID芯片，配合相应读写器，简单一扫，便可实时了解布草的洗涤数据信息。这不仅有利于布草清洁质量的控制，还大大提高了布草的管理效率。通过对布草换洗率、返洗率、丢失率、寿命周期等信息的数字化分析，可以合理控制成本，优化管理措施，提升客房整体运营的管理水平。

家居化是酒店纺织品近年来的一个方向发展，越来越多的大提花面料甚至染色印花面料也出现在了酒店客房里。英国一家布草再生技术公司专门研制了布草染色新技术，将旧布草重新染色，使其焕然一新。这一方面符合酒店布草家居化发展趋势，另一方面延长了布草使用寿命，也是酒店实施低碳环保理念的一个新举措。但酒店毕竟不是家庭，且从客房的实际使用情况来看，质量差的染色和印花面料容易存在色牢度下降，褪色后产生陈旧感，顽固污渍经类似84消毒液的强力洗涤后局部发白等影响美观问题。且因染色或印花面料需用甲醛等固色而对人体有害，不利于环保。所以，酒店在追求客房布草家居化、舒适性的同时，要综合考虑布草的质量、环保和健康等因素。

重视床裙和装饰靠垫，可以花较少的钱产生较好的效果。很多酒店装修改造后并没有更换床垫，只是换了床裙，一样给人以全新的感觉。装饰搭配和谐靠垫，即使配上最普通的被套，依然可以立竿见影地提高客房档次。

选择布草要尽量减少服务员的工作量。比如，很多酒店取消了床尾巾，一是床尾巾经常不更换洗涤容易成为卫生死角，二是可以适当减轻客房清洁工作量。被套、枕套的选择要注意开口方式，不能一味地考虑美观，还要考虑耐用和服务员的工作效率。人们研究发现，使用飞边正反平齐开口式被套和1/4开口飞边压舌式枕套，既美观又实用。因为飞边正反平齐开口式被套可以正反用，更换被套十分方便，枕套在1/4处开口既方便服务员更换又美观大方。

思考与练习

参考答案

一、单项选择题

1. 洗衣房不应布置在（　　）。
A. 员工服务电梯、布草房
B. 污衣间、污衣井
C. 锅炉房等能源供给场所
D. 宾客会议室、休息室

2. 为保证洗涤效率，洗脱机的装载率最好为（　　）左右。
A. 60%　　B. 70%　　C. 80%　　D. 90%

3. 理论上来讲，一般酒店布草的配备量不少于（　　）套。
A. 2　　B. 3　　C. 4　　D. 5

4. 下列选项不符合布草房存放管理要求的是（　　）。
A. 环境阴暗潮湿　　　　B. 环境通风干燥
C. 分门别类存放　　　　D. 分类集中存放

二、多项选择题

1. 布草洗涤中出现单个小洞或无规律的小洞，可能的原因有（　　）。

A. 洗涤设备内壁有毛刺或者内壁焊接不平滑

B. 洗涤设备离心率过大造成对布草的挤压

C. 洗涤布草里混进了牙签等尖锐物品

D. 洗涤剂加料时间和温度没有控制好

2. 客衣洗涤收取时，要认真核对，核对内容的"五清"通常指（　　）、（　　）、（　　）洗涤要求要写清，以及有无破损、顽固污渍要看清。

A. 房号要记清　　　　　　　B. 件数要点清

C. 口袋要掏清　　　　　　　D. 衣物要分清

3. 属于布草收发管理原则的有（　　）。

A. 先进先出，平均使用　　　B. 先进后出，方便使用

C. 核定数量，对等交换　　　D. 无须核对，随拿随用

三、简答题

1. 设置洗衣房有哪些影响因素？

2. 客衣洗涤流程有哪些步骤？

3. 面对低碳环保要求及智能化数字发展，你认为酒店的布草管理会有哪些变化？

四、实践训练

【实训项目】

酒店洗衣房布草送洗收发

实训目的	掌握酒店布草外送洗涤的送洗收发程序
学习环境	实训酒店
实训准备	标准客房脏布草5套、干净布草5套、布草车5辆、布草交接单1本
模拟训练要求	学生5~6人一组：4~5名客房服务员，1~2名布草收发员，完成所有实训工作
	要求在酒店无洗衣房情况下，完成布草送洗收发工作
	在规定时间内，学生完成脏布草送洗、干净布草对换的整个工作流程
	各小组完成布草送洗收发的模拟演练，最终完成脏布草的分类整理、干净布草的对换工作，以及布草交接单的填报

项目五
客房安全管理

项目导读

客房安全管理包括客人的人身、财产、心理安全及员工和酒店的安全。新形势下,客房安全面临着更复杂、更巨大的考验。做好安全防范,加强安全管理,是客房运行与管理的重要内容。

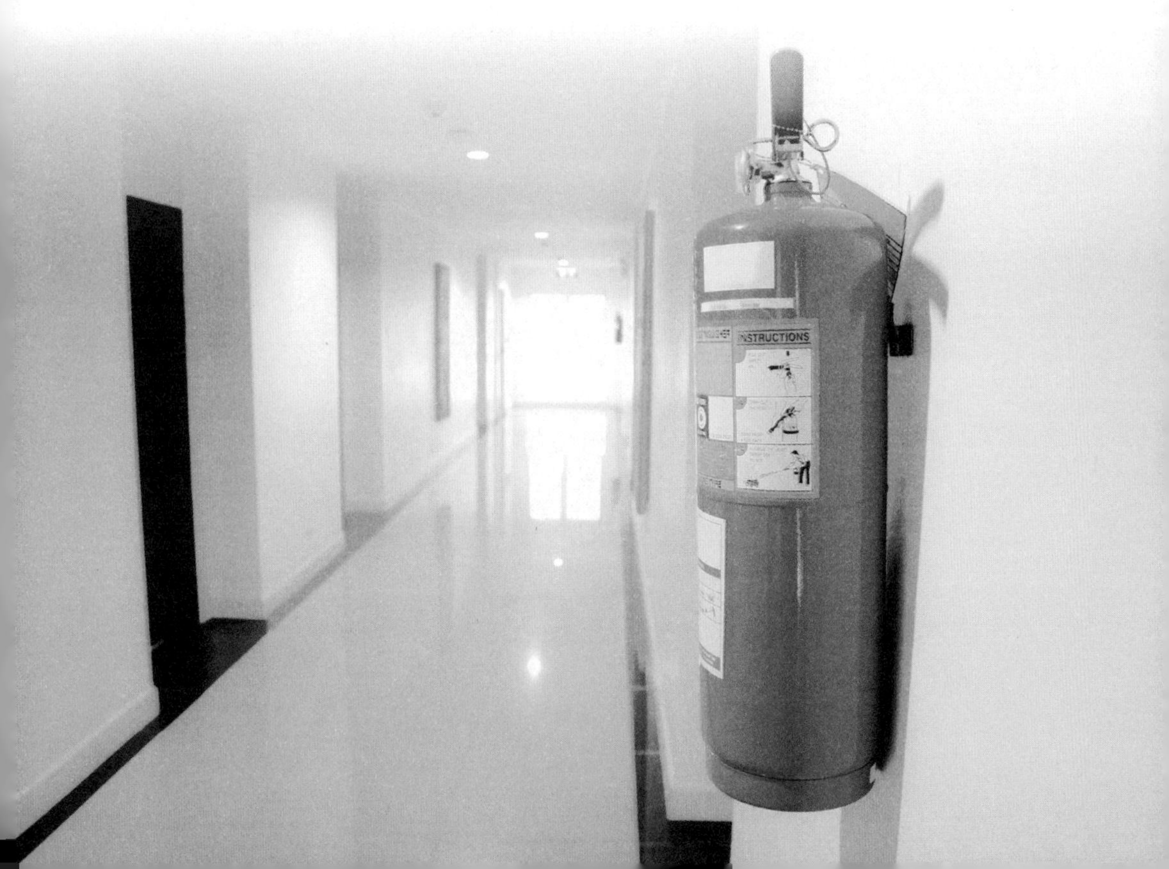

学习目标

了解客房日常安全管理的含义，客房安全管理措施；掌握火灾、失窃及其他安全隐患与突发事故的排查处理；掌握客房职业安全防护的方法。

思维导图

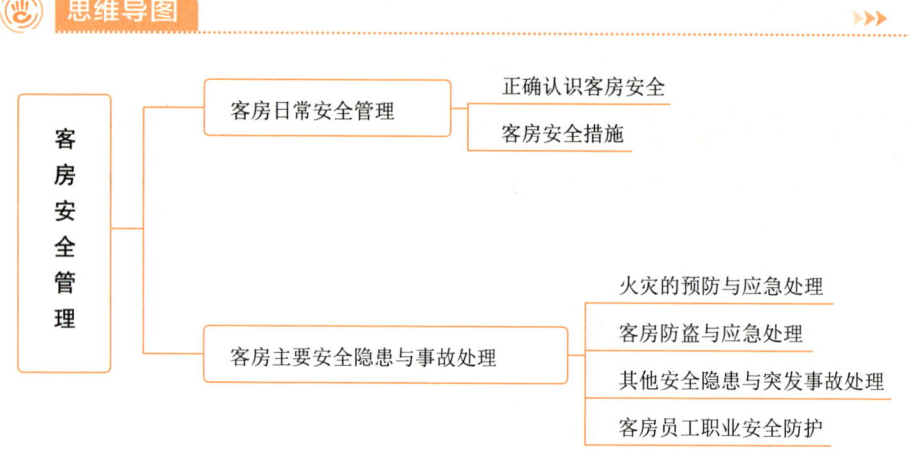

项目五 客房安全管理

任务一 客房日常安全管理

案例 5-1

哈尔滨北龙温泉酒店大火 20 人遇难

2018 年，令人震惊的 8·25 哈尔滨北龙温泉酒店火灾事故，共导致 20 人死亡，另有 20 多人不同程度受伤。

起火原因：

经过一系列调查取证，认定起火原因为酒店二层平台的风机盘管机组电线短路，形成的高温电弧引燃塑料绿植并蔓延成灾。

火灾蔓延原因：

（1）火灾发生前一天，三层客房领班张磊用灭火器箱挡住 E 区三层常闭式防火门，将其敞开。塑料绿植燃烧产生的大量有毒有害物质随浓烟通过敞开的防火门进入 E 区三层客房走廊，并渗入房间，导致楼内大量人员被有毒有害气体侵袭，因中毒眩晕而丧失逃生能力。

（2）酒店消火栓系统控制阀关闭，管网无压力水，自动灭火系统瘫痪。

（3）起火后，酒店员工发现火情，均未在第一时间拨打报警电话，仅层层上报领导。发现火情 9 分钟后才报警，已延误了最佳灭火救援时间。

进一步调研发现，该酒店员工法律意识缺失，安全意识淡漠，自开始建设直至投入运营，始终存在违法违规行为。在事发前一年，曾有四次消防抽检不合格，并因存在火灾隐患而被当地媒体曝光，最终发生了这一重大火灾事故。

（资料来源：哈尔滨酒店大火，到底有多少消防隐患是被漠视的？）

点评：很多酒店火灾实例显示，一旦发生火灾，后果严重，而对消防安全工作的麻痹大意和疏忽往往是其思想根源。所以我们要深刻认识酒店消防安全管理预防的重要意义。酒店安全是一切经营活动的基础，我们务必给予高度重视，不得掉以轻心。

（1）牢固树立"安全第一，预防为主，综合治理"的酒店安全管理理念。在安全与效率、效益发生矛盾时，要把安全放在首位。要保证安全生产的资金投入有效到位，各项设备、设施符合安全生产要求，发现事故隐

> 患必须及时消除，不能为了赶任务、追效益而置安全于不顾。
>
> （2）配备完备的酒店消防安全设施设备。按要求设置消防报警系统、灭火系统及预防系统等安防系统，不得偷工减料。并且定期巡检和维护保养，保证消防设备在紧急状态下能够正常使用，不得出现案例中的消防系统关闭或瘫痪状态。
>
> （3）贯彻落实酒店消防安全各项管理制度。明确酒店消防安全管理人及责任人；健全消防安全管理制度；落实消防安全检查制度，及时排查酒店的消防安全隐患；制定消防应急预案和消防安全知识定期培训制度，定期对员工进行消防安全培训，做到消防安全知识应知应会，不得出现安全工作的低级失误，能够扑灭初期火灾，能够及时报警或协助消防人员进行紧急疏散救援。

一、正确认识客房安全

酒店对客服务质量的好坏直接决定着酒店经营成果的好坏，而客人的人身和财产安全则是酒店对客优质服务最基本的保障，是整个酒店管理工作中最为重要的方面之一。

客房是酒店客人活动最主要的场所之一。在实际经营过程中，客房具有易燃物品多、人员流动大等特点，并且涉及客人、酒店、员工等多方利益。因此，预防、控制与处理安全问题成为客房部管理的重要内容。

（一）客房安全的含义

"安全"，在《汉语大词典》中有两层意思：一是平安，无危险，没有事故；二是保全，保护。

客房安全，是指在客房的生产经营活动中，通过建立健全各项保障机制，使客房区域范围内的人身、财产处于安全状态，生产经营活动能够顺利进行。

具体讲，客房安全有三层含义：

（1）客人、员工的人身及其财物及酒店财产和财物在客房范围内不受侵害；

（2）客房的服务及工作秩序、公共区域秩序保持良好的安全状态；

（3）客房内不存在对客人、员工的人身和财物及酒店财产造成侵害的各种潜在因素。

（二）客房安全管理概述

1. 客房安全管理含义

客房安全管理，是指为避免人员伤害和财产损失而采取相应的事故预防和控制措施，以保证人身、财产安全和生产经营活动得以顺利进行的相关活动。

在客房的日常运营管理中，虽然不可能完全避免安全隐患，但可以通过提高员工的防范意识，加强科学管理，投入必要的安防物资保障，在发生事故后采取及时、有效的救助措施，来预防和减少安全事故的发生及损失。

2. 客房安全管理的重要意义

（1）客房安全直接关系到客人的生命财产安全，进而影响客人对酒店的满意程度。客人满意是酒店的服务宗旨，而客房安全则是客人满意的最基本的条件之一，也是招徕新顾客留住老顾客的基本前提。客房安全是客人对客房部工作的最基本的要求。如果客房的安全得不到保证，就无从谈及顾客满意。安全的客房产品不仅会使老顾客不断地光顾酒店，同时，由于这种良好的安全形象具有辐射作用，还会吸引更多的新顾客。

（2）客房安全直接关系到酒店营业收入和经济效益。从酒店经营的角度来考虑，只有保证客人在酒店的人身和财产安全，才能有让客人满意、提高酒店声誉的基础，进而不断地增加客源，增加酒店的营业收入和经济效益。但一旦酒店发生失窃、火灾等安全事故，不管其他项目的服务质量有多好，也会出现"老顾客更换门庭，新顾客望而却步"的局面，造成酒店现实的和潜在的收益损失。

（3）客房安全直接关系到客房员工的切身利益。在现代管理理念中，酒店员工是内部顾客，酒店首先应该做到内部顾客满意，因为内部顾客满意是外部顾客满意的基础。如果客房员工始终处于各种安全事故层出的环境中，经常发生工伤、偷盗等事故，很难想象员工能够有一个良好的工作状态。在这种情形下，员工不但不可能全身心地投入工作，反而会选择离开，甚至会与酒店形成对立，直接影响到酒店的发展。

3. 客房安全管理的主要任务

（1）做好安全培训和宣传工作，培养员工良好的安全意识。安全管理最主要的是防患于未然，对员工进行安全知识宣传、教育是做好安全事故预防工作的重要举措。首先，新员工入职时，必须进行严格的安全知识培训，使其成为入职教育的必修课程。这样既会增强员工的安全意识，也会提高员工处理安全事故的能力。其次，客房部每年要定期对员工进行安全知识培训和宣传，进行必要的安全应急演练，保证员工安全意识不松懈，安全思想不麻痹，从思想上预防安全事故的发生。

（2）制定并严格执行客房安全操作规程和管理制度。规范的工作程序和健全的安全制度是客房安全最基本的保障。客房部只有全面制定各类操作规程，如火灾应急处理制度、失窃处理制度等，员工才能有的放矢地预防事故的发生和处理既发事故。

规程和制度的建设固然重要，但更重要的是严格执行这些规程和制度。只有这样，才能真正保障酒店经营过程中各环节安全有序。

（3）客房安全和对客服务完美结合。在保证酒店客房安全的同时，必须保证良好的对客服务质量，二者之间是辩证统一的。做好客房安全工作本身就是最好的对客服务形式之一，而良好的对客服务又是以客房安全为基础的。如果客房经常发生安全事故，再好的服务也不能体现其价值。相反，如果仅为了客房安全，而不顾及客人对服务的要求，安全工作执行得再到位，也没有意义。

案例 5-2

智能设备能帮助酒店规避安全风险吗？

2021年7月30日晚，在上海一家全季酒店发生了一起裸男夜闯陌生女子房间的安全事件。

涉事酒店安保人员在事件中的所作所为也被外界所关注。酒店保安发现行为异常的男子并将其送进房间后没有持续关注他，导致该男子又溜出房门并闯入陌生女子房间。虽然全季酒店承诺将夜间楼层巡检变更为1小时1次，但酒店客人仍然比较担忧酒店保安是否能严格完成夜间的安保工作。

北京橡鹭科技有限公司创始人杨建成表示，对于酒店安全问题，很多时候是标准执行不到位，又很难去核查。机器人代替保安巡更，可以保证酒店制定的 SOP 得到执行，但机器人巡检需要对客人进行扫脸对比，有可能侵犯隐私。同时机器人走来走去，不停地拍来拍去，也会影响客人的入住体验。

如果客人进入房间后门没有锁好，就会自动触发报警装置提醒前台，再让前台打电话提醒客人，这在技术方面完全可以实现。但万一客人是特意开门睡觉呢？因此，这需要考虑方案的可行性问题。当警示器发出提示时，前台是否需要立即停止手头的工作，优先处理此事，这些都是经营成本。

点评：智能设备的确可以发挥一定的安保作用，但酒店也需要引导客人提高警惕，注意安全，保护好自己。对于酒店来说，智能设备的安全辅助是必要的。但要考虑清楚，智能设备能为酒店解决什么问题，客人、员工到底需要什么样的智能产品。归根结底，酒店需要保持对人的敬畏，无论是客人还是员工。从这一点出发，酒店的很多工作都需要改进。

4. 客房安全管理的特点

（1）复杂性。酒店是一个开放型的小社会，客人来自四面八方。酒店既要热情接待每一位进店的客人，又要防止犯罪分子乘虚而入，这给安全管理工作带来很大难度。

酒店员工自身修养不足，也会使酒店的安全管理工作防不胜防。

客人安全意识薄弱容易引发安全事件。比如将贵重物品随便放在客房内，没有将其放到前台保险柜或客房保险柜。2013年，青岛市市北区的金狮100宾馆发生的火灾正是客人吸烟时乱扔烟头引起的。客人素质的参差不齐，安全意识淡薄，也是酒店的安全隐患。

现代高科技的不法使用也增加了酒店安全管理的难度。高科技武装的高智商犯罪团伙作案时有明确的分工，开密码锁只需几秒钟，且不留下任何蛛丝马迹。近些年，在客房内安装远程控制针孔摄像头侵犯客人隐私的事件经常被曝光。酒店有必要在查房时或定期检修客房时留心观察，避免造成客人声誉和酒店形象的损失。

另外，一些老酒店，为了压缩空间，取得更高的经济效益，在建设中要求房间小一点、楼道窄一点、建筑矮一点、通道少一点，致使安全隐患突出。2020年3月7日发生的泉州欣佳酒店坍塌事故，其事故原因就是违规装修改建。

影响客房安全的因素非常广泛。酒店领导和员工对客房安全工作的长期性、复杂性和艰巨性一定要有足够的认识，在思想上一定要警钟长鸣。

（2）预防性。客房安全工作应以预防为主，要消灭安全隐患于萌芽状态，甚至是杜绝隐患。客房的安全事故在发生之前都会有各种征兆。只有领导和员工安全意识强，安全管理制度健全，并长期认真贯彻执行，才可以在很大程度上减少安全事故的发生，保障酒店和客人的利益不受损害。所以，要将预防性安全维护工作纳入日常工作议程，建立安全工作责任制，制订周密的安全工作计划并认真执行，同时完善安全检查监督制度并有效执行。

案例 5-3

男子客房洗澡滑倒磕坏 4 颗牙，怒索赔 2 万元

肖先生在贵阳旅游时住在某大酒店。一天早上，他起床去洗澡，刚进浴室就摔了一跤。四颗牙受伤，有的断了一半，还有一颗牙连根摔掉。

事发之后，酒店工作人员带肖先生去医院检查并承担了医疗费用 280 元。但肖先生要求酒店赔偿 2 万元作为补牙修牙费用。他觉得自己摔倒是酒店没有配备专用洗澡拖鞋，自己穿一次性拖鞋才滑倒的。但酒店负责人表示，酒店没有过错，房间配有防滑垫和地巾。行业没有明文规定，必须配备多种拖鞋。而且浴室门口也贴了相关提示，不允许客人穿一次性拖鞋进入浴室。由于前一天晚上肖先生把地面弄湿，水迹没干，才导致他摔倒。酒店最多只能赔 5000 元。

最终双方经过协商，签了和解协议。酒店支付 6600 元钱，其余费用由肖先生自己解决。

点评： 无论酒店还是客人，都不愿意发生安全事故。近年来，客人住酒店受伤的案例时有发生。所以酒店应该吸取教训，采取各种预防措施，防止此类安全事故的发生。第一，完善房间的设施设备，定期维修保养，保证房间正常使用，消除安全隐患。第二，尽到管理和安全提示的义务，在必要和醒目的地方张贴相关标识，避免客人疏忽。第三，客人在酒店受伤，酒店有急救和抢救的义务。第四，客人在酒店受伤，在赔偿方面双方以协商为主，酒店应满足客人的合理要求。

作为客人，住进酒店，应先观察一下屋内的设备设施有没有安全隐患，并按照酒店的提醒和规定做好防护措施，以免自己受伤。

（3）服务性。客房安全工作的最终目的之一是给住店客人提供安全保障，即为客人创造安全的生活和工作环境。这是客房部工作的重要内容，也是对客服务工作的重要方面。例如，在遇到住客顺手牵羊带走客房内物品时，应尽量避免正面要求检查客人行李，而应采取委婉的方法，让客人主动放回带走的客房物品。这样既顾全了客人的面子，又避免了酒店的财产损失。

二、客房安全措施

（一）客房安全设备用品

酒店要做好安全管理工作，离不开先进完备的安全防范设施设备。目前酒店常见的安全设施设备有电视监控系统、安全报警系统、消防安全系统等。

1. 电视监控系统

电视监控系统一般由摄像部分、放大传输部分、控制部分和显示记录部分构成。电视监控系统作为客房区域主要的安全装置，主要用于发现可疑人员或不正常现象，以便及时采取措施，对犯罪分子也可造成心理威慑，给酒店安全提供保证。电视监控系统的前端摄像部分在客房部的主要位置有：①楼层走廊、疏散楼梯、电梯厅，在楼层过道安装监控摄像头，一般采用中、长焦镜头；②客用电梯的摄像头一般为视野宽阔的广角镜头。

2. 安全报警系统

报警系统的种类较多。酒店使用的主要有自动防盗报警系统、手动报警系统、煤气泄漏报警系统、消防报警系统等。酒店的一些重要场所和部位，必须安装相应的报警系统，以防止盗窃、抢劫、燃气泄漏和火灾等突发事故的发生。

3. 消防安全系统

酒店的消防安全系统一般由火灾报警器（烟感器、温感器、光感器、手动报警器等）、灭火系统（自动喷淋系统、消防栓、灭火器）、防火设施设备（防火墙、防火门、送风排烟设施等）和消防疏散设施等组成，是酒店安全必备的设施。

4. 通信联络系统

通信联络系统是指以安全监控中心为指挥枢纽，通过手机、电话、对讲机等通信器材形成的联系网络，使酒店安全工作具有快速反应能力。

5. 房间安保系统

（1）电子门锁系统。该系统对酒店的安全管理能起到很好的作用，加强了对"智能"盗窃团伙的防范。电子门锁上可以安装自动破坏解码器的装置。若犯罪分子将解码器插入电子锁，该装置会将解码器毁坏并报警。电子门锁在门没有关闭时也会自动报警，提示客人。门未关闭的报警信息还会传递到客房部和前厅部相应的系统端口，以此提醒酒店工作人员给予关注。刷脸、指纹、密码等开锁方式已成为智能电子门锁的普遍设置，但需要经常检修和维护门锁，一旦失灵或出现故障将会造成意想不到的后果。

陌生男子半夜误闯他人房间

一天深夜，济南某高端酒店一醉酒男子误闯李女士的房间，引起了李女士的投诉。

李女士当天住进酒店后，客房门没有关好。但是客房门锁也没有报警提示，致使李女士误认为门已关闭。深夜误闯的陌生男子住在李女士隔壁房间，因为醉酒没有看清门牌号，认错房门并且一推门就开了，于是造成了这个误会。李女士被吓一跳，对男子大喊，男子才猛然清醒。李女士立即找酒店投诉。酒店因为门锁质量问题，对这个事件负有不可推卸的责任。最终经理给客人赔礼道歉，送果盘，免房费，双方达成和解。

点评： 近年来，由于门锁质量问题引起的恶性事件不在少数。受此类事件影响，很多酒店立即着手排查安全工作，重点检查闭门器、门锁及报警装置、防盗链等。因为客房门锁是客房安全的首要保障，"不怕一万，就怕万一"，在日常客房清洁和查房中要注意检查门锁。保安日常巡更中需要注意门锁的关闭状态，工程部在定期的客房检修中也应保证所有设施设备使用状态良好。酒店应从多方面抓好安全工作，避免类似问题的发生，给客人一个安全舒适的入住环境。

（2）窥视镜和安全链。窥视镜安装在房门上端，为广角镜头，便于住客观察房间的外部情况。安全链或者安全环安装在门后把手旁，它可以使房门只能打开很小的角度，防止外人进入房间。

（3）保险箱。保险箱一般放在客房壁橱里，供客人存放贵重财物。

（4）消防安全设备。按照消防安全法规要求，客房内应该配备齐全的消防安全设施设备。客房内一般设有烟雾报警器和水自动喷淋头，供火灾报警和自动灭火之用。为保证客人的安全逃生，客房还通常备有"消防三宝"：安全疏散示意图、防烟面具、强光手电筒。

（5）安全报警与呼救设施。为防止意外发生，客房内通常会安装紧急呼叫按钮。紧急呼叫按钮一般会安装在床头柜和卫生间。另外，残障人士客房内增加的紧急呼叫按钮通常会设置在离地面30厘米左右的位置。客人一旦按下紧急呼叫按钮，客房部系统端会立即有信息提示，客房部文员将迅速通知相应楼层服务员前往查看。

随着科技的不断发展，会有越来越多的智能科技应用到酒店安全管理中，但这并不能保证酒店安全万无一失。在实际工作中，人为的疏忽大意往往是导致安全事件发生的关键因素。只有将人防和技防相结合，才能构筑有效的酒店安全屏障。

（二）客房安全管理制度

为确保将安全工作真正落到实处，保证客房安全和酒店的正常营业，必须制定一套可行的客房安全制度。一来规范酒店员工和客人的行为，防止安全事故的发生；二来当发生安全事故时，能够有效处理。

1. 客房部安全管理预防制度

（1）严格的入住登记制度。客人住宿要凭本人有效证件。有效证件包括中华人民共和国居民身份证、中国人民解放军军人证、港澳居民来往内地通行证、台湾居民来往大陆通行证、护照等。当然，现在也可以凭身份证号进行无证入住办理。长住客人要履行长住登记手续。调换住宿人员要经店方同意，不许私自留宿。

（2）全面的客房安全预防制度。①客房内放置"请勿卧床吸烟"提示牌、"宾客安全须知"说明，门上张贴"紧急疏散示意图"等。②禁止住店客人使用自备的电热器具。长住客人若使用自备电器要得到店方允许，并由酒店进行电器线路安装。③客房卫生间应配备防滑垫，并张贴"小心滑倒"的提示。④对于退客房，客房服务员要认真检查房间内有无火种等安全隐患。⑤服务员有明确的责任分区，不得随意串岗。⑥客房服务员不得泄露住店客人隐私。⑦客房楼层配备24小时运行的监视系统，并辅以每1~2小时一次的安保巡视。

2. 客房钥匙控制制度

为保证客房安全，落实严格的钥匙控制措施是必不可少的。客房钥匙丢失、随意发放、私自复制或被偷盗等都会带来各种安全问题。

（1）建立严格的钥匙领用制度。①客房钥匙专人管理、专柜存放，实施严格的领用登记手续，不得带出店外。每天上班时，客房主管、领班及服务员到客房服务中心领取客房钥匙。客房服务中心员工应严格记录钥匙发放情况，如领用人、领用时间等，并由领用人签字。归还钥匙时则应填写归还人及时间。②住店客人领取房间钥匙，前台人员必须严格执行相应标准，认真核对客人姓名、身份证信息后才可以制作发放。③万能钥匙要专人保管，专人使用，每次使用应登记备案。有的酒店的万能钥匙归安保部专人管理。若有人申领，必须严格登记备案。

（2）使用钥匙要有严格的规范。①如遇客人忘带钥匙，要求代为开门，客房服务员必核实身份，绝不能随意为其开门。如不能核实其身份，请客人到前台办理相关手续。②服务员清洁房间时，要"开一间，清一间；完一间，锁一间"，认真填写登记表，记录进出时间。③服务员应随身携带客房钥匙，不能随意丢放在工作车上。

3. 客房安全巡视制度

客房部管理人员、服务人员及安保部员工对客房区域进行巡视是保证客房安全的有力措施。在巡视中，应注意有无可疑人员，有无不应该进入客房区域的酒店员工。注意房门是否关上及锁好。如发现客房门虚掩，可敲门询问；如客人在房内，提醒其注意关好房门。如客人不在房内，可进入该客房检查是否有不正常的现象，未发现异常，则直接将门关上。客人疏忽大意未关房门的，应由安保部发一道通知，提醒客人注意离房时锁门。

4. 安全培训制度

（1）组织防火、防盗、防破坏、防自然灾害事故等宣传教育及保安业务培训和演练。

（2）注重设施设备安全培训，使客房部员工掌握各类安全设备和用具的性能，严格按操作规程或使用说明正确操作。同时做好安全设备的日常维护保养工作，以保障自身和设备的安全。

（3）开展职业道德和法规条例培训教育，杜绝员工内部作案。

（4）提高员工安全管理意识和沟通技巧，认真检查负责区域，消除安全隐患，督促客人或其他员工做好各项安全工作，确保酒店及客人的生命财产安全。

思政园地

抓牢消防创平安，不忘初心记使命

为进一步加强酒店消防安全管理，增强酒店全体员工消防安全意识，掌握消防安全知识，保障国庆期间安全服务接待工作，2021年9月30日，山东大厦·清照酒店组织开展"抓牢消防创平安，不忘初心记使命"消防活动。

此次演习以模拟酒店客房某房间发生初期火灾为背景，总经理下达演习开始指令，房间烟感探测器报警，消防控制室第一时间通知客房员工进行查看，确认火情后，反馈至消防控制室，请求灭火支援。现场工作人员形成第一梯队，立即组织灭火和人员疏散，随后由安保部、工程部组成的第二梯队支援火灾现场，成功处置火情。随后，酒店安保部负责人组织大家进行了消防器材使用方法的培训，并发放"山东大厦·清照酒店员工安全常识卡"，营造全员都是"消防员"的学习氛围，筑牢酒店安全防线。通过演习，员工掌握了基础消防器材的操作使用方法，明确了发生火情

时的报警流程与处置程序，懂得如何扑救初期火灾及紧急疏散、逃生。

自开业以来，山东大厦·清照酒店时刻紧绷酒店安全这根弦，牢牢把握安全底线，每年定期严格组织酒店安全培训各项活动。酒店安全无小事，只有提高抗击突发事件的应变能力，在遇到火灾等紧急突发事件时才能有组织、有秩序地安全疏散客人，保障员工自身安全和酒店的财产安全。安全培训切莫掉以轻心！

（资料来源：山东大厦·清照酒店.2021-10-01）

任务二　客房主要安全隐患与事故处理

一、火灾的预防与应急处理

（一）客房火灾的种类及原因

1. 客房火灾的种类

根据国家标准，引起火灾的物质不同，可将火灾大体分为以下五种主要类型。

A 类火灾：固体物质的火灾，包括木材、布料、纸张、橡胶及塑料等。这类物质在燃烧时能产生灼热的余烬。由于客房床品、地毯、墙面装饰物等易燃物较多，所以 A 类火灾成为客房常见火灾类型。

B 类火灾：液体或可熔化的固体物质火灾，包括油类、酒精类引起的火灾。

C 类火灾：气体火灾，即煤气、天然气等可燃气体引起的火灾。

D 类火灾：可燃金属火灾，包括镁、钠、钾及其合金引起的火灾。

E 类火灾：带电火灾，即物体带电燃烧的火灾。目前，电器火灾在酒店火灾类型占比呈上涨趋势。

2. 客房火灾原因

通过对近 15 年全球酒店火灾的案例研究，发现了"三个 70%"的重要规律，即 70% 的火灾是由电气引发，70% 的火灾是用火不慎，70% 的火灾发生在早、晚和零散人员身上。

（1）电气火灾。电气线路和用电设备管理使用不当都易造成电气线路短路起火。比如，客人在客房内私自使用高功率电器（如电饭锅、电炉等），电器设备安装不良或者一次性使用时间过长，导致短路或者元件过热等。2018

年 8 月 25 日发生在哈尔滨北龙温泉酒店的火灾，起火原因就是风机盘管机组电线短路，形成高温电弧，引燃周围塑料绿植装饰材料，并蔓延成灾。2021 年，我国应急管理部门公布的 1—10 月火灾事故中，电气火灾数量高居榜首，比例高达 50.4%。

（2）用火不慎引起火灾。谨慎用火才能保证安全。客房内不得带入易燃易爆物品。2018 年浙江湖州一家酒店因为客人在房间地毯上摆放蜡烛求婚而引发火灾。另外，酒店的用火人员必须严格按照规程操作，不可麻痹大意。确保用火设施在任何时候都必须处于良好状态。有酒店在客房装修改造时需要电焊作业，事先没有申请动火操作许可，现场也没有配备灭火器等安全防护措施，飞溅的电火花引燃室内装饰材料引发火灾。

（3）火灾发生在早、晚和零散人员身上。早、晚和节假日，因管理松懈往往容易形成火灾隐患。酒店临时维保人员、临时工等零散人员是管理的死角，极易发生漏管情况。所以，只有实施全时空、全员、全过程严格管理，才能有效防止酒店发生火灾。

（4）吸烟造成火灾。吸烟引起的火灾是客房火灾的一种常见形式。比如，客人卧床吸烟或酗酒后吸烟不慎引起火情；客人乱扔未熄灭的火柴或烟蒂引燃客房物品；服务员未仔细检查，将未熄灭的火柴或烟蒂倒入垃圾袋或吸入吸尘器而引起火灾。研究数据显示，烟头自燃状态下表面温度为 550℃~600℃，中心温度可达 830℃。吸剩的烟头在未熄灭的情况下被扔弃，一般能继续燃烧 1~4 分钟，碰到易燃物很容易引发火灾。

微课 5-1

（二）火灾的预防

1. 配备消防设备和器材

酒店应在客房中安装整套消防智能联动系统，主要包括报警器、灭火器和防火设备、消防疏散设施等。

（1）报警器

一般客房内要配置烟感报警器，客房走廊配备手动报警器和火灾楼盘显示器等，以确保及时发现火情和报警。

（2）灭火器材

在客房区域内，为了防止火灾事故，需要配备喷淋装置、消防栓和灭火器。除了要配齐各种灭火器材，还需要定期检查，保证其能正常使用。常用灭火器主要分为干粉灭火器、二氧化碳灭火器、水基型灭火器。水基型灭火器作为新型环保灭火器，可扑灭电气、易燃液体、固体等初起火灾，对环境污染较小，越来越被广泛应用。

图 5-1　山东大厦·清照酒店客房烟感器、送风排烟口及喷淋头　摄影：编者

图 5-2　山东大厦·清照酒店客房走廊消防栓及干粉灭火器　摄影：编者

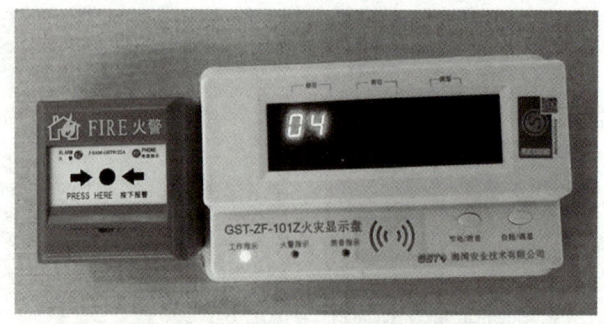

图 5-3　山东大厦·清照酒店客房走廊手动报警器及火灾显示盘　摄影：编者

（3）防火设施

一旦发生火灾，防火设施可以有效避免火势蔓延，将火势控制在最小范围内。防火设施主要由防火墙、防火楼板、防火卷帘和防火门等组成。客房门要达到足够的耐火级别，常闭式防火门不能因被工作车阻挡而打不开，也不可以处于敞开式状态。防火排烟系统能减少有毒气体对人体的危害，因而也非常关键。

（4）消防疏散设施

客房内，门上必须张贴中英文对照的应急疏散指示图。另外，还应备有专用逃生电筒、防毒面具、逃生绳等，以备万一之需。

客房走廊区域，配备紧急广播系统、安全出口指示标志、应急照明及安全疏散楼梯等完备的消防疏散系统设置。

2. 制定火灾预防措施

（1）对客人加强防火宣传，提高安全意识。

（2）疏散通道和出入口不得堆放物品，以保证在紧急状态下能迅速疏散客人。

（3）酒店使用、储存的易燃易爆等危险物品，应当单独存放，专人管理。

案例 5-5

美国拉斯维加斯米高梅广场酒店火灾的惨痛教训

1980 年 11 月，美国拉斯维加斯市米高梅大酒店发生火灾，造成 85 人丧生、600 多人受伤。这是美国 20 世纪 80 年代发生的最严重的火灾。

米高梅大酒店于 1972 年开工建设，1973 年 12 月投入使用。该酒店总投资 1.06 亿美元，但在消防投入方面却极为吝啬。消防部门在酒店建设过程中强烈要求其全面安装自动喷淋灭火系统，但米高梅大酒店却始终舍不得花费这 19.2 万美元，甚至游说克拉克县建设局出具法律文书，凡是 24 小时营业场所均不用安装洒水喷头。按照这一原则，起火的"戴丽"餐厅一般是通宵营业，因此没有安装洒水喷头，从而为悲剧的发生埋下了隐患。

起火原因是"戴丽"餐厅冰柜的非绝缘导线由于长期振动而接触不良、发热，引燃了周围的可燃物。一层赌场东侧咖啡厅的员工发现并试图用消防卷盘灭火，但在有人提醒不能用水扑救电气火灾后又扔掉了水带。这时火势迅速扩大，现场人员四散逃生。这场火灾不仅造成大量人员伤亡，还造成了高达十几亿美元的经济损失，包括 3 亿美元的重建投资和数亿美元的停业间接损失。

1982 年 1 月 15 日，美国消防协会（NFPA）发布调查报告，指出造成重大人员伤亡的七大原因：

一是酒店内大量采用可燃材料家具、装饰材料，特别是泡沫填充材料，不仅加大了火灾荷载，而且燃烧速度很快，产生的大量有毒气体造成人员中毒。二是赌场的建筑平面布局不合理，缺乏有效的防火分隔措施，造成火势迅速扩大蔓延。三是起火的餐厅和赌场没有安装自动喷淋灭火系统，致使火灾在初始阶段未被及时有效控制。四是高层宾馆内的变形缝和大量竖向孔洞未做防火封堵，造成烟气在整个建筑内快速蔓延。五是高层宾馆的疏散楼梯围护墙体耐火极限低于 2 小时。部分楼梯甚至用胶合板做封闭材料，造成烟气直接蔓延进楼梯间。六是高层宾馆内的通风空调系统不具备在火灾时连锁停机的功能，烟气通过送风管道被送到各个部位。七是由于电梯均不具备火灾时自动迫降的功能，敞开的电梯门使电梯井成为烟气蔓延的重要通道。

（资料来源：司戈. 酒店消防：说一说美国 38 年前震惊世界的米高梅大酒店火灾. 2018-08-28）

点评：这起火灾暴露了当时美国在建设工程消防设计审核、消防安全标准规范制定、酒店住宿业消防安全管理等方面存在诸多问题。此后，美国社会更加重视火灾预防，通过采取一系列法律制度、经济政策、行业自律等多方面措施保证酒店业的消防安全。

自 2017 年我国将"119"消防日宣传活动拓展为"119"消防宣传月活动以来，我国政府不断加强消防宣传、消防法律监管等工作，企业不断研发消防安全智能化设备系统并投入市场，酒店行业也越来越重视消防安全管理。相信通过各方共同努力，一定能营造酒店良好的安全环境。

（三）火灾事故的处理

表 5-1　客房火灾应急处理程序

处理步骤	步骤要求
1. 建立组织指挥机构	（1）组建客房部宾客疏散队：客房部经理任队长，客房部副经理任副队长，设 3~4 个疏散组，每组 4 人 （2）组建夜间宾客疏散组：夜值经理任组长，成员由楼层服务员、前厅服务员、应急队队员组成
2. 报警	发现异常情况，如异味、异声、烟雾、温度骤然升高、火光等，及时用电话或对讲机、手动报警器向消防监控室报警
3. 接警处置	（1）确认火警：通知客房服务中心和楼层服务员立即带上灭火器到报警点查看，同时调看报警部位监控，辅助确认火情 （2）若不是火警，恢复报警设备，并查明误报原因 （3）若是火警，立即通知酒店义务消防队和安保部人员赶赴现场灭火，立即通知部门经理、副经理、楼层主管赴现场组织灭火 （4）着火楼层服务员及客房疏散队立即疏散人员 （5）迅速启动消防联动设备（排烟、送风、切断着火楼层供电、启动应急广播、启动水泵供水等） （6）报告总经理及夜值经理、安保部经理、着火部位责任区经理 （7）通知消防设备运行保障组到各自岗位，保障消防设备正常运行 （8）通知警戒组立即进入火灾警戒状态 （9）请示总经理批准，向 119 消防指挥中心报火警
4. 灭火	义务消防队和安保部人员接到灭火指令后，按照分工立即带上灭火器、对讲机、消防逃生面罩，赶赴着火现场，分别用消防栓和灭火器扑灭火灾
5. 疏散宾客	（1）客房部宾客疏散队或夜间疏散组立即按照分工通知、引领宾客带上贵重物品从疏散楼梯间疏散到楼前广场 （2）疏散过程中，要逐房检查宾客，无人后做标记，防止落下客人。要阻止客人乘坐电梯 （3）疏散顺序：先疏散着火楼层，再疏散着火楼层的上一层和下一层，然后从最高层逐层向下疏散 （4）清点人数：宾客在广场集合后要清点、登记人员，防止宾客返回房间取东西
6. 设备运行保障	设备运行保障组接到火警信号后，迅速到机房、消防设备安装部位检查消防设备运行情况，保障消防供电、供水、排烟、正压送风，切断空调、通风、着火楼层非消防供电。当消防队到来时为其提供水源、楼房布局图、结构图等

续表

处理步骤	步骤要求
7. 警戒	警戒组及时设置警戒线，阻止无关人员进入酒店。看管酒店物品，疏散广场车辆，引导消防车到来
8. 火灾原因调查	火灾原因调查小组在扑灭火灾后，迅速找当事人询问情况，搜查物证，查明火灾原因，核定火灾损失，认定火灾责任

二、客房防盗与应急处理

（一）失窃类型及原因

1. 客房失窃类型

（1）酒店财物失窃。酒店客房中有很多物品，包括浴巾、毛毯、床罩等，容易被客人顺手带走，客房部员工必须注意这类物品的安全。

（2）客人财物失窃。首先，要提醒客人将贵重物品和现金交给酒店保存，以防止意外发生。其次，加强客房钥匙管理和客房巡察制度。一旦客人物品丢失的情况，酒店应采取措施，积极帮助客人寻找，或依照客人要求报警。要尽量减少客人损失，同时降低对酒店的负面影响。

2. 客房失窃的原因

（1）员工内盗。客房员工行窃是客房失窃的重要原因，且很难防范。因此酒店必须把好员工招聘关，避免低素质员工流入，同时加强酒店员工的思想教育工作，提高员工的道德水准。

（2）客人盗窃。客人盗窃主要是指住店客人中的一些不法分子进行的行窃行为。

（3）外来人员盗窃。外来人员盗窃是社会上的一些不良分子进入酒店，寻得安全防范漏洞而进行的行窃行为。

（二）失窃事故的预防

为有效防止失窃事件的发生，应针对不同的失窃原因采取相应的预防措施。

1. 防止员工偷盗行为

为有效防范员工偷窃，可以采取以下措施：

（1）把好招聘关。注重员工品行，严格进行案底审查，避免不良分子成为酒店员工。

微课 5-2

（2）制定钥匙使用制度。客房服务员领用工作钥匙必须登记签名，用完

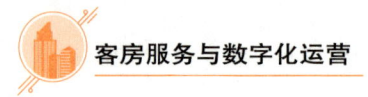

钥匙后立即交回办公室。

（3）严格执行员工进出客房登记制度。酒店员工因清洁客房、送餐或维修等事宜出入客房时应登记出入时间、事由、房号及姓名。

（4）建立资产管理制度。定期盘点清算有形资产，定期检查员工存物柜，并将结果公之于众。

（5）严格执行员工出门查包制度。员工下班离开酒店时，在员工通道出入口应主动开包配合检查。出入口处的安保人员应该严格执行例行查包制度。

2. 防止客人偷盗行为

客房部制定科学、具体的"宾客须知"制度，明确告诉宾客应尽的义务和注意事项。也可以采取以下措施：

（1）在不能带走的酒店用品上印上明确的标识，使客人打消偷盗的念头。比如洗衣袋上写明"非一次性用品"。

（2）可以制作有酒店标志的精美纪念品或礼物，并明确说明赠送，给客人留作纪念。

（3）做好日常的退房检查工作，及时发现和杜绝客人的不良企图。

3. 防止外来人员偷盗行为

（1）加强楼层进出口控制，加强其他场所的不定时巡察。

（2）加强安全措施，要注意保护摆放在公共场所的有价值物品。

（3）注意来往人员携带的物品，对于可疑人员要给予高度重视。

（三）失窃事故的处理

酒店客人的财物被盗以后，客人直接报警的，由公安部门负责处理，酒店提供相关协助即可。客人未向公安部门报案，而是向酒店反映丢失情况的，由酒店全权负责处理。

1. 一般失窃

客人反映客房失窃时，如果是一般失窃，应先请客人回忆一下丢失物品原先摆放的位置，是否用过后放在别处。特别是细小的东西，很容易掉到枕头下、床下、沙发下或沙发接缝等地方，在征得客人同意后帮助寻找。

2. 重大失窃

当客人丢失物品价值较大时，应立即保护现场，并报告安保部，必要时要将客人的外出、该房间的人员来访等情况提供给有关部门，协助调查处理。具体程序如下表。

表 5-2　客房失窃事故处理程序

处理步骤	步骤要求
1. 报警	楼层服务人员或客房服务中心值班员应立即通知客房部经理、监控室及安保部经理（夜间应通知夜值经理），报清盗窃案件发生的地点、房间号、报警人姓名，并保护好现场，不准客人及其他人员随便进入现场
2. 处理	（1）接到失窃报警楼层主管赶到现场后，要保护好现场，严禁客人或其他人员进入现场 （2）客房部经理马上赶赴现场，慰问客人，做好安抚工作 （3）客房部经理、安保部经理或夜值经理调查了解基本情况后，立即向总经理汇报 （4）请示总经理，并结合客人的意愿，做出是否向公安机关报警的决定 （5）公安人员到达现场后，客房部配合公安人员工作，并按照总经理指示做好善后工作

三、其他安全隐患与突发事故处理

酒店还会出现客人醉酒、意外受伤、生病甚至死亡等安全事故，具体事务处理程序在前文有详细阐述，此处主要对自然灾害和其他突发事故的处理进行介绍。

（一）自然灾害的处理

酒店遇到的自然灾害包括水灾、地震、台风、龙卷风、暴风雪等。由于所在地区地理、气候特点不同，酒店的自然灾害预防处理预案会有所侧重。比如我国西南地区的酒店要重点预防地震、泥石流等地质灾害，洪涝、台风等灾害往往成为南方沿海地区酒店自然灾害预防的重点。而客房部则根据酒店自然灾害预防处理预案，主要做好以下三点工作。

（1）明确各工作岗位在发生自然灾害时的职责与具体任务。

（2）应备有各种应付自然灾害的设备器材，并定期检查，保证其处于完好的使用状态。

（3）制定灾害发生时的紧急疏散计划。

（二）停电事故的处理

酒店停电事故发生的可能性比火灾及自然灾害要大，因此，酒店应配备紧急供电装置，在停电时能自行供电。无论有无紧急供电装置，一旦发生停电事故，客房部应设计一个周全的安全计划来应急。

表 5-3　停电事故应急处理程序

处理步骤	步骤要求
1. 及时上报	服务员在客房区域发现突然停电，用对讲机或电话上报客房服务中心，客房服务中心第一时间通知客房部经理
2. 查明原因	由管理人员与工程部取得联系，查明停电原因，确认大约需要多长时间恢复正常送电
3. 通知客人	（1）客房服务中心和管理人员分别给客人打电话安抚宾客 （2）安抚话术： 尊敬的宾客，因设备故障临时停电，工程人员正在抢修（大约需要 15 分钟）。请大家不要惊慌，不要走动，在您的床头柜内有应急手电，谢谢合作
4. 楼层安全管理及服务	（1）迅速为客人提供备用照明灯具、应急手电等 （2）打开疏散通道的防火门。有客人上下楼梯的，请其走安全通道 （3）安排管理人员做好楼层安全巡察，以防发生火灾等事故 （4）客房每层安排一名员工向客人做好解释工作，安抚客人 （5）需要做好储水的供应工作。管理人员安排专人给房间的客人运输水源。停电期间，保证客人用水充足
5. 恢复正常，房间检查	（1）工程部检修设备，恢复送电后，立即通知客房部 （2）客房部接到通知后检查所辖区域电磁门、房间用电设备是否异常 （3）检查房间用水的水质是否正常。如出现水质发黄现象及时安排人员放水处置

（三）防暴工作

客房防暴工作主要是为了酒店和客人人身、财产安全，对特殊人员、财产和客房区域进行保卫，以及对企图破坏酒店和客人安全的不法分子进行警戒、防备、制裁工作。

1. 硬件预防措施

门窗是客房治安管理的重点，客房门的安全装置要足够齐全完备：配备解码器报警装置、门锁报警设备、安全锁链、180°门窥镜等，其他能进入客房的门（阳台门、连通门等）都应能上闩或上锁。客房建造装修中，选择隔音效果好的材料。完善客房公共区域的视频监控系统、安全疏散系统、安全联动系统等硬件安全设备。

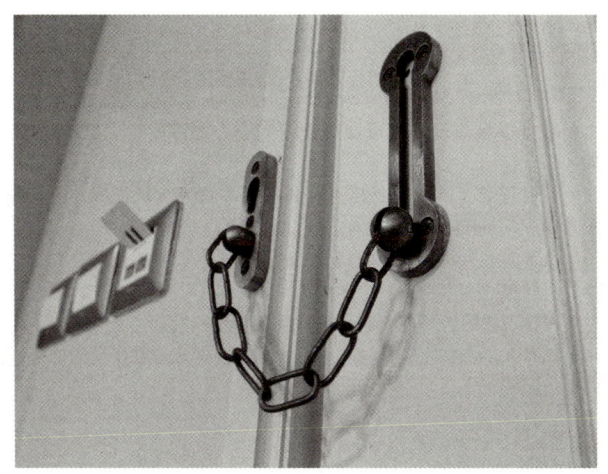

图 5-4　房间内安全链

2. 加强安全防范意识

（1）严格按照流程和规范接待客人。

（2）服务中注意可疑人员，如长时间拒绝打扫客房的人，过分挂念由酒店代为保管的物品之人，在走廊徘徊或行动可疑的人，谈话中有非安定性语言的人，尾随重要会议宾客的普通客人，不安、恐惧、彷徨之人，长时间待在酒店角落的人，无理取闹、故意制造事端的人，等等，这些明显有异常举动的人，客房部服务员应该加强关注。

（3）在清洁客房时细心观察异常物品，善于发现可疑现象。如携带武器或是像武器的东西，有可能是爆炸物的东西，不交给服务员而非要自己搬运的行李，体积小但明显很重的行李，外包装与内容物不符或携带铁器的行李，等等。

（4）一旦发现疑似枪支、管制刀具、爆炸物、有毒物等可疑危险品，应妥善处置。具体处理程序如下。

表 5-4　客房发现可疑危险物品的应急处理程序

处理步骤	步骤要求
1. 上报	（1）立即用对讲机或电话通知管理人员和安保部经理到现场进行查看，用清晰的语言讲明发现可疑危险品的地点、时间及报警人姓名 （2）不要轻易碰触可疑爆炸物品，尽力保护和控制现场，等待管理人员赶到
2. 现场查看	（1）管理人员到达现场后进行查看 （2）根据情况临时组织、安排各项任务，采取有力措施排险抢救 （3）根据情况的严重性向总经理汇报，并协调工程部、安保部做好配合

续表

处理步骤	步骤要求
3. 处理措施	（1）布置以爆炸现场或可疑爆炸物为中心的警戒线。控制现场，严禁无关人员进入 （2）及时报警，不要轻易接近和移动爆炸物，听从指挥，服从安排，坚守岗位，配合专业人员排除险情 （3）负责向客人解释发生的情况，做好客人的安抚工作 （4）引导疏散客人到达安全区域 （5）转移现场附近可能引起火灾的助燃物品和贵重物品 （6）如有人员伤亡，应及时与医院联系，并做好抢救伤员的准备工作

案例 5-6

拉斯维加斯曼德勒海湾酒店枪击案

2017年10月，拉斯维加斯曼德勒海湾酒店发生枪击事件，造成至少58人死亡、500多人受伤，凶手动机至今未明。后来发现该枪击案凶手的房间内有23件枪支，包括可穿透警方防弹衣的重机枪。房内大量武器没有被发现的原因是客房一直处于"请勿打扰"状态。

枪击案发生后，拉斯维加斯加强了对客房的安全检查工作，很多酒店更改了相应的工作流程。比如迪士尼度假酒店将"请勿打扰"（Do Not Disturb）牌换成了"房间已被占用"（Room Occupied），并在"顾客须知"中说明：酒店保留出于任何目的进入客房的权利，包括维修，或查看客人或财产安全。如果客人拒绝服务，员工也要至少24小时进入客房查看一次。

点评：房间长时间处于"请勿打扰"状态，酒店通常会有不同的处理方式。有的酒店在下午2点打电话询问，有的酒店24小时以内敲门进房查看，都是为了保证不会有异常和意外发生。酒店具有人员聚集的公共性特点，其接待的人形形色色，有时候往往成为不法分子实施犯罪的场所。所以只有增强全员安全意识，严加防范，提高警惕，才可能防患于未然。万豪集团旗下酒店的新员工入职培训通常有安全培训环节，目的是提高员工发现可疑现象并妥善处置的意识和能力。

四、客房员工职业安全防护

（一）客房职业安全培训

1. 坚持正确操作

（1）搬运大批布草、床架、床垫等较重物品时，使用手推车。

（2）举起笨重物品，应先蹲下，平直上身，再将物品举起，避免扭伤腰部。

（3）取高处的物品，尽量使用梯架。

拓展阅读 5-1

（4）高空擦窗户或给公共区域地板打蜡时，必须放置警示牌。

（5）关房门，要手握门把，不要扶着门的边缘拉门。

（6）打碎玻璃不能用手捡拾，应先用扫帚打扫，再用吸尘器将碎玻璃吸干净。

（7）吸尘器严禁吸水，使用时应先接电源，再启动吸尘器。

（8）化学药品的名称及使用说明应当清楚地标明在容器表面。班组应根据化学药品的使用手册配备相应的操作工具及防护用品。员工接触化学制品如发生不良反应，应即刻向上级汇报。

2. 减少事故隐患

（1）应将地面水迹及时擦干。清洁地面时，应摆放相应的指示牌。

（2）不可将手直接伸进垃圾桶或垃圾袋内捡垃圾。清洁卫生间时，发现客人丢弃的剃须刀片，应妥善处理。

（3）任何带血的布草和垃圾必须单独摆放在袋子中，并及时处理。

（4）发现玻璃或镜子碎裂，马上报告上级，通知工程部立即更换。不能立即更换的，应用强力胶纸贴上，保证不会有坠下的危险，并追踪工程部更换事宜。

（5）发现台面、桌椅或床架松动不稳，须尽快修理。

（6）保存清洁剂及杀虫剂的仓库应与食品仓库分开，并做明显标识。

（7）清洗地毯或大理石地面时，不要弄湿电源电线，防止触电。

3. 合理使用体力

（1）利用合理的搬运方法，避免肌肉扭伤。

（2）不要搬运自己看起来搬不动的物品，翻转床垫或其他重物时，应立即寻求帮助。

（二）客房职业安全管理

1. 合理安排人力

在工作安排时，管理人员应科学配置人员。需要搬运移动贵重、沉重的物品时，提前培训，说明注意事项，保证工作顺利进行。

2. 改善工作条件

（1）改善劳动环境。

（2）提供高效设备。

（3）科学设计制服。

（4）配备劳保用品。

3. 建立健康档案

建立客房部各个岗位职业安全档案，对各岗位可能存在的职业安全危害因素和职业安全防护要素进行整理归档。完善员工的健康档案，比如员工的职业史、既往史、定期的健康体检报告等，以便合理安全工作。

4. 制定安全措施

制定相应的化学药品使用办法、搬运物品注意事项等工作程序标准，并及时培训员工。

思考与练习

参考答案

一、单项选择题

1. 来自四面八方的客人、素质不一的员工、不同的经营者及不断发展的高科技等都影响着客房安全管理，这体现了客房安全管理的（　　）特点。

A. 复杂性　　　　　　　　B. 预防性

C. 服务性　　　　　　　　D. 临时性

2. 下列酒店客房区域应该配置的消防安全设备中属于火灾报警设备的是（　　）。

A. 干粉灭火器　　　　　　B. 消火栓

C. 烟感报警器　　　　　　D. 安全出口指示图

3. 目前应用的灭火器材中，扑灭火灾种类相对广泛且对环境污染较小的新型环保灭火器是（　　）。

A. 干粉灭火器　　　　　　B. 泡沫灭火器

C. 二氧化碳灭火器　　　　D. 水基型灭火器

4. 下列哪项措施不利于提高员工的酒店安全防范意识？（　　）

A. 严格按照流程和规范接待客人

B. 服务中注意可疑人员

C. 顾客就是上帝，服务中不能质疑客人的任何可疑行为

D. 在清洁客房时细心观察异常物品，善于发现可疑现象

二、多项选择题

1. 下面属于酒店客房钥匙安全管理措施的有（　　）。

A. 客房钥匙要专人管理、专柜存放

B. 必须实施严格的钥匙领用登记制度，并不得带出酒店外

C. 为客人制作房卡时，务必先核对是否为该客房的客人

D. 清洁客房时，服务员应将钥匙随身携带，不得将钥匙丢在工作车上

2. 研究数据发现，全球酒店火灾有个重要规律"三个70%"，其内容包括（　　）。

A. 70%的火灾属于电气火灾

B. 70%的火灾属于用火不慎

C. 70%的火灾由客人吸烟所致

D. 70%的火灾发生在早、晚和零散人员身上

3. 为了防止客人将客房内非一次性用品带走，可以采取的措施有（　　）。

A. 执行员工出门查包制度

B. 在不能带走的酒店用品上印上明确的标识，使客人打消带走的念头

C. 可以制作有酒店标志的精美纪念品或礼物，并明确说明赠送

D. 做好日常的退房检查工作

三、简答题

1. 如何理解客房安全的含义？

2. 根据你的了解，客房安全管理有哪些特点？

3. 应该提高客房部员工的哪些安全意识及安全应对技能？

4. 请搜集相关资料，讨论酒店还可以利用哪些高科技提高客房安全管理。

四、实践训练

【实训项目】

客房发生火灾应急处理演练

实训目的	掌握客房火灾应急处理程序
学习环境	实训酒店
实训准备	客房 5 间、消防控制室 1 间、灭火器 4~5 台、过滤式呼吸器 4~5 部、荧光指挥棒 4~5 个
模拟训练要求	学生 4~5 人一组，组成客房疏散指引组、灭火救援组、消防指挥组、被困客人组
	在规定时间内，模拟演练客房发生火灾的应急处理程序
	按照客房火情发生后的应急处理程序，小组成员各司其职，完成火灾报警、报警处理、消防指挥、疏散引导、灭火救援等消防演练工作

项目六 客房成本控制及预算管理

 项目导读

客房部是酒店的消耗大户,也是酒店控制成本的主要部门之一。本项目主要从客房部人力资源成本控制、设施设备及用品成本控制讲授客房部如何进行主要成本的控制。任务一主要讲解客房部编制定员的程序与方法、客房部员工的合理利用。任务二主要讲解如何控制客房设施设备和客房用品成本。任务三介绍客房部的预算编制和执行控制。

学习目标

了解客房预算的类型、编制步骤；熟悉客房预算编制的主要内容；掌握客房部人员定编的程序和方法、人力资源调节的方法，设施设备管理的内容和方法，以及客房用品使用控制的内容和方法。

思维导图

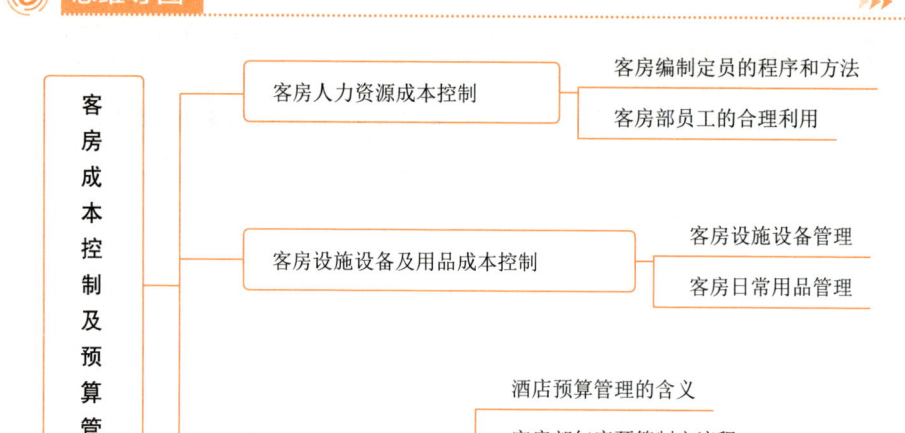

项目六 客房成本控制及预算管理

酒店客房成本控制是指酒店在经营活动中，在保证服务质量的前提下，对发生的成本费用和支出等进行的管理活动。客房成本控制的目的是力求最大限度地降低成本，争取以最少的耗费获取最大的经营成果。一方面，有效的成本控制可以使酒店有能力采取低价格策略抢占市场，吸引更多的客人，扩大销售量，提高酒店的经济效益，从而增强竞争力，巩固酒店在市场竞争中的地位，为酒店长远发展打基础。另一方面，做好客房成本控制工作，可以使酒店在面对因市场因素造成原材料、人工等费用上涨时，有较大的承受能力，同时还能在利润最大化的情况下应对各种不确定因素带来的影响。此外，低成本是形成细分市场进入壁垒的一个重要因素。做好酒店成本控制工作可以防止潜在竞争对手进入与本酒店相同的细分市场，降低酒店的竞争压力。

 任务一　客房人力资源成本控制

客房部人力资源成本的控制取决于人员编制的制定和人员的合理利用。客房部人员编制的制定是客房部人力资源成本控制的基础。

一、客房编制定员的程序和方法

（一）选择服务模式，确定组织结构和岗位设置

客房部的服务模式有客房服务中心、楼层服务台、既设立楼层服务台又设立客房服务中心、管家服务等模式。每一种模式都直接影响服务员的配置数量。因此，酒店应根据自身条件和特点做出正确的选择。

组织结构如何设立与所需配置的员工数量有着直接的关系。如果组织结构的层次多、岗位多，所需配置的员工就多，而客房部组织结构的设立受酒店的规模、等级和客房部工作范围等因素的影响。目前，很多酒店在设立组织结构时，尽可能压缩层次，减少岗位，使组织结构扁平化，从而减少人员编制。

（二）预测各岗位工作量

在确定了客房部的组织结构和岗位设置后，就可以着手预测各岗位的日平均工作量。各岗位的日平均工作量是客房部编制定员的重要依据。综合各岗位工作量和员工的平均工作效率，就可以得出各岗位的编制定员。各岗位工作量的测定需要考虑酒店规模、客房平均出租率、客人平均逗留时间等相

关因素。

在日平均工作量的基础上，综合其他因素的影响，可以大致预测出客房部各岗位的基本工作量。这些因素主要有季节、气候，经常性的大型社会、文化、体育活动，各类展览会、展销会、交易会等大型商务活动等。这些变动因素对酒店的客房出租率和客源结构都有较大影响，会直接影响客房部各岗位的工作量。

（三）确定各岗位工作定额

客房部的工作定额是指在一定的物质、技术条件和管理水平下，客房部员工发挥正常的工作效率，在单位时间内所应完成的标准工作量或为完成单位工作量所消耗的时间。

确定客房部各岗位的工作定额时，应综合考虑大部分员工的业务水平和基本素质、客房部的设施设备条件、服务标准和工作的吸引力等因素。员工的综合素质高，业务熟练，客房部设施设备先进齐全，工作的吸引力大，员工的工作效率自然会高。而服务标准越高，投入的劳动量就会越大，因此要使定额指标与服务的规格标准相适应。

工作定额的确定方法通常有两种：一是经验预测法，二是技术分析法。

经验预测法就是以历史上本酒店或其他同类型酒店实际达到的指标或行业平均水平为基础，结合酒店客房部现有的人员、设备、技术条件，经营管理水平及所需达到的质量标准，预测劳动效率可能提高的因素，经过综合分析确定劳动定额。这种方法简便易行，工作量小，所确定的定额标准基本能够反映员工的实际工作效率。但这种方法不够细致，定额水平往往过于平均化，缺乏先进性，不能保证充分利用员工的工作能力。

技术分析法是通过分析员工在规定的劳动时间内，受其操作技术和工作潜力影响下，对员工工作的各个环节所耗费时间进行测算，从而通过计算的方法获得工作定额。这种方法操作起来比较复杂，耗时多，成本高，但比较科学，尤其适用于客房部清洁工作的定额制定。在具体操作中，必须注意选择合适的测试对象。他们要有代表性，能够真实反映员工的实际水平。另外，测试手段和方法也必须科学。技术分析法的计算公式为：

$$工作定额 = \frac{规定时间 -（准备时间 + 结束时间）}{（基本作业 + 随机服务时间）\times（1 + 休息系数）}$$

（四）确定人员编制

客房部在编制定员时，要以精简高效为原则，既要保证正常运行，又要避免人力浪费。客房部编制定员的基本方法有两种：劳动效率定员法和岗位定员法。

1. 劳动效率定员法

是以劳动效率为基础，根据员工的工作量、劳动效率、出勤率等因素来确定所需员工数。凡是实行劳动定额管理，并以手工操作为主的工种都可采用这种编制方法，如客房楼层服务员。该方法的计算公式为：

$$定员人数 = \frac{工作量}{工作定额 \times 员工出勤率}$$

2. 岗位定员法

客房部有一些岗位，如部门经理、秘书、主管、领班等，很难测定其上班时间内的劳动效率，也就难以用劳动效率定员法测算其人力需求数量。此类岗位的人数设定多少跟酒店客房部的管理模式密切相关，也就是跟其组织结构设置有关。对于此类岗位，一般会根据其岗位设置情况，再考虑班次设置和员工出勤率等因素来确定员工需求数量。

例题：某四星级旅游酒店拥有480间客房（均折成标准间计），平均分布在20个楼层。其中有5个楼层为行政楼层，设有楼层服务台，每天安排两个班次的专职值台员负责对客服务（每班每层1人）。其他楼层的对客服务工作由客房服务中心统一调控。各楼层服务员的工作定额为：早班12间/人，中班48间/人。楼层管理人员设楼层主管岗位，分早晚两班。早班每个主管负责4个楼层，中班每个主管负责10个楼层。该酒店实行每周5天工作制，员工除固定休息日外还可享受每年10天法定假日和7天有薪假期。假定员工病事假为年人均10天，预计该酒店年均客房出租率为80%。请为该酒店客房楼层各岗位进行编制定员。

解：根据已知条件和上面所介绍的定员方法，计算如下：

① 计算员工出勤率

员工年工作日

= 365 – 每周固定休息日 – 法定休息日 – 有薪假期 – 病事假

= 365 –（52 × 2）– 10 – 7 – 10 = 234（天）

员工的每年出勤率 = 234 ÷ 365 × 100% = 64%

② 楼层值台员定员人数

按岗位定员法定员：2 × 5 = 10（人）

实际需要人数：10 ÷ 64% ≈ 16（人）

③ 早班服务员定员人数

按劳动效率定员法定员：

（480 间 ×80%）÷（12 间/天·人 ×64%）= 50（人）

④ 中班服务员定员人数

按劳动效率定员法定员：

（480 间 ×80%）÷（48 间/天·人 ×64%）≈12（人）

⑤ 楼层主管定员人数

按岗位定员法定员：

早班：20÷4÷64%≈8（人）

中班：20÷10÷64%≈3（人）

综上所述，该酒店客房楼层所需员工人数为：

16＋50＋12＋8＋3＝89（人）

二、客房部员工的合理利用

大多数酒店会根据客房出租率雇用客房服务员。酒店要保证正式员工每天 8 小时的工作时间，但是正式员工不一定能完全适合客房部服务需求。当出现人员短缺的时候，酒店可以雇用临时工。当客房出租率较低时，则要通过一定的方法合理安排正式员工的工作时间才切合酒店客房部的运营实际，并起到节约人力成本的作用。

图 6-1　客房部员工工作

在排班时要坚持节约用工成本的原则，根据员工和岗位的特点排班，让员工能够在该岗位上发挥最大价值。此外，酒店企业的客流量与季节时间有关。因此，在排班时要充分结合往年经验，实行弹性工作制。在客源少的时候，合理安排员工的年假；在旅游旺季，则要增加人员数量。除此之外，还可以在寒暑假的旺季中招聘大学生作为短期工。这对酒店企业营业额的提升和合理控制成本都具有显著作用。最后，要通过有效的员工培训和激励制度，使员工能够在工作中充分发挥潜力和价值，通过提高员工的工作效率达到控制人工成本的目标。

任务二 客房设施设备及用品成本控制

一、客房设施设备管理

（一）科学配置客房设施设备

1. 客房设备的特点

（1）投资额大

微课6-1

由于消费者生活水平日益提高，对客房设备的要求也越来越高。同时，因客房区域相对较大，所需设备数量也比较多。所以客房设备在所有投资中会占有较大比重。

（2）技术先进

为满足住客需求，酒店在设备购置方面除要注重安全、美观、实用外，也应注重技术因素，满足客人的高层次需求。

（3）维护费用高

客房设备档次越高，技术越先进，对使用人员及维修人员的技术要求就越高，设备配件、维护设备等相关费用也会增加，从而在较大程度上提高了维护成本。

（4）更新周期缩短

客房设备除具备最基本的使用功能外，还是显示客房档次的重要因素，因而一出现高档设备就需要更换原有设备。这就决定了客房设备的更新周期比较短。

2. 客房设备选择的原则

客房设备是酒店提供服务的物质基础。其种类多，数量大，不管从投资成本控制角度，还是从显示客房整体档次的角度，选择合适的客房设备是客房管理的重要工作内容。

（1）注重设备档次

现代客房设备的购置、更新要与酒店档次相适应，并在经济合理的原则下尽量选择先进和良好的设备。设备等级的高低，会直接影响客房档次的高低。

（2）注重实用性

选择设备还要考虑实用性。客房设备绝大多数是给客人使用，所以在选择设备时首先要满足客人的生活需要。只有使客人生活得方便，才会有很好的入住体验可言。

另外，在客房设备的实用性方面不仅要考虑客人的需求，还应考虑员工的需求。要选择能减轻员工劳动强度且易于操作的类型，同时还应注意设备的维修难度。

（3）针对市场需求

购置客房设备应考虑客源市场的实际需求。各酒店会因档次或特色不同而面对不同的消费者群体，各消费者群体表现出的特点又有所不同。

（4）与客房整体相协调。

设备的型号、形状、外观色彩、质地等，必须与客房环境相协调。整个房间陈设布置对比反差太大，会给人一种东拼西凑之感。另外，设备之间应相互配套。如果房间地面铺设地毯，就应购置吸尘器与之配套，否则地毯的保养就成了问题。

（5）注重节能

选择设备既要保证正常工作又要考虑节能。节能对提升酒店经济效益会产生巨大帮助，应选择节能性好的设备。

（6）强调安全可靠

安全是住店客人的基本要求，也是维持酒店经营的基本保障。选择和购置客房设备要考虑是否具有安全可靠的性能。这直接关系到客人的安全，也关系到员工的安全。例如，家具的防火阻燃性、电器的自我保护装置等。

设备运行应可靠，这直接关系到维修频次，进而关系到客房服务质量和影响酒店形象。

（7）突出特色

客房设备除了具有服务好客人的功能外，还应发挥吸引客人的作用。既要方便客人使用，又要营造一种客房高雅的格调。

（二）建立设施设备服务期使用管理档案

对客房设施设备的成本控制本质上是确保设施设备不丢失及正确使用设施设备，并延长其使用寿命。为了实现这一目的，客房部首先要经常盘点，掌握设施设备的状态，其次要培训员工掌握设施设备正确的操作规范，减少设备的故障及修理次数。除此之外，还要做好维护保养工作，使设备处于完好状态，能够保持正常运转。

1. 建立客房设施设备历史档案并定期盘点

对每间客房的设施设备，如床、床头柜、床垫、座椅、书桌、行李柜、地毯、窗帘及各种装饰织物、卫浴器具、盥洗区的设施等，即客房内的家具、电器、卫生间设施、安全装置、地毯等一一登记在册。以房间为单位，分类建档，如家具饰物档案、纺织品及地毯档案、卫生间设备档案、客房建筑饰物档案等。档案内容涉及设备编号、名称、品牌、产地、规格、价格、购买日期、保修期等。

表6-1　客房设施设备档案

房号_____　　　　　类型_____　　　　　编号_____

设施设备	名称	规格特征（品牌、产地、产品型号等）	制造商	装修或启用日期	保修期
床架					
床垫					
床头柜					
书桌					
座椅					
沙发					
行李柜					
台灯					
化妆镜					
窗帘					
地毯					
……					

客房部要根据酒店管理制度，定期对每个房间的设施设备进行盘点检查，掌握其运转状态。如发现设施设备损坏或遗失，或发现账物不符，须找出原因，及时处理，以免时间一长或交接频繁出现误差。

表6-2　客房设施设备遗失/损坏报告表

房号	报告时间	物品名称	损坏	遗失	数量	报告人	接报者	原因	备注

2.建立客房设施设备日常管理和保养制度

（1）客房设备维护保养的基本方法

客房部对各种设备维护保养应该做到清洁、安全、整齐、润滑、防腐。

清洁是指经常对各种设备进行清洁。除了设备表面外，尤其注意其内部的清洁，做到无灰尘、无污迹，保持良好的工作环境。安全是指保障设备使用过程中不出现漏水、漏电、漏油等现象，保证使用和操作安全。整齐是指各种设备、工具使用前后都应该有规定的存放空间、存放方式，摆放美观，确保配件齐全。润滑是指保证设备工具能顺畅运转。防腐主要是指设备表面应该光滑，没有被腐蚀的痕迹。

图6-2　客房部设备的摆放　摄影：编者

（2）酒店设备三级保养制度

①设备的日常维护。酒店设备的日常维护是保证设备正常运行的基础。这是频次最高、内容最复杂的维护形式，并且在许多酒店都形成了明确的制度。一般来说，日常维护分成班前、班中和班后时间段进行。日常维护程序一般包括每天检查、及时报修、维修和验收四个阶段。

②设备的保养。设备的保养是指使设备达到整齐、清洁、润滑和安全的要求，减少设备的磨损，消除设备的隐患，排除一般故障，使设备处于正常技术状态。同时，也可以通过保养，使操作者逐步熟悉设备的结构和性能。

③设备的大修。设备大修主要是指对相关磨损零部件进行更换，延长设备使用年限，使设备重新达到最理想的运行状态，保持设备的完好率。大修主要是针对后台使用的动力设备进行。

对于设施设备的每次维修和保养，都需要建立动态跟踪档案，记录维修或保养的过程和结果。

表6-3　客房维修/保养记录表

房号	维修/保养	项目	申请			催办			维修/保养时间	维修/保养结果	维修/保养人	验收人
			申请人	时间	受理人	催办人	时间	受理人				

表6-4　客房维修/保养统计表

填表人＿＿＿＿＿＿＿　　　　　　　　　　　　　　填报日期＿＿＿＿＿＿＿

日期	房号	维修单号码	维修/保养内容	维修/保养结果

（3）客房设备的点检

设备点检是针对预先确定的设备关键部位或薄弱环节，通过各种检测手段，及时准确地获取相应部位的运行信息。

进行设备点检能够增强设备维护工作的针对性和有效性，第一时间发现故障或隐患，提高设备完好率，提高设备维修质量，并节省各种费用，提高总体效益。

①设备点检的类别

为保证设备正常运转，使设备点检工作到位、有效，一般会从三个层次开展设备点检工作，即日常点检、定期点检和专项点检。

日常点检。每日通过视觉、听觉、触觉等感官进行检查，并详细纪录检查结果。

定期点检。依据设备使用频次和检修要求，以一周、半月、一个月或数月等时间段对不同的设备进行检查。定期点检一般要用专用检测工具进行，主要是针对那些重要设备。要检查设备的运行状况、隐患及设备的磨损程度，为制订设备的维修方案提供依据。

专项点检。针对设备的关键部件或重点维护项目，由专业人员进行专门检测。

②设备点检的方法

设备点检方法有很多。依据检查时设备的状态可以分为运行中检查和停机检查，依据开展检查工作的方式可以分为凭感官、经验检查和使用仪表仪器检查。不同的设备应按照其相应的特点选择对应的点检方法。

高质量的设备点检工作，会对设备的运行及修理工作起到重要作用，因此要加强督导、考核，使设备点检工作真正发挥作用。

（4）客房设备的更新改造和报废

客房设施设备使用 4~5 年后应对地毯、墙布、沙发布、靠垫、窗帘、部分家具、装饰品等予以更新。由于酒店业竞争日趋激烈及客人需求不断变化，酒店客房更新周期越来越短，有些酒店几乎年年都有部分更新。

设施设备的更新，需要由使用部门向酒店提出，获得许可后方可进行采购。

表 6-5　客房设施设备报废申请表

设施设备	规格	申请报废数量	报废原因	报废后再使用数量	是否需要更新	备注

表 6-6　客房设施设备更新申请表

设施设备	规格	申请更新数量	更新原因	备注

酒店的全面改造往往 7~10 年一次。它要求对客房陈设、布置和格调等进行全面彻底的改造，如更换地毯、改变客房风格、调整房内布局等。

客房设施设备的更新，尤其是全面更新改造，一定要做广泛的市场调查，了解国内外同行业情况，掌握酒店业设备设施的最新发展趋势。根据市场需求及酒店自身的经济实力，合理地调整设施设备的配备和结构，既适合客人现时的需求，又有一定的前瞻性，做出特色，以保持和增强酒店的竞争力。另外，还需要考虑改造成本，力求尽快收回投资。

全面改造项目包括：衣柜、书桌的更新；床垫和床架的更新；座椅、床头板的更新；灯具、镜子和装饰画等装饰品的更新；地毯的更新；墙布或油漆的更新；卫生间设备的更新，包括墙面和地面的材料、灯具、水暖器件等。在全面更新改造计划实施前，应做好以下几个方面的工作：

①通过对客房设施设备用品档案及客房使用率表进行分析，提出客房更新改造建议。

②审查设计图纸，纠正不合理的装修设计，如对影响工作效率、不易清洁保养、不方便客人使用、有安全隐患的设备及布局予以纠正。

③对装修样板间的家具、地毯、壁纸、大理石等进行洗涤、清洁保养测试。

④试住样板间，体验客房设施设备是否方便客人使用，能否满足客人的需求，是否符合环保标准等。

二、客房日常用品管理

微课 6-2

客房日常用品主要是满足客人住店期间的日常生活需要。主要表现为单位价值量低，并且容易消耗。虽然其单位价值量低，但因为用量大，所以在客房成本组成中占有较大的比重。因此，加强客房用品的控制，是客房物资用品管理最重要的一环，也是降低成本的重要切入点。

（一）客房主要客用品分类

1. 依消费者消耗形式划分

（1）一次性消耗品。如信封、茶叶、卫生卷纸、洗浴液等。

（2）重复性消耗品。如床上布草、卫生间巾类、酒店宣传用品、衣架、烟缸等。其中布草又可以分为床上布草，如被罩、床单、枕套等；卫生间布草，如方巾、面巾、大浴巾、小浴巾、地巾等；其他布草，如窗帘、纱帘、浴帘、毛毯、棉被等。

2. 依据客房提供的形式划分

（1）客房供应品

客房供应品主要是指存放于客房内供客人使用的物品，一般可以分为免费供应品和非免费供应品两种。

客房免费供应品是客人可以免费使用，也可以带离酒店的物品。各酒店对客房免费供应品的界定范围是不同的。有的酒店包括香皂、礼品袋、擦鞋布、一次性拖鞋、火柴、茶叶、针线包、圆珠笔、信纸、信封、面巾纸及卫生间的洗发水、沐浴露、护发素、润肤油、香皂、浴帽等低值易耗品，有的酒店还包括指甲钳、一次性剃须刀、糖果、鲜花等。

案例 6-1

低值易耗品，管理大学问

2019年5月12日，上海市文旅局公布《关于本市旅游住宿业不主动提供客房一次性日用品的实施意见》（以下简称《意见》），并列明不主动提供的一次性日用品目录（2019版）包括：牙刷、梳子、浴擦、剃须刀、指甲锉、鞋擦。此《意见》自2019年7月1日起实施。之后，2019年9月，广州星级酒店也不再主动提供"六小件"。北京市从2020年5月1日起开始执行《北京市宾馆不得主动提供的一次性用品目录》，其中明确规定北京市宾馆不得主动提供牙刷、梳子、浴擦、剃须刀、指甲锉、鞋擦六类一次性用品。随着中国各大一线城市实施对旅游住宿业的一次性用品提供的相关规定，出台类似规定的省份、地区、城市也在不断增加。

根据上海市文旅局相关领导介绍，旅游住宿业不主动提供的一次性日用品主要是指"客房内在日常生活中可以被循环和重复使用的，又便于消费者旅行随身携带的，而由旅游住宿企业提供的一次性替代消耗品"。牙膏、洗发水、沐浴液等受当前民航规定的影响，没有被规定不能主动提供；一次性拖鞋等属于不方便携带的物品，也没有包括在内。

随着类似规定的相继实施，据飞猪《酒店环保数据报告》显示，上海、广州酒店一次性用品使用明显减少，仅梳子就少用了4成，有近9成酒店认为自己的一次性用品消耗日均节省超30%。其中，梳子节省的最多，为40%。对酒店客用品的成本控制起到了显著作用，对形成大众节约环保习惯起到极大的促进作用。

同时，酒店也该思考：客房服务该如何做，才能在新的规定下不降低服务体验？酒店又该如何创新服务设计，在提升顾客体验值的同时，又能做到环保降塑，为绿色环保建设贡献自己的力量？

目前，执行类似规定的酒店，每天仍有近5成住客会向酒店前台主动索要"六小件"。酒店均表示虽不主动提供，但如果客人索取，会免费提供。面对这样的问题，酒店也在不断思考着更好的解决方案，比如酒店希望在采购可再生酒店用品、制定减少一次性塑料用品的实施方案、开展住店客人减塑宣传教育活动三个方面获得更多专业支持。酒店开始使用可拆洗的环保拖鞋、大瓶装的洗护用品、自助机领取等来提升顾客体验。

点评： 酒店免费提供的低值易耗品，很多都是塑料制品，在方便客人使用的同时，却增加了环境负担。同时，因为这些消耗品都是小包装，客人在使用过程中，浪费现象极为严重，不利于成本控制。在免费客用品使用和管理上，留给酒店人的创新空间还很大，客房服务兼顾经济效益和环境效益是不变的原则。目前，国内酒店供应链上的厂商已开始研发可再生的酒店用品，比如可将牙刷柄拆下回收加工成其他制品的环保牙刷等。

> 2020年4月10日,国家发改委发布的《禁塑目录征求意见稿》中,将宾馆、酒店一次性塑料用品等被列入禁止、限制使用的塑料制品名单。携程与WWF(世界自然基金会)对全国500余家高星酒店的调研显示,有九成酒店已开始减塑,近半酒店已不主动提供一次性塑料制品,并对必需的一次性塑料制品采取可重复使用方案。

客房非免费供应品是指放在客房或在客房内使用,一般不允许客人带走,若因特殊情况客人想带走则应付一定的费用。这部分供应品主要包括衣架、浴巾、面巾、茶杯、冰桶、烟灰缸、服务指南夹、电热水壶等。

图6-3 客房免费供应品

(2)租借物品

有些客人在住店期间会借用一些物品,因为有这种需要的客人只占少数,所以这类物品一般不放在房内,而是存放在客房服务中心,客人需要时向我们借用。如冰袋、急救袋、泡沫枕头、充电宝,等等。

(二)客房用品配置原则

对客房用品的选择,除了注重质量,还应注意规格、质地、色彩等因素,保证与客房档次相一致,因而在对其进行选择时必须坚持相应原则。

1. 实用性强

客房用品最基本的功能是满足客人住店期间的生活所需,因此,物品是否能适合客人使用便成为选择的第一要素。

2. 与客房档次相匹配

客房用品的选择应与客房的档次相一致，或是能在一定程度上提高客房的档次。

3. 种类适度

客房用品在选择时应注意规格和数量，并非种类越多越好，而应以满足客人的实际需要为标准。

4. 价格合理

客房在选择用品时除应注意质量外，还应该注意用品的价格是否合理，因为价格的高低会直接影响客房的经营成本。

酒店在选择客房用品时应遵循上述几条原则，并结合工作经验和具体情况来确定。如有的酒店在客房中提供小袋洗衣粉，这不仅解决了客人洗内衣等小物件的困难，同时还节省了香皂的发放量。

> **思政园地**
>
> **绿色、生态、可持续，客房节能环保降成本**
>
> 客房是酒店的主要收入来源，其物品、能源消耗也是成本管控中的重要一环，如何应用绿色环保理念降低费用支出，是客房管理者的重要课题。
>
> 为响应国家绿色低碳发展的理念，许多酒店已将一次性日用品撤出了客房，只在客人提出需要的时候提供。客房里原有的塑料袋也被无纺布的洗衣袋、购物袋所替代。客房员工的操作手册里，清洁房间时要关闭不必要的灯具、不使用热水清洗卫生间、垃圾分类回收、三层内不乘坐电梯等规范时刻提醒员工节能环保。
>
> 酒店在对客服务的同时还可以加强环保宣传，制定绿色消费的奖励政策，鼓励客人加入环保行动中。客人预订客房时，如选择不使用酒店浴巾、一次性用品等，可享受房费优惠或获赠伴手礼。酒店在给客人发送预订确认的短信中，提醒客人自带洗漱用品。客人居停期间，通过提示卡建议其降低换洗布草的频次……
>
> 越来越多的酒店加入绿色酒店创建，绿色行动需要每一个人的参与。绿色服务，绿色管理，酒店永远在路上。

（三）客房用品的消耗管理

1. 控制客房用品的品质

客房用品是提供给客人直接使用、看似价值不大的物品，如拖鞋、洗浴用品、牙刷牙膏等，但却在很大程度上影响客人使用的舒适感，关系到客人对酒店的评价。所以在选购客房用品时，注重品质是非常关键的。

2. 做好客房用品的申领管理

客房用品的使用一般采用申领制度，申领程序一般如下：

（1）统计存货。在领发之前，楼层服务员应将楼层工作间的客房用品现存情况统计清楚。

（2）提出申领。按照楼层工作间的规定配备标准减去现有存量，提出申领计划。

（3）填表。填好"物品申领单"，由领班签字。

（4）领取。客房服务中心库房根据申领表发放物品，并凭申领表做账。

（5）统计。领班每天汇总楼层物品的消耗量，每周汇总一周的消耗量并作比较分析。

客房用品消耗量大，单个用品价值低，导致员工易轻视每一件客用品的价值，使用过程中多浪费，申领多于房间消耗定额的数量。因此，领班应该对客用品的申领数量严格核对，对数量的清点要力求准确。对于因开房率提高等因素而需要增加领用量的情况，要请相关的负责人签字确认。

表6-7　物品申领单

楼层_____　　　　日期_____　　　　领用人_____

客用品								
序号	物品名称	需求量	供应量	序号	物品名称	需求量	供应量
1	洗衣单			5	厕纸		
2	房间酒水单			6	针线包		
3	服务制单			7	服务指南		
4	客人意见书			8	拖鞋		
…	…			…	…		

续表

清洁用物品							
序号	物品名称	需求量	供应量	序号	物品名称	需求量	供应量
1	洗衣袋			5	玻璃清洁剂		
2	杯垫			6	洁厕剂		
3	擦鞋布			7	地毯清洁剂		
4	垃圾袋			8	空气清新剂		
…	…			…	…		

3.加强客房用品的日常检查和督导

对客用品的控制是客房部日常工作的重要方面，加强客用品的检查和督导，建立领班责任制和经理检查制度，防止客用品的被盗和流失。这会对保证客房部正常运转、降低客房运行成本等起到积极作用。

（1）员工对客房用品的数量控制

客房服务员是进行客房用品数量控制的第一关。客房部应为服务员确定合理的数量标准，以便指导服务员按规定数量为客房配备和添补用品。与此同时，要求服务员将消耗情况在工作表上做好登记，客房部凭工作表对服务员领用客用品情况进行核实，防止服务员克扣客人用品并据为己有。另外，应培养员工的节约意识，杜绝员工因操作不规范而造成的损耗。

（2）领班对客房用品的数量控制

很多酒店都建立客用品的领班责任制来加强对客房用品的控制。

领班应在实际工作过程中通过现场指挥和督导，规范员工操作，减少客用品的浪费和损坏。例如，部分员工在清洁整理房间时图省事，将客人未使用的一次性用品当垃圾处理。领班应及时对其进行教育，减少浪费和人为破坏。

领班应建立本楼层的资产、用品档案，以加强责任心；还应每天或定期汇总本楼层消耗用品的数量，向客房部汇报。领班应每周根据楼层的客用品存量和消耗量开出领料单，交客房服务中心库房，并且每月底配合客房服务中心库房对物品进行盘点，以确定实际的成本耗用。

（3）经理对客房用品的数量控制

客房部经理对客房用品的控制负总责，主要是通过制定制度和检查督导来管理客房用品。

客房用品控制制度是开展工作的基础，主要包括数量配备标准的制定、日常考核制度、奖惩制度等。

4.做好客房用品的统计分析

（1）制定消耗定额

制定客房用品消耗定额，就是指在一定时期内，在保证客房接待工作正常开展的前提下，将客房用品消耗数量加以确定的方法。这是加强客房用品管理、达到增收节支目的的重要手段。

免费供应品定额的制定方法，是以单间客房配备的数量为基础，确定每天需要量，然后根据预测的平均出租率来制定消耗定额。其计算公式如下：

$$A = B \cdot x \cdot f$$

式中：A＝单项客用品的消耗定额；B＝单间客房每天配备数量；x＝酒店客房总数；f＝预测的平均出租率。

例题： 某酒店有客房300间，平均出租率为85%，圆珠笔、火柴单间客房配备分别为2支、3盒。计算圆珠笔、火柴的年度消耗定额。

解： 根据公式和已知条件，直接计算如下：

A（圆珠笔）＝$B \cdot x \cdot f \cdot 365$＝2×300×85%×365＝18.615（万支）

A（火柴）＝$B \cdot x \cdot f \cdot 365$＝3×300×85%×365＝27.9225（万盒）

确定标准定额后，客房在实际经营过程中应按照定额进行控制管理，在保证需要的同时避免浪费。对消耗低于定额的责任人进行表扬奖励，而对超额消耗的则应追查原因，对确定浪费的应予以惩处。

（2）做好客房用品的定期盘点

为加强客房用品控制，应注意定期进行盘点。盘点工作的操作程序主要有：

①点数。各个楼层工作间及客房仓库进行清点。

②统计。统计"客房每日消耗品汇总表"。计算出本月楼层申领客用品总数。

③填写相关报表。填写"每月消耗分析对照表"和"客房客用品盘存表"。

④分析。对各种数据进行分析比对，找出原因，发现问题应及时解决。

客房用品盘点由客房部主管主持，一般每月进行一次。年终盘点须请财务部协助，在计算出需要补充的数量后，制订出采购计划。

表6-8　客房每日消耗品汇总表

统计人　_____　　　　　　　　　　　　　　　　　　　日期　_____

楼层名称	1F	2F	3F	4F	5F	6F	7F	8F	9F	合计
洗衣单										
房间酒水单										
服务单										
客人意见书										
厕纸										
针线包										
服务指南										
拖鞋										
……										

表6-9　每月消耗分析对照表

统计人　_____　　　　　　　　　　　　　　　　　　　日期　_____

名称	单位	单价	上月消耗	金额	本月消耗	金额	与上月相比	
							增（%）	减（%）
洗衣单	张							
房间酒水单	张							
服务单	张							
客人意见书	张							
厕纸	卷							
针线包	个							
服务指南	个							

续表

名称	单位	单价	上月消耗	金额	本月消耗	金额	与上月相比	
							增（%）	减（%）
拖鞋	双							
……								
合计								
上月出租率		本月出租率		与上月相比		上月每间房消耗额	本月每间房消耗额	
				增	减			

表 6-10　客房客用品盘存表

统计人＿＿＿＿＿＿＿　　　　　　　　　　　　　　　　　　日期＿＿＿＿＿＿＿

名称	单位	上月库存	本月领支	本月消耗	本月库存	下月需求	备注
洗衣单	张						
房间酒水单	张						
服务单	张						
客人意见书	张						
厕纸	卷						
针线包	个						
服务指南	个						
拖鞋	双						
……							

任务三 客房预算管理

一、酒店预算管理的含义

（一）酒店预算的含义

计划是企业管理的重要职能，是说明企业未来经营活动的主要目标和任务的文字表述。预算就是对计划的数量描述，是把有关经济活动的计划以数字和表格形式反映出来，并以此作为控制未来行动和评价结果的依据，促进企业管理水平和经济效益的提高。

财务年度预算管理在酒店经营活动中发挥着举足轻重的作用。该流程贯穿整个酒店经营活动始终，对酒店未来的经营活动和财务结果进行预测、规划、监督、指导，对提高员工的工作积极性、保证酒店的经营稳定、提升酒店的核心竞争力有重要的推动作用。而客房部作为酒店收入的重要来源，做好对其预算工作的审核、执行、监管工作尤为重要。

（二）酒店预算管理的意义

预算管理能为酒店计划实施过程中各种资源的有效配置和使用提供依据。因此，预算的好坏不仅关系到财务管理工作本身的优劣，还会影响酒店整体的经营活动。科学的预算编制，对酒店的生产经营有着重要的意义，主要体现在以下方面：

1. 编制预算可使酒店明确今后的奋斗目标

财务预算为酒店及各部门分别规定了具体的目标和任务，并将制定目标所依据的主要数据，以及达到各项目标所拟采取的方法详细列举出来，从而使酒店各部门明确本身的工作任务以及今后的奋斗目标。

2. 有利于对计划的执行进行监控

预算提前列出了酒店在某一经营周期内应获得的收入以及为取得这些收入所应支出的成本。这样，在计划执行过程中，可以将实际结果与预算加以比较，查找差异，分析其形成的原因，以便及时采取纠正措施，从而控制经济活动。

3. 迫使管理部门在选择行动方案之前谨慎从事，细察备选方案

酒店在获得每种收入或支出每笔费用时，总有几种备选方案可供选择。有了预算，管理部门在选择行动方案时就有了可以参考的标准。

4. 促使管理部门积极展望未来

预算是对企业未来经营的展望。这要求管理部门充分了解市场,从而做出合理的预测。目前,我国许多酒店的管理部门常常只是关注现存的问题,这并不能适应市场的要求。酒店要想在激烈的竞争中获胜,就必须关注未来。

二、客房部年度预算制定流程

酒店的整体年度预算由各个部门预算组成,所以做好各部门预算是完成酒店整体预算的第一步。客房部作为酒店最重要的组成部门,预算工作显得尤为重要。在具体操作中主要分为事前准备、预算编制和执行预算三个阶段。

(一)预算制定工作前的准备工作

预算编制前客房部经理要做好准备工作,了解下一年酒店整体预测收入增长率,以此为准确定部门收入增长率;根据部门利润预测增长率确定成本费用增长率,把控成本费用增长,保障利润率任务的完成。

(二)客房部预算内容的编制

客服部年度预算包括营业收入、经营费用和固定资产。

1. 收入预算

客房收入包括出租房间收入和服务费。预算编制前期,需要准备大量的参考数据,主要包括酒店经营历史数据、竞争对手数据及动态、当地市场年度重要活动安排(各类展销会等)、价格策略等。国内一线城市,基本上都有 STR 数据。这是一个酒店业数据平台,可以将本酒店与市场进行比较,较为清晰地定位本酒店的价格与市场策略。在此我们需要引入三个市场分析指数,分别为 MPI(市场渗透指数)、ARI(平均房价指数)和 RGI(收入产生指数),这三个指数能够清晰地分析本酒店在整个市场的份额,能够为收入预算提供一个基本方向,确定入住率、平均房价等关键指数。

预算期内,影响客房部经营能力和收入的内部因素包括各类客房可供出租数量、可供出租的各类客房出租率和平均房价。需考虑本年度出租率以及下一年度销售预算、预算期内营业天数。

客服部某类客房营业收入 = 平均房价 × 可供出租的数量 × 出租率 × 预算期内营业天数。

2. 经营费用预算

酒店取得客房部经营收入,在经营过程中会发生人力、财力、物力等方面的损耗,这些费用统称为经营费用。客房部年度经营费用预算按年度制定,是将未来一年因经营所需物品的预估采购价格和员工费用累加的总和。包括清洁费用预算：清洁剂、扫帚、拖把、刷子等；客用品消耗预算：客房内供客人使用的一次性用品的消耗，如洗发水、沐浴露、刮胡刀、卫生纸、香皂等；洗涤费用预算：客房布草如面巾、地巾、浴巾、方巾、床单、被套、枕套及客房部工服的洗涤费用；房间内费用预算：有线电视及店内影院、免费礼品、报刊、迷你吧货品；员工费用预算：员工工资、做房奖金、休假补贴、员工福利等。

3. 固定资产预算

固定资产预算是指酒店根据内部设施的使用年限、损坏程度、更换频率对固定资产进行更新改造、购置或补充的预算。而客房部要根据自身实际情况，客房部管辖的各类固定资产，分门别类地编制预算内容。具体有：客房部床品、家具的更新、维修或换代，包括加床、婴儿床等；做房及保洁人员使用清洁机器设备的购置和补充；房间布草的更新购置，包括床品、毛巾、窗帘等；各种服务设备的购置，如制冰机、热水器、消毒柜等。

（三）客房部预算执行

各部门的预算编制完成后由财务部统一汇总，并经由管理层批准后分发至各部门执行。客房部经理要严格按照预算数据管理易耗品采购、布草清洗费用、人员费用等支出，财务部应配合做好每月盘点和核定。

三、客房部预算制定工作中存在的问题

（一）预算编制基础薄弱、方法落后

客房部年度预算负责人基本为部门经理，着眼点是本部门运作情况，难以将酒店整体的未来发展作为预算工作的重点，因此对酒店的整体发展缺乏指导作用。

在实际操作中，酒店各部门预算通常只采用固定预算法，以历史数据为前提，在编制中按照预期增长率为基础，实际编制过程中仅分析现有内部数据，忽略了对外部数据的综合分析，导致预算内容和实际经营内容存在脱节，直接执行时缺乏可靠的依据。

（二）预算执行不力、控制不严

部门预算申请经由管理层审批后，各部门按照预算目标管理日常工作，但在实际操作中，各部门执行情况因没有完善的监管制度，除了每月财务部例行物品盘点以外，没有其他有效的控制手段，无法保证预算的稳定性，造成预算管理流于形式。

（三）预算监督环节未有效实施

各部门年度预算流程为"部门编制—财务部修订—管理层审批—部门执行"，而预算编制后的监督环节缺乏相应负责人和监督流程，对各部门预算的执行情况和预算的超支或节约没有具体有效的奖惩制度，无法发挥对酒店管理的监督作用。

四、客房部预算控制

酒店编制预算的目的，是对实际经营情况进行科学、有效的控制。即认识预算数据和实际经营结果之间存在的差异，分析差异原因和寻找解决办法。具体包括以下几个步骤：确立差异；分析差异形成原因；确定问题；采取措施解决问题。

（一）确定差异

差异是实绩和预算进行比较的结果。通过编制预算报告来揭示月度的差异，也要揭示当年度的差异。但是，因为年度差异必定是月度差异的累计，所以在进行差异分析时主要关注月度差异。

此外，预算报告中显示的差异要同时包括金额和百分数两种。金额差异是从预算数字中减去实绩数字求得，而金额差异除以预算金额就得到百分比差异。

（二）分析差异形成的原因

差异分析，主要是确定造成差异的各种原因。例如，收入差异的分析，它将揭示实际收入和预算收入产生差异的原因是单价和销售量发生了变化，但它却不揭示单价和销售量为何发生变化。由于实际收入的高低取决于实际销量和实际销售价格，预算收入的高低取决于预算的销售量和预算的价格，所以，收入差异可以归结为价格脱离预算造成的价格差异和销售量脱离预算造成的业务量差异两类。

（三）加强预算执行监督，控制预算执行差异

分析差异原因以后，下一步就是由管理部门进行调查研究以确定发生差异的确切原因。例如，客房服务员的人工费用差异分析可能揭示出一项不利差异的大部分来自工资率，即实际人工费用高于预算人工费用的主要原因是实际工资率高于预算工资率。它可能是因为安排了比原计划支薪更高的客房服务员，或者客房服务员超额加班工作，或者还可能存在其他原因。对于每项重大差异，管理部门都要进行调查研究，以找出其原因。

要想解决此类问题，则需加强预算执行过程控制。预算的执行过程是对

酒店经营活动进行管理的过程，要严格按照标准控制，收入要做到超额完成，成本、费用要控制在预算之内。酒店每月实际收入要与预算收入进行分析，和销售部、财务部多做收入分析，做好销售部门的大数据和服务，保证收入预算的完成。预算执行监督的难点在于成本、费用的控制，费用控制不严，超预算执行，会影响酒店预算利润的完成。为此要做好以下几点：

（1）控制客用品成本，严格按照住店客人人数配发客用品，不定期做好监督盘点，杜绝因管理不善造成浪费。

（2）控制客用布草清洗费用和损毁客用品的成本，对住店客人严重污损布草和损毁客用品的情况，客房部要及时发现，并通知前台部和客人联系，并结清相关费用。

（3）严格控制能源开支。能源开支预算虽不属于客房部的预算工作，但能源支出会影响酒店营业利润的完成情况，故需要各部门通力合作。在实际工作中，避免"长明灯"，空调温度设置为26℃，积极配合工程部的节能措施。

（4）控制人员成本费用。优化客房部绩效考核制度，在调动员工积极性的前提下，遵循合理公平原则，在人力资源部和财务部的各项数据支持下，制定合理的做房奖金制度。

（5）充分利用数字化手段，精准存储数据，加强数据共享和分析功能。

思考与练习

参考答案

一、单项选择题

1. 确定人员编制时，（　　）跟酒店组织结构设置紧密相关。

　　A. 经验预测法　　　　　　　B. 技术分析法

　　C. 岗位定员法　　　　　　　D. 劳动效率定员法

2. 以下用品属于客房重复性消耗品的是（　　）。

　　A. 香皂　　　　B. 信封　　　　C. 茶叶　　　　D. 地巾

二、多项选择题

1. 酒店设备三级保养制度是指（　　）。

　　A. 设备的日常维护　　　　　B. 设备的保养

　　C. 设备的大修　　　　　　　D. 设备的更新

2. 客房部编制的年度预算包括（　　）。

A. 收入预算　　　　　　　　B. 经营费用预算
C. 客房用品预算　　　　　　D. 固定资产预算

三、简答题

1. 简述如何做好客房用品的消耗管理。
2. 简述酒店编制预算的意义。

四、实践训练

【实训项目】

客房用品每月消耗统计分析

实训目的	掌握客房用品盘点的方法，并能对客房用品消耗情况做统计分析
学习环境	实训酒店客房部
实训准备	客房部某月所有客房用品申领表、每日客房用品消耗汇总表，客房部仓库做好物品归位，分类码放
模拟训练要求	学生6人一组，完成所有实训工作
	完成对客房仓库物品盘点工作，制作客房用品盘存表
	制作该客房部本月与上月物品消耗分析对照表、布草盘点统计分析表
	制作客房部当月物品消耗分析报告，并以PPT形式汇报

项目七
客房数字化运营

— 项目导读 —

在人工智能、大数据、云计算等新技术推动下,我国商业形态正在向数字化方向发展。推动文化和旅游市场主体数字化转型已被写入了《"十四五"文化和旅游市场发展规划》。越来越多的酒店管理者已经意识到数字化转型对于酒店发展的重要性,数字化变革为酒店拓宽了发展思路。

学习目标

了解数字化运营的概念及酒店数字化转型的必要性；掌握 PMS、OMS 系统常用功能的操作。

思维导图

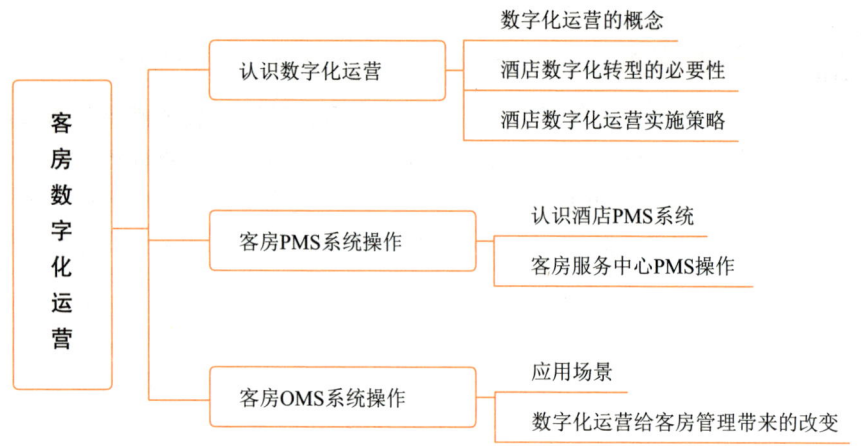

任务一　认识数字化运营

一、数字化运营的概念

在了解数字化运营的概念之前，先来了解一下"数字化"和"运营"这两个概念。数字化有狭义和广义之分。狭义的数字化，是指利用信息系统、各类传感器、机器视觉等信息通信技术，将物理世界中复杂多变的数据、信息、知识，转变为一系列二进制代码，引入计算机内部，形成可识别、可存储、可计算的数字、数据。再以这些数字、数据建立起相关的数据模型，进行统一处理、分析、应用，这就是数字化的基本过程。广义的数字化，就是企业基于人工智能、物联网、区块链、大数据等新一代信息技术手段，来对企业的战略、架构、运营、管理、生产、营销等各个层面，进行系统性、全面的变革，强调的是数字技术对整个组织的重塑。数字技术不再只是单纯地解决降本增效问题，而是成为赋能模式创新和业务突破的核心力量。

运营，是从执行的角度去推动企业战略的落地，关注企业"如何正确地做事"。通过对业务执行过程的监控、优化，以更低的成本、更少的时间来实现最大化产出，从而实现企业运营效率的提升。

数字化运营就是企业借助数字化技术，通过对数据的挖掘、获取、整合、分析、应用，对组织结构、作业流程、作业方式不断优化，赋能组织快速做出决策及应对，达到提质、降本、增效的目的，改进用户体验，提升企业收益。

二、酒店数字化转型的必要性

1. 数字化优化了客户体验，满足了消费者对数字化、智能化等新服务的需求

当今时代是"数字化"时代，我们已经习惯了线上购物、扫码支付、朋友圈分享、各种 App 应用等生活、社交和工作方式的改变。2020年的新冠疫情加速了人们对无接触、一站式等新服务的需求，绿色健康码、线上授课、远程办公成为解决问题的重要工具。这些改变是长期的、全面的、不可逆转的。"90后""00后"及新生代的消费人群对互联网及智能化技术有更高的依赖和个性化需求，这也要求企业从顾客视角不断优化、升级、创新产

微课 7-1

品和服务。

在酒店行业，阿里"菲住布渴酒店"向我们展示了智慧化的无人酒店。通过人脸识别、语音管家、智能机器人、智能App等技术让服务场景、服务内容、服务方式发生了全新的改变。客人在入住前通过手机"菲住App"进行预订，360度全景技术可以让客人身临其境般地详细了解房间的布局和设备，App上还可以提供快捷停车、刷脸入住、餐饮下单、一键退房、发票报销等全流程服务。这大大改进了客人的住宿体验。传统酒店通过引入数字化硬件和软件，酒店"秒"办入住、机器人送物、智慧客房语音交互、无纸办公等已成为现实，这都是酒店数字化转型的成果。

> **思政园地**
>
> **数字化转型升级，酒店企业变革的内生动力**
>
> 2022年4月济南政协会议期间，数字化技术的应用改变了会议的报到方式和服务流程，帮助酒店严格落实疫情防控政策，成为服务的新亮点。
>
> "数字化防疫码"为会议设置安全防线。会前，参会委员在线提交防疫资料，疾控部门审核后，委员自动获得"绿码通行"标志，报到时出示"绿码"，实现快速通行不聚集。
>
> 整个报到流程实现"6秒钟零接触一站式"服务。工作人员提前将相关物品配放到房间，需当面发放的物品如房卡、代表证等用透明袋逐一封装。代表在一个工作台即可完成入住、领用会议物品等所有手续的办理，最快可在6秒内完成。工作人员佩戴防疫手套，避免交叉接触。
>
> 委员参会还可以通过短信、小程序等方式接收查询会议时间、地点和座次安排，酒店不用再像往常一样提供纸质座区图。在提供个性化、便捷化服务的同时，也大大节约了资源，实现了"无纸化会议"。
>
> 数字化的应用帮助酒店创新了服务方式、服务流程，大大提高了工作效率，实现了高质量发展。未来，更多的变化将会发生……

2. 数字化赋能酒店各部门协同运营，提高运营效率，降低运营成本

数字化是中国经济转型升级的关键所在，酒店行业要得以高质量发展也离不开数字化。国家和政府正大力推进产业数字化转型，开启重点行业数字化转型提升工程，其中就包括酒店行业。国家发布的《"十四五"数字经济发展规划》明确表示要提升商务领域数字化水平，引导批发零售、住宿餐饮、租赁和商务服务等传统业态积极开展线上线下、全渠道、定制化、精准化营销创新。

  酒店作为传统行业其实早就开始了数字化运营实践，大多数酒店使用的PMS（Property Management System）系统就是基于PC端的一套计算机软件，围绕客人从预订到入住、结账，记录、传递各种服务并处理客人账务，大大提高了服务客人的效率和质量。同时，各个部门也结合自身业务需求纷纷引入各种专业软件，如营销部门的CRM（Customer Relationship Management）软件，收益管理部门的RMS（Revenue Management System）软件、餐饮管理软件、人力资源及财务管理软件等。随着携程等OTA（Online Travel Agency）平台的兴起，为了提高获取客源的能力，酒店业纷纷开始与第三方平台展开合作，力求通过不断提高点评分数和转化率获取更多公域流量。围绕客户所做的数字化运营为酒店带来了收益，但与此同时，如何进一步降低运营成本，提高运营效率，酒店数字化运营又瞄向了组织内部。

  随着移动互联网的兴起，为了进一步增强各部门、各岗位的协同能力，提高企业内部运营效率，向管理要效益，许多酒店纷纷引入OMS系统（Operation Management System），通过移动端App和PC端平台进行业务管理，完全取代传统的对讲机、电话协作和纸质表单管理模式，实现后台运营的全面数字化管理，做到员工在线、客人在线、单店管理在线和集团管理在线，帮助酒店运营从经验主义向数据驱动转型。

  数字化运营让前台、中台和后台最大限度地实现了精细化运营，酒店以此构建了获取客源、运营、管理全方位数字化体系。随着数字技术的迅猛发展，数字化转型成为企业管理变革和商业模式创新的重要路径。

三、酒店数字化运营实施策略

  首先要解决认知障碍。数字化转型需要引进相应的软件和工具，酒店管理层要根据酒店规模、发展阶段和市场状况合理引进，既要关注回报率，又要关注适用性。

  其次要解决组织障碍。数字化转型不只是技术部门的事情，它是集团、酒店发展的战略转型，各部门要统一思想，统一步骤，坚决执行。

  最后是技术壁垒。一些软件与工具的研发者和供应商对酒店业务不熟悉，其设计与酒店实际运营存在差距。耐心找到适合的数字化系统，与供应商一起花时间培训员工，都是酒店必须做好的工作。

任务二 客房 PMS 系统操作

一、认识酒店 PMS 系统

PMS 直译为物业管理系统，是酒店运营管理的重要工具。它通过计算机软件对客人信息进行实时处理，同步反映酒店客房出租管理状态，实现从客人预订到结账退房的全流程管理。借助 PMS 系统，不仅能记录客人的各种信息，还能生成各种报表，反映酒店运营状况，指导酒店提高运营效率。目前针对酒店 PMS 系统的国内品牌有西软、绿云、金天鹅、中软好泰、千里马等，国外品牌有 Opera、Fidelio 等，针对民宿、营地等的系统有订单来了、云掌柜等。

在客房运营与管理中，PMS 的操作主要聚焦在房态管理、对客服务记录等事项。房态管理主要有设置干净房、设置维修房、设置锁定房等，对客服务主要用于客人入账、物品租赁、遗留物品处理、房间布置、工程报修等相关操作。

不同系统操作的入口及细节虽有不同，但逻辑和流程大体相同，这里以绿云系统为例，对客房服务中心系统操作进行部分展示。

二、客房服务中心 PMS 操作

（一）房态更改

客房部的主要任务就是清洁客房，提供可售卖的客房产品。客房服务中心根据客房的清洁检查及实际状况，及时更改房态，确保房态准确。

1. 常见的"房态更改"任务

（1）设置干净房。将空脏房设置为干净房，将住脏房改为住净房。楼层每日整理好房间，经检查合格，通知客房服务中心将脏房改为干净房。

（2）设置维修房。将空净房、空脏房设置为维修房。当房间的某些设备出现大的故障，短时间内无法修复时，经主管或经理确认后将房态改为维修房。

（3）设置锁定房。将空净房、空脏房设置为锁定房。当客房因为停水、停电、清洗地毯、留用参观或其他原因暂不能售卖时，需临时锁定房间，待通知解除后经过清洁检查恢复成干净房。

（4）解除。用于移除、释放维修房、锁定房。

2. 设置干净房操作流程

系统功能菜单→打开【房态管理】界面→选中需要修改的目标客房→单击【设置干净房】→弹出【修改房态】窗口→核对房号→单击【确定】。

备注：

（1）按 Ctrl 或 Shift 键可以实现批量更改房态。

（2）每天夜审时系统会将在住的清洁房自动转为脏房状态，将到期的锁定房、待修房恢复到默认设置状态。

（3）正确填写锁定房、维修房原因，方便日后运营数据的统计分析，及时做好房态恢复。

（4）房间清洁完成后，客房服务中心需及时修改房态，避免因房态未及时更新，影响前台售房。

3. 设置维修（锁定）房操作流程

维修房、锁定房仅适用于在维修期间无预排的空房。设置维修房、锁定房的方式相同，此处以修改维修房为例进行说明。

系统功能菜单→打开【房态管理】界面→选中需要修改的目标客房→单击【设置维修房】→弹出【修改房态】窗口→选择【开始】【结束】【原因】，可在【备注】中输入补充信息→单击【确定】。

拓展阅读 7-1

4. 解除维修（锁定）房

维修房、锁定房到期后若未处理，则夜审后自动将到期维修解除为空脏房。客房服务中心每天要查看维修房列表，查看第二天即将到期的维修房、锁定房，确认维修或其他事项是否完成。

拓展视频 7-1

（二）客房入账

根据酒店管理需要，客房服务中心需要及时处理一部分客人的账务，主要包括输入客人的洗衣费用、客房迷你吧消费及客房赔偿等。

客房服务中心一般要做好"入账、账务查询、当天错账修改"等几项主要工作。

现以客房迷你吧消费为例，介绍"入账"流程。

1. 客房消费入账

常见的系统操作流程：【客房入账】界面→打开【账户查询】窗口→【房号】处输入正确房号→弹出【营业项目】窗口→点击对应商品名称及数量→单击【存盘】。

2. 账务查询

客房服务中心每个班次要做好当班账务的核对。查看房间入账情况流程：系统功能菜单→单击"客房"板块下的【细账查询】→进入【细账查询】界面→输入"时间、营业点"等筛选条件，选择相应的时间、营业项目→单击【查询】。

3. 当天错账修改

拓展阅读 7-2

一般情况下客房服务中心仅可对当天发生的错账进行账目调整，隔日错账由前台、财务进行调整。若客房服务中心刚入完账便发现入错房间，可采用"冲账"处理。具体流程为：单击选中需要冲账房间的错入账目记录→单击菜单【冲账】。

（三）物品租借

通常情况下，系统中的租借功能主要用于记录在店住客的租借酒店物品情况。

1. 设置租赁

打开【房态方块】→选中目标房间→单击【租赁】→【物品租赁】添加窗口→单击物品类型，选择物品→单击【租赁】→进入物品租赁详细信息输入界面→【物品名称】按钮下拉选择客人所需租赁物品，查看库存→更改【租用时间】【租用数量】→单击【保存】。

拓展视频 7-2

2. 租赁查看

查看目标房间物品租赁的情况：打开【房态方块】→选中目标房间→单击【租赁】→查看客人租借未还的物品。

集中查看在住客人物品租赁情况：打开【物品租赁】列表→选择查询条件→单击【查询】→查看当前的物品租借情况。

拓展阅读 7-3

3. 租赁归还

打开【房态方块】列表→选中目标房间→单击【租赁】→弹出【物品租赁】窗口→双击需要归还的租赁物品→弹出【物品租赁】明细窗口→核对需归还的租赁信息，单击【归还】。

拓展视频 7-3

客房 PMS 系统的操作主要由客房服务中心完成，各项服务的操作相对简单，工作人员要及时录入，做好与楼层、前台及不同班次员工的交接和确认。

任务三　客房 OMS 系统操作

如果说 PMS 是酒店围绕客人实施的数字化运营，OTA 是围绕营销实施的数字化运营，那么围绕员工、用于提升内部运营效率的系统软件则是让企业获得持续增长的另一把利器。

这里以"蓝豆云"的 OMS 系统为例，介绍数字化技术在酒店客房运营层面的应用。

拓展视频 7-4

一、应用场景

（一）住客服务管家

住客服务管家是一个以客人需求为中心的跨部门协作工具，覆盖客人在店期间全场景的服务需求，系统通过智能派单、自动跟催等方式帮助酒店减少内部沟通中转，提升运营效率。

服务场景涵盖客需服务、客需用品、客人报修、遗留物查找、客人换房、行李寄存、VIP 布置、特色布置、投诉处理、客人档案记录等。

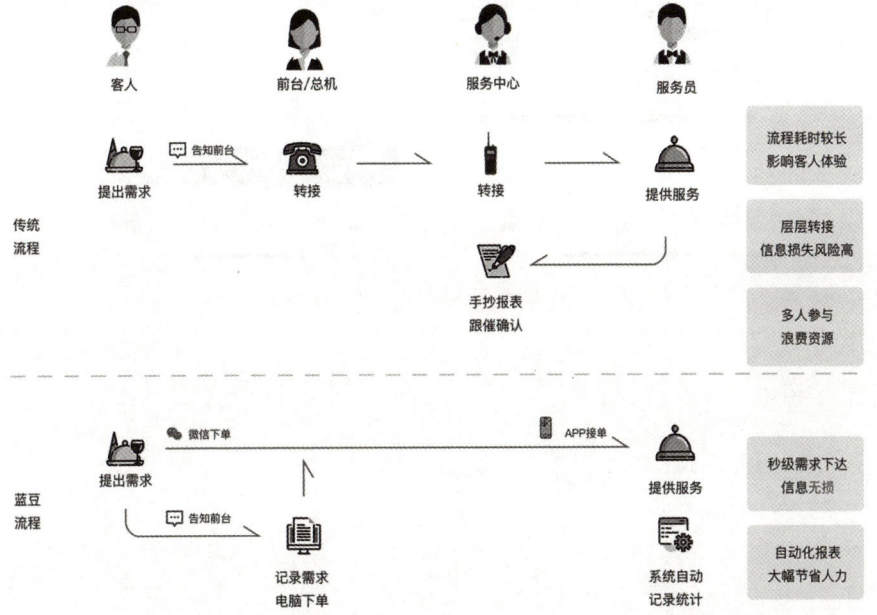

图 7-1　蓝豆云住客服务管家流程图（任务三图片均由广州蓝豆软件科技有限公司提供）

图 7-2　蓝豆云住客服务管家功能图

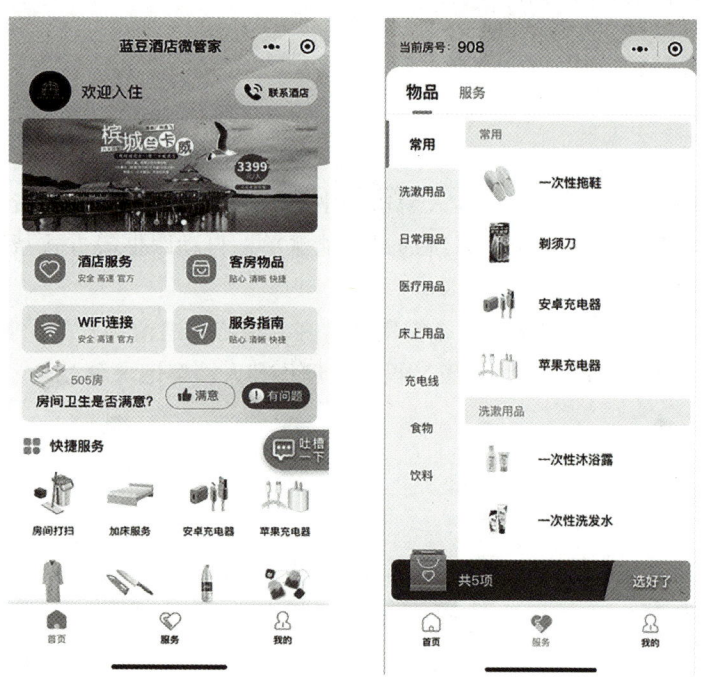

图 7-3　蓝豆微信小程序客人在线自主下单

项目七　客房数字化运营

图 7-4　客人通过微信小程序投诉、点评和打赏

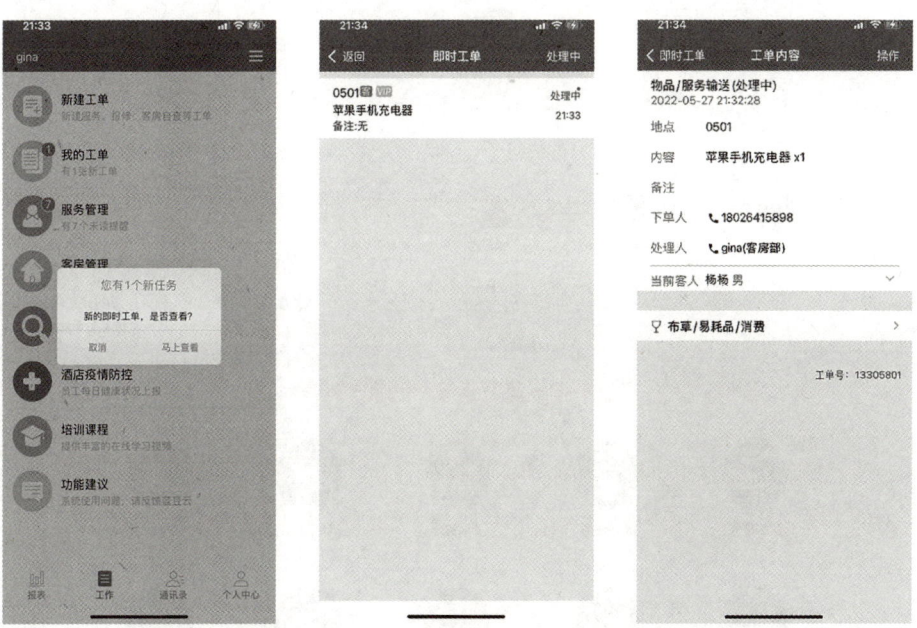

图 7-5　员工通过手机接收工作提醒

·227·

（二）客房管家

客房管家使客房部的工作流程实现在线管理，通过实时房态、智能排班、工作任务自动提醒等方式帮助酒店解决分房慢、房态不同步、打扰客人、放房不及时、人工统计数据工作量大等问题。

OMS 客房管家为员工在线推送手机做房表、实时房态信息，方便员工做房和服务。查退房时，前台直接发给指定楼层服务员，避免漏查，查房结果手机快速反馈，减少客房物品丢失损耗。当前台发起赶房任务后，也可同步了解清洁进度，灵活处理客人催房情况。在主管查房时，通过手机接收提醒、放房，可以加快出房速度。所有做房、查房等报表由系统生成、汇总，能减少人工统计工作量和纸质报表成本。

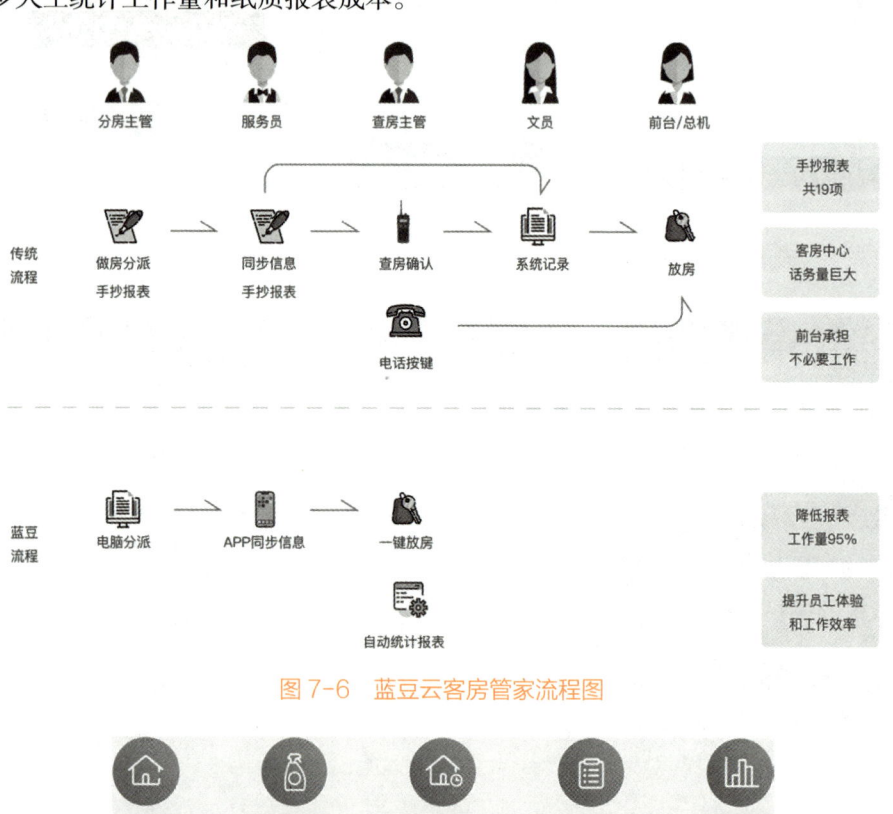

图 7-6　蓝豆云客房管家流程图

图 7-7　蓝豆云客房管家功能图

项目七　客房数字化运营

图7-8　智能排房

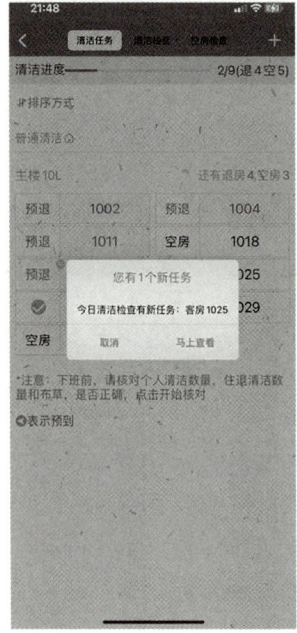 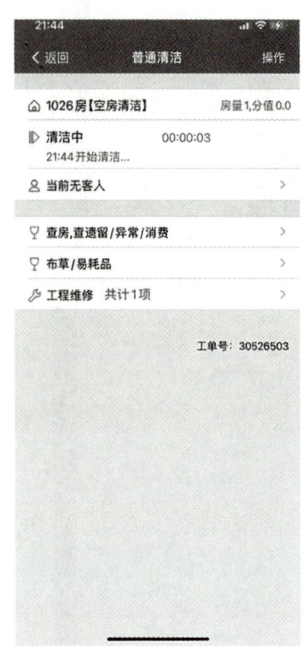

图 7-9　清洁人员任务接收

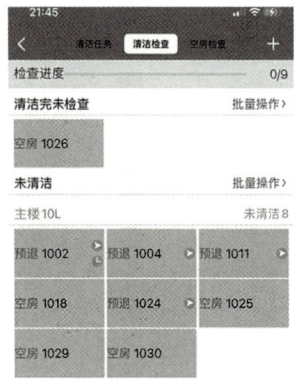 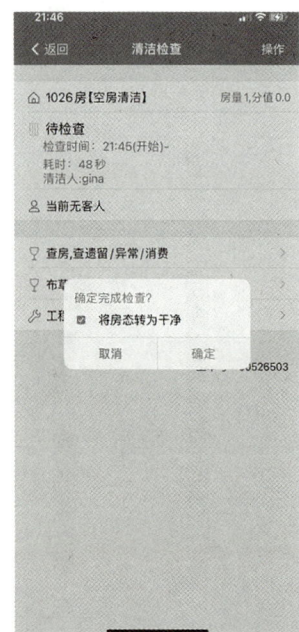

图 7-10　清洁后客房检查和改房态

图 7-11 布草酒水管理

(三) 工程管家

工程管家通过对维修、能耗、维保及设备管理的在线实时管理,解决维修不及时、维保难管理、大型设备历史记录难追踪、工作数据难统计等问题。

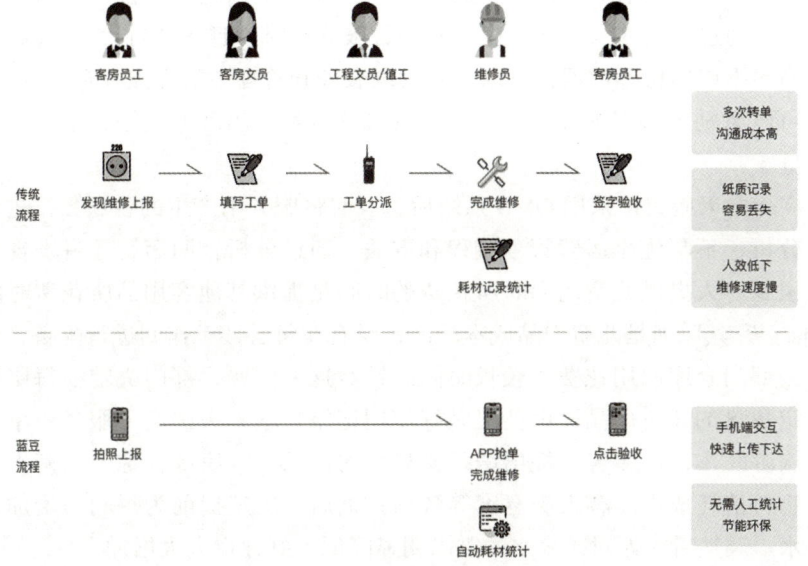

图 7-12 蓝豆云工程管家流程图

OMS 工程管家帮助工程部员工通过手机实时接单，响应更快。图文报修能准确反映问题，使维修准备一步到位。维修进度会实时同步报修部门，支持协调更高效。维修人员工作量化统计，任务调配数据化管理，支持绩效核算，能提高员工工作积极性。

图 7-13　蓝豆云工程管家功能图

二、数字化运营给客房管理带来的改变

（一）提升服务和管理效率

智能化、数字化时代，酒店客房的所有运营流程都能被准确记录，通过深入分析各种影响客人体验的关键环节和数据，可以进一步提高客房运营管理水平。通过分析客人好评、客人差评、服务耗时、赶房耗时、客房清洁率、客房高频维修项目等数据，可以及时发现服务和管理中的亮点及存在的问题，并且可以激励表彰表现优秀的员工，及时分析解决出现的问题，不断提高服务质量。

广州白天鹅宾馆采用 OMS 系统后，及时将服务中产生的各项数据进行对比和分析，不断优化运营管理流程和方法。通过分析，酒店管理者发现在为亲子家庭客人提供儿童用品时所花费的时间是提供其他客用品所花费时间的 2~3 倍。究其原因是儿童用品成本较高，没有在每层楼工作间进行配备，导致员工去部门仓库取用花费了较长时间。针对这一问题，部门决定在每层楼配备一定数量的儿童用品，由员工做好使用记录，这大大提高了服务效率。又如，旅游旺季，许多客人提出增配矿泉水的需求，客房部在综合权衡人力成本、物料消耗成本、客人满意度等各项数据后，决定提前为每间房增加两瓶矿泉水。调整后客人对矿泉水的需求明显降低，好评也大大增加。

（二）优化人员配置

传统的客房服务中，客房服务中心或总机接听客人的服务需求后，再通过电话或对讲机联系楼层服务人员，指令需要 1~2 次中转才能传达给员工，费时费力。经过智能化或数字化改造后，话务量大大减少，客人通过微信小程序、客房智能服务终端、AI 电话等提出服务指令，指令通过人工智能进行需求任务转换，送物类需求可以发送给客房送物机器人执行，咨询类需求由 AI 人工智能按照话术模板回复客人，服务类需求发送给相应的楼层服务员处理。流程优化后，简单重复且价值量低的服务被智能化机器人代替，服务人员将会把精力更多地投入如何为客人提供高附加值的个性化服务或超值服务方面。由于重复性服务被人工智能所替代，部分岗位人员的工作量降低，可以对应地减少岗位人员编制，节省人力成本。

与此同时，由于运营流程实现了在线实时管理，节省了所有人员填写、计算手工报表的时间，工作透明、可量化，各工作环节高效衔接，信息得到快速传递、处理、反馈，员工工作效率更高。

2019 年，佛山君御温德姆至尊酒店上线了 OMS 系统，实现酒店内部在线化运营协同。据统计，系统的应用为酒店共计节省了 7 个人员编制，其中客房服务中心减员 2 人，工程部减员 5 人，1 年累计节省的人力及办公耗材成本达 47 万元。

（三）提升客人体验

由于每名客房服务员的手机都变身为智能终端，所以能快速获取客人、房态、工作任务等各种信息，让客房服务更加准确便捷。如遇到门打不开的客人，可以现场通过手机端确认客人身份并为其开门。客人需要熨斗或房间有维修项目时，服务员可以当场下单，时刻跟催任务的完成情况，为客人提供高效温馨的管家服务。

案例 7-1

华住集团数字化技术在酒店客房管理中的应用

华住集团秉承用 IT 精神改造传统企业的观念，在企业数字化转型方面一直走在前列。数字化技术在集团各门店客房管理中得到全面应用，从员工到店长，覆盖了所有人员。集团改变了以往靠人、靠经验的低效管理方式，管理更加智能、高效、规范、精准。

华住集团数字化技术在酒店客房管理中的应用主要集中在四个管理模块，即易客房、易维修、易能耗、进销存。

一、易客房

（一）智能排房

管理者不到门店即可通过手机登录管理平台系统掌握当日开房数量，及时做出人员排班。员工通过系统可以第一时间了解工作分派情况，避免到店后没有任务的情况。同时，员工也能在接到清洁任务后快速投入工作，加快客房清洁进度。客房清洁安排明确，一旦发生问题也可以精准溯源，查找原因。

（二）清洁管理

员工能通过系统准确接收清洁任务，如普通清洁、大清洁、计划卫生等，完成后在系统内确认，管理者可以通过系统跟进检查。酒店特别重视客房卫生清洁质量，会提前在系统内设置年度、季度、月度等大清洁、计划卫生等任务。这些任务每日会自动分派到员工的清洁任务栏。管理者能通过系统及时掌握客房清洁状态，掌握计划卫生、大清洁的完成情况，确保房间卫生清洁。

（三）查房

客房部经理、店长能十分方便地在系统中记录查房信息，同时系统还会提醒、督促店长每月对门店所有客房都检查一遍，确保管理者全面了解客房卫生状况和设施设备的维保情况。

（四）计件考勤

系统会准确记录员工的出勤情况，对当班每位清洁员的清洁房间数量准确记录，员工能实时了解自己的工作计件数量。考勤、计件一步到位，替代人工计算。

二、易维修

（一）快捷维修

客房员工在清洁房间或管理者在查房时发现维修问题后，可以通过拍照或简单文字描述后在线提报维修项目。工程部接到任务推送后能快速了解问题所在，携带合适的工具到场维修。维修结束后，维修人员通过提交照片，确认任务完成，相关人员在线验收。

（二）精细管理

通过对维修数据的分析，管理者可以清楚地了解设施设备各方面的状况，分析问题产生的原因或影响因素，采取针对性的解决办法。针对不易维修的问题，如空调噪声、房间渗水等问题，店长、业主可以在综合考察后，制定计划，通过更新改造等策略分阶段解决。

三、易能耗

（一）及时检测预警

能耗往往是华住酒店除人力之外最大的成本支出，传统对能耗的管理是以月度为单位进行管理，发现问题不及时，往往囿于事后控制。通过"易能耗"监测，如果门店水电气当天用量超过前7天的平均用量、超过计划用量或出现数据异常，系统会发送邮件给店长进行预警。店长可以及时进行核查、分析和改进，从而实现能耗管理的事前、事中控制。

（二）关注水电气

水电气的消耗通常占门店所有能耗费用的90%，其中电的费用又占到水电气能耗成本的60%。将空调、制冷、电梯、锅炉、风机等大功率电器作为重点监测对象，每日监测。在因疫情等原因导致出租率低的情况下，结合"易客房"进行楼层集中排房，避免不必要的能耗支出，降低能耗费用。

四、进销存

（一）期初导入

华住各门店线上提交采购申请后，"华住易购"平台发货。门店收货后，系统自动完成入库记录。围绕如何科学进货，系统设置了"一键提醒"功能，一次性物品库存使用到一定量后，系统会自动预测提醒采购物品数量，并预报到货时间，避免不合理采购，赋能管理人员科学管理。

（二）日常耗用

客房主管通过手机申领耗用物品，规范快捷。

（三）月度盘点

摒弃传统手工计算方法，一键完成盘点工作。单间月度成本、每月物料成本数据自动生成，分类统计分析各项物品成本费用。对于用量较大的物品或异常耗用及时分析查找原因，采取改进措施。

（四）库存结转

店长对相关报表进行审核确认后，一键完成库存结转。

华住集团在酒店运营管理实现数字化转型后，最大限度地为员工减负，员工及管理者从烦琐的表单填报中解脱出来，工作更加简单，节约了20%的工时，节省下来的时间能够更多地投入为客人服务方面，从而大大提升了服务质量。能耗、费用等成本管控效果明显，数据分析更高效，纸质表单的印刷费用减少，年度成本降低5%。由于效率的提升，员工的薪资待遇也随之提高，员工的满意度获得提升，进而营造了良好的团队氛围。数字化运营让管理者真正实现了省时、省心、省钱、省力。

（资料来源：华住产研院公众号.数字化技术在酒店客房管理中的应用）

点评：华住数字化战略就是"人机合一，让天下没有难管的酒店"。人机合一的背后就是业务线上化、运营移动化、流程自动化及数据智能化，以赋能的态度把所有业务流程串联起来。

在新冠疫情期间，华住酒店借助数字化技术创新了服务模式，不仅推出了酒店智能化"无接触服务"，还推出了"30秒入住、0秒退房、15分钟响应"的服务承诺，从整体上减少了人际接触，提升了员工的服务效能。

华住推出的"易系列"数字化产品，如"易发票""易掌柜""易客房""易早餐""易POS"等不仅使对客服务更加便捷，而且进一步降低了岗位工作难度，实实在在地为员工"减负"，同时也不同程度地减轻了酒店人员不足的现实压力。

 思考与练习

参考答案

一、单项选择题

1. 当客房因为停水、停电、清洗地毯、留用参观或其他原因暂不能售卖时，要将房态设置为（　　），待通知解除后经过清洁检查恢复。

　　A. 干净房　　　　B. 脏房　　　　C. 维修房　　　　D. 锁定房

2. OMS（　　）为员工在线推送手机做房表、实时房态信息，方便员工做房和服务。

　　A. 住客服务管家　　　　　　B. 客房管家

　　C. 工程管家　　　　　　　　D. 客史档案

二、多项选择题

1. 客房服务中心需要在PMS系统中及时处理一部分客人的账务，主要包括输入客人的（　　）等费用。

　　A. 洗衣　　　　　　　　　　B. 客房迷你吧

　　C. 客房赔偿　　　　　　　　D. 店内用餐

2. OMS系统的住客服务管家模块，为客人提供的服务场景涵盖（　　）等。

　　A. 客需服务　　　　　　　　B. 遗留物查找

　　C. 客人换房　　　　　　　　D. 投诉处理

三、简答题

1. 简述酒店数字化转型的必要性。
2. 酒店数字化转型如何落地实施?
3. PMS 系统体现在客房服务的常见功能模块有哪些?
4. OMS 系统客房管家常见的应用场景有哪些?

四、实践训练

【实训项目】

客房系统操作

实训目的	掌握客房 PMS、OMS 系统常用功能操作
学习环境	酒店信息化实训室
实训准备	电脑、绿云软件、蓝豆云软件及 App
模拟训练要求	1. 修改房态 (1) 将空脏房 ×× 房改为干净房 (2) 将空脏房 ×× 房改为待修房,原因是客厅空调滴水,维修时间是现在到第二天 2. 客房入账 (1) ×× 房客人消费 2 听青岛啤酒、1 瓶依云矿泉水,请为客人做入账处理 (2) 客房服务中心发现 1718 房客人消费的 2 听青岛啤酒错入到 1817 房,请调整两间房间的账目 3. 物品租借 ×× 房客人租借电插排 1 个,使用后第二天归还,请在系统中进行记录 4. 1501、1502 房的客人各需要两瓶矿泉水,在 OMS 系统中新建对客服务工单 5. 清洁住客房 908 时,发现房间的空调不制冷,请在蓝豆云 App 中下发紧急报修工单
	学生在电脑系统或手机 App 中独立操作完成

参考文献

1. 杨翊.地毯清洁设备使用中应注意的一些问题［J］.清洗世界，2003，19（12）.

2. 王志伟.2007年度广州市星级宾馆客房卫生质量检测结果及分析［J］.热带医学杂志，2008，8（11）.

3. 叶秀霜，沈忠红，周寒琼.客房运行与管理教程［M］.杭州：浙江大学出版社，2018.

4. 韩军，翟运涛.客房服务与管理［M］.上海：上海交通大学出版社，2017.

5. 雷明化，葛华平.客房服务与管理［M］.北京：中国人民大学出版社，2017.

6. 汝勇健.客房服务与管理实务［M］.南京：东南大学出版社，2018.

7. 白雪.服务补救在高星级酒店管理中的运用［J］.旅游纵览，2021（18）.

8. 刘谭彬，刘阳.成本管理［M］.北京：旅游教育出版社，2005.

9. 方法林.旅游企业财务基础知识［M］.西安：西安交通大学出版社，2010.

10. 徐文苑，贺湘辉.饭店人力资源管理实务［M］.2版.北京：北京交通大学出版社，2010.

11. 姜雅利.酒店业预算管理的困境及对策浅析［J］.中国集体经济，2019（28）.

12. 吴慧君.酒店管理公司经营预算改进研究［J］.商讯，2020（2）.

13. 高文亚.全民预算管理在酒店经营管理中的精细化应用［J］.投资理财，2019（24）.

14. 赵婧娴.智慧酒店中的用户体验设计——以菲住布渴为例［J］.设计，2020，33（17）：63-65.

15. 王玮.数字化转型 酒店如何"破茧成蝶"［OL］.［2021-10-25］.中

国旅游新闻网.

16. 微信公众号：绿云服务
17. 微信公众号：蓝豆云 LANDOW